"十三五"职业教育国家规划教材
"十二五"职业教育国家规划教材
经全国职业教育教材审定委员会审定

国际贸易概论 第4版

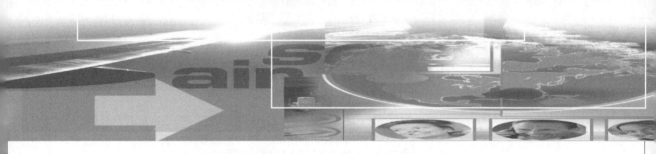

主 编 / 邓海涛 副主编 / 赵江红 李启红 容静文

重庆大学出版社

内容提要

国际贸易学是主要研究国家(或地区)间货物与服务交换活动规律的学科。本书密切结合我国对外贸易的实践及当前国际经贸形势的发展动向,吸收国际贸易理论研究的新成果,在认真总结本课程教学实践的基础上,简明、清晰地阐述了国际贸易的基本概念、基本理论、基本知识和基本方法。本书一共分为6个项目,即国际贸易的形成与发展、世界市场与价格、国际贸易政策与措施、经济一体化与世界贸易组织、国际资本移动与跨国公司及国际服务贸易。

本书适合作为高职高专经贸类各专业及相关专业的教材,也可供从事经济、贸易、管理等工作的人员参考学习。

图书在版编目(CIP)数据

国际贸易概论 / 邓海涛主编. -- 4 版. -- 重庆:
重庆大学出版社,2022.2 (2024.9 重印)
高职高专国际商务专业系列教材
ISBN 978-7-5624-8312-0

Ⅰ.①国… Ⅱ.①邓… Ⅲ.①国际贸易—高等职业教
育—教材 Ⅳ.①F74

中国版本图书馆 CIP 数据核字(2022)第 013249 号

高职高专国际商务专业系列教材
国际贸易概论
(第 4 版)
主 编 邓海涛
副主编 赵江红 李启红 容静文
策划编辑:顾丽萍

责任编辑:王 波 顾丽萍 版式设计:顾丽萍
责任校对:邹 忌 责任印制:张 策

*

重庆大学出版社出版发行
出版人:陈晓阳
社址:重庆市沙坪坝区大学城西路 21 号
邮编:401331
电话:(023) 88617190 88617185(中小学)
传真:(023) 88617186 88617166
网址:http://www.cqup.com.cn
邮箱:fxk@ cqup.com.cn (营销中心)
全国新华书店经销
重庆亘鑫印务有限公司印刷

*

开本:787mm×1092mm 1/16 印张:12 字数:272千
2012 年 9 月第 1 版 2022 年 2 月第 4 版 2024 年 9 月第 11 次印刷
印数:24 001—27 000
ISBN 978-7-5624-8312-0 定价:39.00 元

第4版前言

随着经济全球化的发展,国际贸易作为一国参与经济全球化和国际分工的重要途径之一,其作用、重要性和影响力大大加强。各国或地区参与国际分工的程度也越来越深入,国际竞争国内化的趋势也日益明显。而且近年来,国际经济形势复杂、严峻,单边主义和贸易保护主义抬头。面对新形势、新问题、新挑战,中国坚持以习近平新时代中国特色社会主义思想为指导,坚定不移地推进经济全球化、贸易投资自由化,为中国发展创造天时地利,更为世界创造发展机遇,助力世界繁荣。我们每一个人生活在这个机遇与挑战并存的时代,需要学习国际贸易理论、政策、措施与体制,了解国际贸易的最新动态和发展趋势。

本书的编写,希望能够帮助学习者建立国际贸易的知识构架和体系,掌握国际贸易的基本概念,了解国际贸易的发展历程,系统掌握国际贸易理论与背后的原理,深入理解国际贸易主要战略、政策与措施,了解关税与贸易总协定、世界贸易组织等国际经济组织,学会运用国际贸易相关理论来分析当代世界经济和国际贸易发展问题等。

本书以教育部《关于加强高职高专教育教材建设的若干意见》为指导,以"必需、够用"为度进行编写修订。其特色如下:

1.丰富数字化教材资源

建设"国际贸易"在线课程,以视频、图片、文字、课件等形式提供丰富的数字化教材资源,包括学习任务、案例、拓展资源、训练等,同时在超星平台推出,为学习者提供学习资源,为职业院校教师开展线上线下混合式教学提供服务。

2.持续更新教材内容

紧跟国际经济与贸易的发展形势,与时俱进更新教材内容。国际贸易日新月异,本书素材全部引用最新的贸易数据、案例分析、经济贸易热点、国际经济贸易发展趋势分析等。

3.强化立德树人目标

学习者掌握国际贸易基本理论和政策的同时,能运用理论和思维模型分析国际贸易现象,树立"贸易强国"意识,培养善于思考、诚实守信、勇于探索的精神,服务中国与"一带一路"沿线国家经贸合作。

4.适用多种教学方法

为了便于职业院校教师在国际贸易课程教学中采用任务驱动教学、案例分析教学、小组讨论教学、线上线下教学等教学形式,本书立足职业教育"教、学、做"一体化的教学要求,在各章节中设置了课前、课中、课后任务,思考,小组讨论,知识和技能训练等模块,培养学生勤于思考、敢于批判和勇于创新的精神。

本次修订由邓海涛、赵江红、冯畅、吴劭宸、李启红负责完成。本书在编写过程中得到重庆大学出版社及编辑的大力支持和热心帮助,在此深表感谢!

本书不足之处,敬请广大读者批评指正!

编　者

2021 年 12 月

第3版前言

新时期,世界经济贸易发生了深刻的变化:以贸易全球化为首要内容的经济全球化进程在加快,国与国(或地区)之间的竞争与合作日趋加强;世界经济正在向服务经济转型,服务贸易成为世界经济发展的新热点和各国经济竞争的焦点;跨境电子商务迅猛发展,拓宽了全球经济贸易的领域,成为国际贸易业务的主要方式;"一带一路"倡议的实施,中国与世界各国经济贸易往来日益频繁。

世界经济与贸易发展的新变化深刻地影响着一国或地区经济的发展,也改变着我们的工作与生活。在这个机遇与挑战并存的时代,无论是在校学生还是社会学习者,要与国际接轨,都要学习和了解国际经济贸易相关的基础知识,拓宽国际化视野,提高理解和分析国际经贸问题的能力。

教育部等十一部门联合印发的《关于促进在线教育健康发展的指导意见》(教发〔2019〕11号)明确指出:推动学校加大在线教育资源的研发和共享力度,加快线上线下教育融通,扩大优质教育资源的辐射面。本课程依据国家关于教育教学改革的文件精神,紧扣行业岗位要求,紧跟国际经济与贸易发展新形势,不仅与时俱进重新修订了教学内容,配备了大量的拓展资源,并且以此为基础,在中国大学MOOC等平台推出国际贸易在线课程,为职业院校教师开展线上线下混合式教学提供服务。通过教学内容、教学模式、教学方式和考核方式等方面的改革,我们希望能帮助学习者达到以下学习目标。

1.知识目标

了解国际贸易的历史演进,掌握国际贸易的基本概念,熟悉国际贸易政策与理论,掌握国际贸易关税与非关税措施,了解国际经济区域合作的趋势。

2. 能力目标

能读懂外经贸讯和对外贸易分析报告,知晓国际贸易运行的规律;能运用国际贸易知识和相关理论,分析一国国际贸易政策的选择、贸易摩擦的前因后果、区域经济合作的来龙去脉等国际经贸问题。

3. 素质目标

养成关注经济贸易形势的良好习惯,培养对国际经济贸易现象和问题的分析能力、思辨能力,拓展国际化视野。

本书理论联系实际,培养学生融会贯通的能力,逐步深入学习国际贸易相关知识,掌握基本技能,为将来从事相关的对外贸易经济活动奠定基础。此次修订的教材具有以下鲜明的特点。

1. 内容与时俱进

密切跟踪国际贸易理论与实践的最新发展,使教材内容与时俱进,并配备大量参考资料、视频资料和案例等拓展资源,增加了跨境电商发展新趋势、“一带一路”倡议、新时代的中国外贸体制改革成果与改革方向、中国高铁外贸、贸易争端案例等内容。

2. 理论实践结合

本书兼具经济学和时事政治的特点,将理论与实践紧密结合,让学习者学会运用国际贸易基础知识和理论,分析经济贸易热点、典型案例、贸易争端事件、国际贸易发展趋势等。学习者在学习专业知识的同时,提升了逻辑思维能力、发现问题的能力和解决问题的能力,从而使综合能力和素质也得到提升。

3. 慕课同步更新

重视信息化教学资源的建设。2016 年至今,本书编写团队设计开发了国际贸易在线课程,在北京超星平台、北京学银在线平台、中国大学慕课平台陆续开课,课件、富媒体、案例、测试题等教学资源持续更新,目前选修学生已达 5 000

多人,访问量达到 200 多万次。

4. 教学方法多样

为了便于职业院校教师在国际贸易课程教学中采用任务驱动教学、案例分析教学、小组讨论教学、线上线下混合教学等教学形式,本书立足职业教育"教、学、做"一体化的教学定位和要求,在各章节中设置了课前、课中、课后任务,案例分析,小组讨论题,知识和技能训练等模块。

本次修订由邓海涛、赵江红、冯畅、吴劲宸、李启红负责完成。广西启明进出口贸易有限责任公司业务部经理张淑贞、广西启运嘉国际货运代理有限公司覃桂峰总经理参与了教材的修订和审稿,提供了宝贵的修订完善意见。

本书在修订过程中,得到重庆大学出版社和相关人员的大力支持和热心帮助,在此深表感谢!

本书不足之处,敬请广大读者批评指正。

编　者

2019 年 6 月

第2版前言

《教育部关于推进高等职业教育改革创新引领职业教育科学发展的若干意见》（教职成〔2011〕12号）明确指出：高等职业教育具有高等教育和职业教育双重属性，以培养生产、建设、服务、管理第一线的高端技能型专门人才为主要任务。为培养出更多符合企业一线需要的，掌握国际贸易基本理论、理念和运作技能的应用型人才，我们根据多年的教学经验，借鉴和参考了大量最新国内外优秀教材与研究成果，于2012年编写出版了本书。本书在内容上突出对学生职业能力的训练，理论知识的选取上则着重考虑工作任务完成的需要，以及高等职业教育对理论知识学习的需要，并融合了相关职业资格认证对知识、技能和态度的要求。本书在广大职业院校师生使用中得到了较高的认可，2013年8月获得教育部"十二五"职业教育国家规划教材选题立项，并于2014年5月通过审定。鉴于此，我们根据《教育部关于"十二五"职业教育教材建设的若干意见》（教职成〔2012〕9号）、《高等职业学校专业教学标准（试行）》要求，完成了对本书的修订。本次修订与第1版相比，主要有以下变化。

1. 更紧密地结合现阶段实际，实用性更加突出

①在国际贸易分类中，增加"一般贸易和加工贸易"相关内容，帮助学生更全面地理解我国对外贸易的发展状况。

②在关税税则内容中，加入我国进口税率及我国签订的区域贸易协定的介绍，比其他同类教材更具有现实性。

③非关税壁垒部分顺序重排，更突出现今的新型贸易壁垒。

④在区域经济一体化内容中，加入关于"跨太平洋经济贸易协定"的介绍，拓展学生大局视野。

2. 依据国际贸易最新发展情况更新相关内容

①有关中国国际贸易形势、关税实施方案等均为最新材料。

②在专设的学习任务"中国-东盟自由贸易区"中,进行了部分修订更新。

3. 对部分内容进行重新编写,以进一步提高逻辑性和完整性

①贸易救济措施部分重新改写。

②项目 6 中的《服务贸易总协定》介绍更全面。

③对全书文字进行梳理,更改了个别错字和语句。

本次修订主要由赵江红、邓海涛、李启红、容静文负责完成。钦州市商务局副局长、口岸办主任谢柱军国际商务师,以及广西泰华商贸有限公司刘群国际商务师审读了书稿,提供了修订完善的宝贵意见。

本书在修订过程中,得到了重庆大学出版社和相关人员给予的大力支持和热心帮助,在此深表感谢!

本书不足之处,敬请广大读者批评指正。

编　者
2014 年 6 月

第1版前言

国际贸易课程是国际贸易专业及其他涉外经贸专业的基础课程、入门课程。为了适应国际经济贸易发展的新形势,培养顺应市场需求具有创新能力的应用型外经贸人才,我们在多年教学实践和科研的基础上,编写了本书。

本书以高职高专国际贸易专业及其他涉外经贸专业学生为使用对象,力求符合高职高专教学规律,理论联系实际,简明、系统地介绍国际贸易的基本理论、政策、措施、经贸问题等。在编写体例上,进行必要的创新,设置学习导航(包括学习目标、资源共享、导入案例),引导学生的学习。为体现任务驱动教学法的特点,设置了课前任务和课堂任务,在每一个项目的最后还设置了知识与技能实训模块,使学生由被动学习转变为主动学习。在教学内容设置上,以必需、够用、实用为度,做到重点难点突出,内容具有系统性和逻辑性。此外,由于中国-东盟自由贸易区的成立具有深远的现实意义,我们在书中适当增加了这部分知识。

本书是编写小组团体合作的成果。编写人员均为从事国际贸易教学的一线教师,教学经验丰富,能够充分保证教材内容的专业性与质量。本书的编写分工是:赵江红、吴劲宸负责编写项目1;林家旭、邓海涛负责编写项目2;邓海涛、李启红负责编写项目3;戴昌松、容静文、杨素琳负责编写项目4;李启红、林家旭负责编写项目5;王廖莎负责编写项目6。

本书在编写过程中得到很多同事的大力支持,在此谨向所有支持和帮助本书编写及出版的同志及参考文献作者表示衷心的感谢!

由于编写时间较紧,书中难免存在不足或错误之处,欢迎各位读者提出宝贵意见。谢谢!

编 者
2012 年 6 月

目 录 CONTENTS

项目1
国际贸易的形成与发展

【学习导航】

[学习目标]

　　掌握国际贸易的基本概念和分类;了解国际贸易产生的历史和作用;清楚3个传统的国际分工理论:绝对优势理论、比较优势理论、要素禀赋理论。

[思维导图]

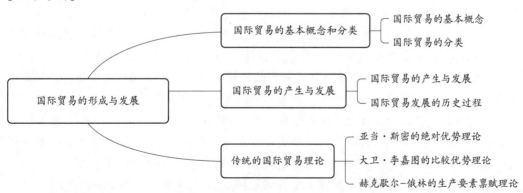

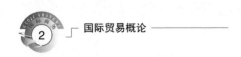

[导入案例]

"十三五"时期我国对外贸易发展状况

"十三五"时期,在以习近平同志为核心的党中央坚强领导下,面对保护主义和单边主义蔓延、新冠肺炎疫情严重冲击等重大风险挑战,各地区、各有关部门认真贯彻落实党中央、国务院一系列决策部署,我国外贸展现出极强的韧性和蓬勃的活力,取得显著发展成就,为国内经济社会发展和全球共同发展做出积极贡献。

成为对外贸易第一大国。2020年,我国货物与服务贸易总额跃升至全球首位,贸易伙伴扩展至230多个国家和地区。货物贸易总额从2015年的3.95万亿美元增至2020年的4.65万亿美元,年均增长3.3%,国际市场份额从13.8%提升至14.7%,2017年起连续保持货物贸易第一大国地位。服务贸易总额从6 542亿美元增至6 617亿美元,稳居全球第二,服务出口年均增速达5.1%。

贸易结构持续优化。2020年新兴市场占货物进出口比重达58.6%,较2015年提高2.7个百分点。中西部地区进出口占比达18.4%,提高3.6个百分点。机电产品出口占比达59.5%,提高1.9个百分点。一般贸易进出口占比达59.8%,提高5.8个百分点。消费品进口占比达10.8%,提高3个百分点。知识密集型服务贸易占服务进出口比重达44.5%,提高17.1个百分点。

创新能力显著提升。贸易新业态新模式快速发展。跨境电商综合试验区增至105个,区内企业建设海外仓超1 800个,跨境电商零售进口试点扩大至86个城市及海南全岛,跨境电商进出口规模较2015年增长9倍。市场采购贸易方式试点增至31个,出口规模增长3倍。服务贸易创新发展试点地区增至28个,31个服务外包示范城市加快转型升级,42个特色服务出口基地加快建设,"一试点、一示范、多基地"服务贸易平台体系基本建立。与贸易相关的知识产权保护全面加强。

政策体系日益完善。党中央、国务院出台贸易高质量发展、对外贸易创新发展等重要文件,明确新形势下外贸发展的方向和任务。多轮稳外贸政策措施及时出台,为做好"六稳"工作、落实"六保"任务提供有力支撑。外贸"放管服"改革持续推进,原油等重要商品进出口管理体制更加完善,"十三五"末进口关税总水平降至7.5%,出口退税进度不断加快,贸易便利化协定全面落实,跨境贸易便利化水平不断提升。

发展贡献更加突出。外贸有力地促进了国内产业转型、消费结构升级和国际收支平衡,直接和间接带动就业人数达1.8亿。边境贸易有效助力了脱贫攻坚、兴边富民。"十三五"时期,我国进口对全球进口增长贡献率达34.9%。中国国际进口博览会等重要展会成为广受欢迎的国际公共产品。新签和升级8个自贸协定,区域全面经济伙伴关系协定成功签署。在二十国集团、亚太经合组织、金砖国家、上合组织等提出一批中国方案,积极参与世界贸易组织改革,推动南南合作和促贸援助,为全球经济治理做出积极贡献。2020年向200多个国家和地区出口防疫物资,有力推进了国际抗疫合作。

思考:阅读材料,找出对外贸易的专业词汇,思考其反映的中国外贸的状况。

【学习任务】

学习任务1　掌握国际贸易的基本概念和分类

课前任务：

> 1.查阅资料,解释以下名词并各举两个实例(要以近两年某月、某半年或一年的中国对外贸易数据为例)。
> ①对外贸易额　②贸易差额　③净进口　④净出口　⑤对外贸易货物结构　⑥对外贸易地理方向　⑦对外贸易系数
> 2.培养经常关注时事新闻的习惯,从报纸、电视或网络上收集整理两条与国际经济贸易相关的新闻,并进行简要评论。以小组为单位,课堂上派一名小组代表上台进行评述。

1.1.1　国际贸易的基本概念

1)国际贸易与对外贸易

①国际贸易(International Trade):世界各国(或地区)之间的货物(商品)和服务的交换活动。它是各国(或地区)间劳动分工的表现形式,反映了世界各国(或地区)间在经济上的相互依存、相互依赖的关系。它是世界各国对外贸易的总和,又称为世界贸易(World Trade)或全球贸易(Global Trade)。

②对外贸易(Foreign Trade):一国或地区同别国或地区进行货物和服务交换的活动。从一个国家的角度来看这种交换活动称为对外贸易。由于这种交换活动由进口和出口两个部分组成,因此对外贸易又称为进出口贸易。

广义的对外贸易包括货物与服务的对外贸易,狭义的对外贸易则不包括服务贸易。

在一些海岛国家或地区,如英国、日本、中国台湾等,也常用"海外贸易"表示对外贸易。

国际贸易与对外贸易的区别:

A.角度不同。对外贸易是对一个国家而言的,国际贸易是对世界范围而言的。

B.对外贸易反映的是一个国家的贸易状况和经济发展水平,国际贸易反映的是世界贸易状况和世界各个国家的经济发展水平。

2)对外贸易值(额)与国际贸易值(额)

①对外贸易值(Value of Foreign Trade):用货币表示的一国(或地区)在一定时期内(通常为一年)的对外贸易总值,又称对外贸易额。它是反映一国对外贸易规模的重要指

标之一。具体可分为进口总额、出口总额及进出口总额。

A.进口总额:一定时期内一国(或地区)从国外进口的货物或服务的全部价值。

B.出口总额:一定时期内一国(或地区)向国外出口的货物或服务的全部价值。

C.进出口总额:一定时期内一国(或地区)进口总额与出口总额之和。

②国际贸易值(额)(Value of International Trade):用货币表示的世界各国(或地区)在一定时期内的对外贸易总值,又称国际贸易额,通常用美元表示。但是从世界范围来看,一国的出口就是另一国的进口,为了避免重复计算,一般国际贸易值专指世界各国(地区)出口贸易额的总和。由于各国一般都是按离岸价格(FOB 即启运港船上交货价,只计成本,不包括运费和保险费)计算出口额,按到岸价格(CIF 即成本、保险费加运费)计算进口额,因此世界出口总额略小于世界进口总额。

以货币表示的贸易额,由于受价格变动的影响,常常不能真实地反映贸易的实际规模,因此,需要以贸易量指标来反映对外贸易或者国际贸易的规模。

3) 对外贸易量与国际贸易量

①对外贸易量(Quantum of Foreign Trade):一国在一定时期内以不变价格为标准计算的对外贸易值。这一指标剔除了价格的变动对贸易统计的影响,更准确地表示一国的对外贸易规模。其计算公式为:

$$对外贸易量=对外贸易额÷进出口价格指数$$

②国际贸易量(Quantum of International Trade):以一定时期的不变价格为标准计算的国际贸易额。其计算公式为:

$$国际贸易量=国际贸易额÷出口价格指数$$

4) 贸易差额与净出口、净进口

①贸易差额(Balance of Trade):一国(或地区)在一定时期内(通常为一年)的出口总额和进口总额之间的差额,称为对外贸易差额。贸易差额是衡量一个国家对外贸易状况的重要指标,也是表示一个国家经济状况和国际收支状况的重要指标。出口总额大于进口总额,称为贸易顺差,或贸易出超,或贸易盈余;出口总额小于进口总额,称为贸易逆差,或贸易入超,或贸易赤字;出口总额与进口总额两者相等,则为贸易平衡。通常贸易顺差用正数表示,贸易逆差用负数表示。

②净出口(Net Export)与净进口(Net Import):在一定时期内,一国往往在同类商品上既有出口又有进口,如果这种商品的出口量大于进口量时,叫作净出口;反之称为净进口。

净出口与净进口是以数量来反映一国(或地区)某类商品在国际贸易中所处的地位。净出口说明该国或地区在某一特定商品的生产上具有较强的能力,其生产和出口在国际贸易中处于优势地位;净进口说明该国或地区对特定商品的生产能力较弱,在国际贸易中处于劣势和依赖地位。

思考：

> 1. 对外贸易值与对外贸易量有何区别？
> 2. 贸易差额与净进口（出口）有何区别？

5）对外贸易条件

对外贸易条件（Terms of Foreign Trade，TOT）：一定时期内一国（或地区）每出口一单位商品可以交换多少外国进口商品的比率，又称交换比价或贸易比价。它是用出口价格指数与进口价格指数的比率来计算的。以一定时期为基期，如大于100，表明贸易条件比基期有所改善；如小于100，则表明贸易条件恶化，不利于出口。其计算公式为：

对外贸易条件＝出口价格指数÷进口价格指数×100

对外贸易条件可以反映一国宏观上对外贸易的经济效益。常用的对外贸易条件有3种不同的形式：价格贸易条件、收入贸易条件和要素贸易条件，它们从不同的角度衡量一国的贸易所得。其中，价格贸易条件最有意义，也最容易根据现有数据进行计算。

课堂任务：

> 小组讨论：联系实际，讨论中国对外贸易条件变化情况。

6）对外贸易系数

对外贸易系数（Degree of Dependence on Foreign Trade）：一国在一定时期内货物与服务进出口额与其国内生产总值（GDP）或国民生产总值（GNP）的比值，又称为对外贸易依存度。其计算公式为：

对外贸易系数＝进出口贸易额÷国内生产总值（或国民生产总值）×100%

对外贸易依存度可分为出口贸易依存度和进口贸易依存度。出口贸易依存度反映一国经济对对外贸易的依赖程度；进口贸易依存度则反映一国市场对外的开放程度。一般来说，同样开放的国家，越是小国依存度越大，越是大国依存度越小。这一指标主要反映一国对外贸易在该国国民经济中的地位，或者说是反映一国国民经济的对外依赖程度。不同国家在不同时期的贸易依存度是不同的。随着经济的增长、国际贸易的发展，大多数国家的贸易依存度将不断提高。

7）对外贸易货物结构与国际贸易货物结构

①对外贸易货物结构（Foreign Trade by Commodities）：又称对外贸易商品结构，是指在一定时期内在一国进出口贸易中各类货物的构成，即各大类或某种货物进出口贸易额与该国整个进出口贸易额之比，以份额表示。其计算公式为：

对外贸易货物结构＝某大类或某种货物进出口贸易额÷进出口贸易总额×100%

②国际贸易货物结构(International Trade by Commodities):一定时期内各大类货物或某种货物在整个国际贸易中的构成,即各大类货物或某种货物贸易额与世界贸易额相比,以比重表示。其计算公式为:

国际贸易货物结构=各大类货物或某种货物贸易额÷世界贸易额×100%

一国对外贸易货物结构可以反映出该国的经济发展水平、产业结构状况、科技发展水平,而国际贸易货物结构可以反映出整个世界的经济发展水平、产业结构状况、科技发展水平。

8) 对外贸易地理方向与国际贸易地理方向

①对外贸易地理方向(Foreign Trade by Region):又称对外贸易地区分布或国别结构,是指一定时期内各个国家或区域集团在一国对外贸易中所占有的地位,通常以它们在该国进口总额、出口总额或进出口总额中的比重来表示。它指明一国出口货物和服务的去向和进口货物或服务的来源,从而反映一国与其他国家或区域集团之间经济贸易联系的程度。其计算公式为:

对外贸易地理方向=某国与该国进出口贸易额÷该国进出口贸易总额×100%

②国际贸易地理方向(International Trade by Region):又称国际贸易地区分布,用以表明世界各洲、各国或各个区域集团在国际贸易中所占的地位。计算各国在国际贸易中的比重,既可以计算各国的进、出口额在世界进、出口总额中的比重,也可以计算各国的进出口总额在国际贸易总额中的比重。其计算公式为:

国际贸易地理方向=某大洲或某国出口贸易额÷世界出口贸易总额×100%

1.1.2 国际贸易的分类

1) 按照货物移动的方向分类

按货物移动的方向,可将国际贸易分为出口贸易、进口贸易和过境贸易。

①出口贸易(Export Trade):将本国生产和加工的商品运往他国市场销售叫作出口贸易或输出贸易。

②进口贸易(Import Trade):将外国的商品输入本国市场进行销售叫作进口贸易或输入贸易。

③过境贸易(Transit Trade):商品从甲国经过乙国向丙国运送,对乙国来说是过境贸易。乙国既不是进口国,也不是出口国,而仅是商品通过其国境并收取一定的费用,这就构成该国的过境贸易。

2) 按照交易商品的形态分类

①货物贸易(或有形贸易)(Goods Trade):一个国家商品实物的输入或输出,如粮食、食品、机器、车辆等商品的输入或输出。

货物进口或出口在通过一国海关时必须向海关申报,海关依据海关税则对进口或出口的商品征税,并列入海关的每日统计。因此货物贸易额反映在一国海关统计和国际收支中。

国际货物贸易中货物的种类繁多,为了便于统计,联合国秘书处于1950年出版了《国际贸易标准分类》(Standard International Trade Classification,SITC)。该分类将国际贸易商品分为10大类、67章、261组、1 023个分组和2 970个基本项目。这10大类分别是:0类为食品及主要供食用的活动物;1类为饮料及烟草类;2类为燃料以外的非食用原料;3类为矿物燃料、润滑油及有关原料;4类为动、植物油脂及其他油脂;5类为化学品及有关产品;6类为主要按原料分类的制成品;7类为机械及运输设备;8类为杂项制品;9类为未分类的其他产品。其中,0—4类商品称为初级产品,5—8类称为制成品,9类商品属于待分类商品。这种分类方法已被绝大多数国家采用。

②服务贸易(Trade in Service):一个国家的劳务或其他非实物形式的商品的输入或输出,如金融、保险、运输、旅游、计算机服务等劳务的提供与接受。

服务贸易不经过海关手续,也不显示在海关的贸易统计上,但它是构成国际收支的重要项目,特别是对于一些旅游业或航运业发达的国家,服务贸易在其国际收支中占有相当重要的地位。

世界贸易组织《服务贸易总协定》(General Agreement On Trade In Services,GATS)把服务贸易界定为4种形式:跨境交付、境外消费、商业存在和自然人流动。

A.跨境交付(Cross-border Supply),即从一成员境内向任何其他成员境内提供服务,就是服务提供方在境内向境外服务消费方提供服务,在提供服务过程中,服务内容本身已越过国境。通过电信、邮电、计算机网络、视、听等形式为对方提供服务,如咨询、设计、数据处理、软件开发等。

B.境外消费(Consumption Abroad),即从一成员境内向任何其他成员的服务消费者提供服务。反过来即是指服务消费方在境外接受服务,如出国旅游、留学、就医等。

C.商业存在(Commercial Presence),即一成员的服务提供者在任何其他成员境内通过商业存在提供服务,就是服务提供者在外国建立商业机构为消费者提供服务,如开设百货公司、银行、保险公司、运输公司、律师、会计师事务所等。这种服务贸易规模大、范围大,是国际服务贸易中最敏感、最活跃、最主要的形式。

D.自然人流动(Movement of Personnel),即一成员的服务提供者在任何其他成员境内通过自然人存在提供服务,如一国的教师、医生、艺人等在另一国或地区从事个体服务。这类贸易规模小,时间有限。

据世界贸易组织统计,近几年上述4种方式的服务贸易占国际服务贸易总额的比重大约分别为:跨境交付28%,境外消费14%,商业存在56%,自然人流动2%,从以跨境交付为主发展到以商业存在为主。

3)按照贸易是否有第三国(地区)参加分类

①直接贸易(Direct Trade):商品生产国和商品消费国之间直接进行商品买卖的贸易。对生产国而言是直接出口,对消费国而言是直接进口。

②间接贸易(Indirect Trade):商品生产国和商品消费国通过第三国进行商品买卖的

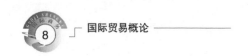

贸易。对生产国而言是间接出口,对消费国来说是间接进口。

③转口贸易(Entrepot Trade):商品生产国与商品消费国通过第三国(地区)进行的贸易,对第三国(地区)来说就属于转口贸易。即使货物直接从生产国运到消费国,只要两者之间并未直接发生贸易关系,而是由第三国转口商分别同生产国与消费国发生交易关系,仍然属于转口贸易范畴。简单地说,就是货物通过第三国卖给消费国,对生产国是间接出口,对消费国是间接进口。转口贸易可以是直接运输,直接贸易也可以是间接运输。

从事转口贸易的大多数是地理位置优越、交通便利、商业发达、信息灵通、贸易限制少的国家或地区,如新加坡、阿联酋迪拜和中国香港等。

4)按照贸易统计标准分类

由于自由贸易区、港、海关仓库和入境加工仓库的存在,进入一国的商品并不一定为该国使用,离开一国的商品并不一定由该国制造,因此各国记录进出口商品的统计范围的含义有所不同,形成了两种贸易统计制度:总贸易体系和专门贸易体系。

①总贸易体系(General Trade System):又称一般贸易体系,是以货物进出国境为标准统计对外贸易额的贸易体系,即以货物通过国境作为统计进出口的标准。目前,采用总贸易体系统计进出口的国家包括中国、日本、英国、美国、加拿大、澳大利亚等。

②专门贸易体系(Special Trade System):也称特殊贸易体系,是以货物进出关境为标准统计对外贸易额的贸易体系,即以货物通过海关结关作为统计进出口的标准。目前,采用专门贸易体系统计进出口的国家和地区有德国、法国、意大利、瑞士等。

总贸易体系和专门贸易体系说明的是不同的问题:前者说明一国在国际货物流通中所处的地位和所起的作用;后者说明一国作为生产者和消费者在国际货物贸易中的地位和作用。

由于各国的统计标准差异,联合国所公布的各国对外贸易额一般都注明是总贸易额还是专门贸易额。

5)按贸易方式分类

①一般贸易(Ordinary Trade):一般贸易是指国境内企业单边进口或单边出口货物的交易形式,但投资设备、捐赠等除外。

②加工贸易(Processing Trade):加工贸易是指经营企业进口全部或者部分原辅材料、零部件、元器件、包装物料,经加工或装配后,将制成品复出口的经营活动,包括进料加工、来料加工、装配业务和协作生产。

进料加工,又叫以进养出,指用外汇购入国外的原材料、辅料,利用本国的技术、设备和劳力,加工成成品后,销往国外市场。

来料加工通常是指加工一方由国外另一方提供原料、辅料和包装材料,按照双方商定的质量、规格、款式加工为成品,交给对方,自己收取加工费。

装配业务是指由一方提供装配所需设备、技术和有关元件、零件,由另一方装配为成品后交货。与来料加工一样,加工一方赚取的是劳务费,交易双方不存在买卖关系,而是委托加工关系,因而这类贸易属于劳务贸易范畴。

协作生产是指一方提供部分配件或主要部件,而由另一方利用本国生产的其他配件组装成一件产品出口。商标可由双方协商确定,既可用加工方的,也可用对方的。所供配件的价款可在货款中扣除。协作生产的产品一般规定由对方销售全部或一部分,也可规定由第三方销售。

20世纪90年代后期我国企业在海外开展的境外加工贸易方式,被视为加工贸易的新形式。境外加工贸易是指我国企业以现有设备、技术在国外进行直接投资的同时,利用当地的劳动力开展加工装配业务,以带动和扩大国内设备、技术、原材料、零配件出口的一种国际经济合作方式。

6)按清偿工具分类

①自由结汇贸易:又称现汇贸易(Cash-Liquidation Trade),是以能够自由兑换的货币为清偿工具所实现的贸易。目前,在国际贸易中,能够作为清偿支付工具的货币主要是发达国家的货币,如美元、欧元、英镑、日元等。

②易货贸易(Barter Trade):以货物经过计价作为清偿工具所实现的贸易,即把进口与出口结合起来,买卖双方有进有出,互换货物,进出基本平衡。易货的商品可以一种对一种,也可以一种对多种、多种对多种。易货贸易可缓解进出口国双方因外汇短缺形成的贸易障碍。

思考:

> 1.转口贸易与过境贸易有何区别?
> 2.转口贸易可以直接运输,直接贸易可以间接运输吗?
> 3.总贸易和专门贸易有何区别?
> 4.进料加工与来料加工有何区别?

中国对外贸易形势
报告(2021年春季)

学习任务2　了解国际贸易的产生与发展

课前任务:

> 查阅资料,各小组分别查询几个贸易大国(如美国、日本、德国、英国等)对外贸易的发展历程。

1.2.1　国际贸易的产生与发展

国际贸易是在一定历史条件下产生和发展起来的,是一个历史的范畴。国际贸易的

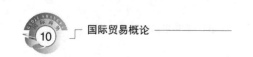

产生必须具备以下条件:一是有剩余的产品可以作为商品进行交换;二是商品交换要在各自为政的社会实体之间进行。因此,从根本上说,社会生产力的发展和社会分工的扩大,是国际贸易产生和发展的基础。

1.2.2　国际贸易发展的历史过程

1)原始社会时期的贸易

(1)原始社会初期

在原始社会初期,人类的祖先结伙群居,打鱼捕兽,生产力水平极度低下,人们处于自然分工状态,劳动成果仅能维持群体最基本的生存需要,没有剩余产品用以交换,因此谈不上有对外贸易。

(2)原始社会后期

人类历史的第一次社会大分工,即畜牧业和农业的分工,促进了原始社会生产力的发展,产品除维持自身需要以外,还有少量的剩余。人们为了获得本群体需要的产品,便在氏族或部落之间用剩余产品进行交换。当然,这种交换还是极其原始并偶然发生的物物交换。

在漫长的年代里,随着社会生产力的继续发展,手工业从农业中分离出来成为独立的部门,形成了人类社会第二次大分工。由于手工业的出现,产生了直接以交换为目的的生产——商品生产。当产品是专门为满足别人的需要而生产时,商品交换就逐渐成为一种经常性的活动。随着商品生产和商品交换的扩大,出现了货币,于是,商品交换就变成了以货币为媒介的商品流通。这样就进一步促使私有制和阶级的形成。由于商品交换的日益频繁和交换的地域范围不断扩大,又产生了专门从事贸易的商人阶层。第三次社会大分工使商品生产和商品流通进一步扩大。之后,阶级和国家相继形成。于是,到原始社会末期,商品流通开始超越国界,这就产生了对外贸易。

人类社会三次大分工,每次都促进了社会生产力的发展和剩余产品的增加,同时也促进了私有制的发展和奴隶制的形成。在原始社会末期和奴隶社会初期,随着阶级和国家的出现,商品交换超出了国界,国家之间的贸易便产生了。

2)奴隶社会时期的国际贸易

在奴隶社会,自然经济占主导地位,其特点是自给自足,生产的目的主要是消费,而不是交换。奴隶社会虽然出现了手工业和商品生产,但在一国整个社会生产中显得微不足道,进入流通的商品数量很少。同时,由于社会生产力水平低下和生产技术落后,交通工具简陋,道路条件恶劣,严重阻碍了人与物的交流,对外贸易局限在很小的范围内,其规模和内容都受到很大的限制。

奴隶社会是奴隶主占有生产资料和奴隶的社会,奴隶社会的对外贸易是为奴隶主阶级服务的。当时,奴隶主拥有财富的重要标志是其占有多少奴隶,因此在奴隶社会国际贸易中的主要商品是奴隶。据记载,希腊的雅典就曾经是一个贩卖奴隶的中心。此外,粮食、酒及其他专供奴隶主阶级享用的奢侈品,如珠宝饰品、珍贵的织物、香料及奇珍异物都是当时国际贸易中的重要商品。

奴隶社会时期从事国际贸易的国家主要有腓尼基、希腊、罗马等,这些国家在地中海东部和黑海沿岸地区主要从事贩运奴隶的贸易。我国在夏商时代进入奴隶社会,国际贸易主要集中在黄河流域沿岸各国。

国际贸易在奴隶社会经济中不占有重要的地位,但是它促进了社会生产力的发展。

3) 封建社会时期的国际贸易

封建社会时期的国际贸易比奴隶社会时期有了较大的发展,尤其是从封建社会的中期开始。到了封建社会中期,随着社会生产力的明显提高,商品生产的发展,实物地租转变为货币地租的形式,商品经济得到进一步的发展。在封建社会晚期,随着城市手工业的发展,资本主义因素已孕育产生,商品经济和对外贸易都有较快的发展。

在13—14世纪的欧洲形成了南北两大主要贸易区:一是地中海地区,以意大利城市,特别是威尼斯、热那亚、比萨等为中心;另一贸易区是北海和波罗的海地区、德国北部、英国等。

中国在西汉时期,就开辟了从长安经中亚通往西亚和欧洲的陆路商路——丝绸之路,把中国的丝绸、茶叶、瓷器等商品输往欧洲各国,并从中东、欧洲各国输入香料、药材、农产品、呢绒和饰品等。到了唐朝,除了陆路贸易外,还开辟了通往波斯湾以及朝鲜和日本等地的海上贸易。明朝是中国对外贸易的鼎盛时期,不仅陆路贸易有所发展,而且海上贸易也很发达。郑和7次率领商船队下西洋,先后访问了30多个国家,同许多国家保持和发展了贸易和外交关系,使中国成为当时最大的海上贸易强国。

在封建社会,国际贸易的商品仍然主要是奢侈消费品,如东方国家的丝绸、茶叶、瓷器,西方国家的呢绒、酒、珠宝、香料等。

从总体上说,封建社会自给自足的自然经济仍占统治地位,社会分工和商品经济仍不发达,进入流通领域的只是少数剩余农产品、土特产品和手工业品,国际贸易在经济生活中的作用还相当小,对各国经济发展的影响不显著,国际贸易并不是社会生产方式存在下的必不可少的因素。

15世纪的"地理大发现"及由此产生的欧洲各国的殖民扩张则大大发展了各洲之间的贸易,从而开始了真正意义上的"世界贸易",而到了资本主义社会国际贸易才获得了广泛的发展。

4) 资本主义时期的国际贸易

(1) 资本主义生产方式准备时期的国际贸易(16—18世纪)

15世纪末期至16世纪初,哥伦布发现新大陆,达·伽马从欧洲经由好望角到达亚洲,麦哲伦完成环球航行,这些地理大发现对西欧经济发展和全球国际贸易产生了十分深远的影响。大批欧洲冒险家前往非洲和美洲进行掠夺性贸易,运回大量金银财富,甚至还开始进行买卖黑人的罪恶勾当,同时还将这些地区沦为本国的殖民地,妄图长久地保持其霸权。这样,既加速了资本原始积累,又大大推动了国际贸易的发展。

(2)资本主义自由竞争时期的国际贸易(18世纪60年代—19世纪70年代)

18世纪60年代到19世纪70年代,以蒸汽机为代表的科学技术获得了惊人的发展。英国及其他欧洲先进国家和美国,相继完成了产业革命,为国际贸易的空前发展提供了十分坚实而又广阔的物质基础。一方面,蒸汽机的发明开创了机器大工业时代,生产力迅速提高,物质产品大为丰富,从而真正的国际分工开始形成;另一方面,交通运输和通信联络的技术和工具都有突飞猛进的发展,各国之间的距离似乎骤然变短,这就使世界市场真正得以建立。正是在这种情况下,国际贸易有了惊人的巨大发展,并且从原先局部的、地区性的交易活动转变为全球性的国际贸易。这个时期的国际贸易,不仅贸易数量和种类有长足增长,而且贸易方式和机构职能也有创新发展。显然,国际贸易的巨大发展是资本主义生产方式发展的必然结果。

(3)资本主义垄断时期的国际贸易(19世纪70年代—20世纪40年代)

19世纪末到20世纪初,资本主义由自由竞争阶段向垄断阶段过渡。这一时期发生了第二次科技革命,发电机、电动机、内燃机等开始广泛使用,一些新兴的工业部门如电力、石油、化工、汽车制造等纷纷建立,从而促进了社会生产力的发展和资本主义经济的增长。

5)第二次世界大战后的国际贸易

第二次世界大战后,第三次科技革命的发生引起了一系列新兴工业的相继兴起。跨国公司的大量出现,极大地促进了生产国际化的发展,使国际分工更加深入,国际市场范围日益扩大,为国际贸易的发展提供了极其有利的条件。此时国际贸易的发展速度快于世界生产的增长速度。

第二次世界大战后的国际贸易有以下主要变化:

①国际贸易中工业制成品的比重大大增加。1950年,工业制成品出口占世界全部商品出口价值的34.9%。20世纪60年代,这一比例增加到50%以上。20世纪70年代世界能源价格上涨,使工业制成品的比重在50%~60%徘徊。20世纪80年代中期以后,工业制成品在贸易中的比重又开始攀升。到2000年,国际贸易中将近3/4(74.85%)的商品是工业制成品。

在工业制成品贸易中,工业革命后曾经处于重要地位的纺织品、服装等轻纺工业产品和钢铁等金属工业产品的地位逐渐下降,取而代之的主要是包括汽车在内的交通和机器设备、电气电子产品以及化工产品。

②服务贸易迅速发展,成为国际贸易中的重要组成部分。第二次世界大战后科技发展的结果,使发达国家劳动生产率大大提高,不仅农业和其他初级产品生产中使用的劳动力越来越少,制造业的就业比重也逐渐由上升转为停滞或下降。与此同时,人们收入不断提高,在主要耐用消费品得到满足后,人们对服务的需求越来越大,服务业在各国经济中的比重越来越大,服务贸易也相应地得到了发展。第二次世界大战后初期,服务贸易在世界贸易中几乎没有引起重视。但从20世纪70年代开始,服务贸易日益成为国际

贸易中的一个组成部分。1970年世界服务业出口总值为800多亿美元,1980年增加到4 026亿美元,1990年又翻了一番,为8 962亿美元,2000年则达到16 136亿美元。2010年世界服务贸易总额为71 666亿美元,其中服务出口36 639亿美元,服务进口35 027亿美元。2017年全球服务进出口10.5万亿美元,比上年增长6.8%。其中,服务出口5.3万亿美元,增长7.5%;进口5.2万亿美元,增长6.1%。服务贸易已上升到与货物贸易同等重要的地位,《服务贸易总协定》已成为世界贸易组织的3个主要协议之一。

③发达国家之间的贸易成为主要的贸易流向,"北北贸易"取代"南北贸易"成为主要的贸易模式。从地理大发现开始,到工业革命以后很长一段时间里,世界贸易的模式是发达国家出口工业制成品,发展中国家出口矿产和原料等初级产品,即所谓的"南北贸易"。

第二次世界大战后随着制造品贸易的数量和种类的增加,工业发达国家之间的贸易量和占世界贸易的比重也都在不断提高。20世纪60年代初,北美、西欧和日本相互之间的贸易量占当时世界总贸易量的不到40%;20世纪80年代初(1983年)这一比重增加到41%;20世纪90年代初(1993年)为47%左右;到了2000年,世界贸易总额的将近50%发生在北美、西欧和日本之间。如果把新加坡、韩国等新兴工业国家算上,这一比例则更高。1999年,全部工业国家73%的出口产品销往其他工业国家,有68%的产品从其他工业国家进口。

④区域性自由贸易迅速发展。第二次世界大战后,尤其是20世纪90年代以来,各种形式的区域性经济合作越来越多,其中最多的是自由贸易区,包括欧洲自由贸易联盟(EFTA)、北美自由贸易区(NAFTA)、南方共同市场(MERCOSUR)、东盟自由贸易区(AFTA)、东南非共同市场(COMESA)等。合作程度稍高的有关税同盟、共同市场以及经济同盟,如欧盟。几乎所有的关贸总协定/世界贸易组织成员国都参加了一个或数个区域性自由贸易协定。从1948年到1994年的47年中,关贸总协定缔约国共签订了124项区域性自由贸易协议,而从1995年世界贸易组织成立到2000年的6年中,世界贸易组织已收到了100项成员国参加区域自由贸易的通知。

⑤贸易保护主义有所增强,且更加隐蔽化、管理化。20世纪50年代到70年代中期,贸易政策和体制总的特点是各发达国家倾向于贸易自由化。20世纪70年代中期,贸易保护主义政策逐渐兴起。一些发达国家采取各种非关税壁垒措施,其保护手段更加隐蔽,更具有针对性。20世纪90年代,国际贸易体制从自由贸易走向管理贸易。

⑥国际贸易政策的协调作用大大增强,关税与贸易总协定的产生和世界贸易组织的成立对国际贸易发展做出了重要贡献。

6)当代的国际贸易

(1)国际贸易在变动中增长

随着社会生产力的不断发展,各国的经济状况都在逐渐完善,人类的需求不断地增长,国际贸易也在不断地发展。现如今,国际贸易的发展趋势如下:一是21世纪以来,国际贸易的发展进入了一个新的快速发展的阶段,有更多的国家加入了世界贸易组织,扩大了国际贸易的范围,进一步促进了世界贸易的增长;二是自从中国加入 WTO 后,中国逐渐成为贸易发展的中坚力量,但是现如今,世界贸易的格局仍然以发达国家为中心,发达国家仍然占据着主导地位;三是国际贸易的不断发展,给世界经济的发展带来了强大的动力,相关技术和产业的进出口的比重不断地扩大,强有力地促进了多边贸易格局的发展;四是在国际贸易不断发展的背景下,跨国公司的数量不断地增多,对国际贸易的发展起到了更大的主导作用,使国际贸易走向一体化的阶段;五是在这种情况下,各个国家为了保护本国的进出口,总会设置很多的贸易壁垒,可能会对经济发展产生不好的影响。在如今的国际背景之下,各国要更好地了解国际贸易的发展趋势,熟悉国际竞争的法则,在促进本国经济发展的同时,更好地促进世界经济的增长。

(2)服务、高科技产品与"绿色"产品贸易步入高速发展阶段

①世界服务贸易发展十分迅猛,规模不断扩大。20 世纪 80 年代以来,国际服务贸易发展十分迅速。世界服务贸易额从 1985 年的 3 809 亿美元增加到 1995 年的 11 678 亿美元,其年增速一直大大高于国际货物贸易的年增速。2021 年,国际服务贸易总额达 6.1 万亿美元,已占全球贸易总额的五分之一。从部门构成看,保险、银行和通信等服务增长尤快,超过传统上占重要地位的旅游和运输业,在世界服务出口额中占 46%;旅游次之,约占 30%;运输居第三位,约为 24%。

②高科技产品,尤其是电信产品的贸易增长迅猛。进入 20 世纪 90 年代,推动全球贸易大幅度增长的重要原因之一,就是信息革命使世界出口商品结构发生了变化,特别是"信息时代"产品,如现代化办公及电信设备的出口增长速度,在世界贸易中所占比重日渐上升。在 1983—1993 年的国际贸易中,办公和电信设备贸易发展速度高达 13%,位居同期各行业增速之冠,其所占比重从 1980 年的 4.2% 提高到 1993 年的 10.4%,成为所占比重最大的贸易商品。

③"绿色产品"市场广阔。20 世纪 80 年代是世界环保意识崛起的年代,90 年代是环保付诸行动的 10 年。在世界市场上,"绿色产品"走俏,"绿色战略"盛行,一场"绿色革命"方兴未艾。许多发达国家把生态研究与环保技术的研究与开发置于重要地位,"绿色产品"开发速度加快。

(3)世界贸易组织的建立标志着新的世界多边贸易体制形成

1995 年 1 月 1 日,世界贸易组织正式成立。世界贸易组织的成立,一方面维护了1947 年关贸总协定形成的多边贸易体制;另一方面加强和健全了这种多边贸易体制。截至 2020 年 5 月,世界贸易组织有 164 个成员,24 个观察员,基本上包揽了全球贸易,世界贸易组织所代表的多边贸易体制具有广泛性和持久性。

(4)经济贸易集团化趋势明显加强

在世界政治经济发展不平衡规律的作用下,出于相互合作、发展经济、提高谈判和竞争力的需要,20 世纪 80 年代中期以来,区域性经济贸易集团化趋势明显加强。

(5)跨国公司的作用进一步增强

20 世纪 90 年代以来,跨国公司蓬勃发展,其在国际经济中的地位和作用不断增强。

①跨国公司的数目剧增。1993年世界上一共有3.5万家跨国公司,分布在全球的附属公司(包括子公司)共有17万家。其中,90%属于发达国家,属于发展中国家和地区的只有2 700家。2021年跨国公司已达到8万家。

②以发达国家和发展中国家为基地的大型跨国公司日益全球化。按外国资产排列的100家最大的跨国公司在它们的外国附属企业中拥有1.7万亿美元的资产,控制了大约1/5的全球外国资产。

③跨国公司开始结成新型的"战略联盟"。面对竞争压力、自由化浪潮和新投资领域的开放,越来越多的企业,包括发展中国家的企业采取各种方法参与全球化经济的活动,通过各种形式结成联盟,以保护、巩固和增强自己的竞争能力。1988—1995年,全球跨国兼并与收购总额增加了一倍,达到2 290亿美元。1996年,有45起跨国兼并与收购的规模超过10亿美元。1990年以来,跨国公司之间在核心技术(信息与生物)方面也加强了战略性研究与开发伙伴关系。

④跨国公司在国际贸易中的规模日益扩大,重要性日益凸显。跨国公司内部贸易在其国家贸易中占有重要地位,这种内部贸易通常称为"无国界经济"。

世界经济贸易形势

(6)全球性的协调管理贸易时代出现

20世纪80年代以来,国际协调管理贸易(有组织的通过协商进行的自由贸易)趋势明显加强。

学习任务3　清楚三个传统的国际贸易理论

关于国际贸易发生的原因和影响,西方经济学家从不同角度进行解释,产生了各种国际贸易理论。古典贸易理论起源于亚当·斯密,他的绝对优势理论从各国劳动成本的绝对差异角度解释了国际贸易的基础;大卫·李嘉图的比较优势理论则更进一步从一般的意义上论证了各国依据劳动成本的相对差异进行国际分工和国际贸易,可以改善各自的福利。赫克歇尔和俄林从要素禀赋差异角度来探讨国际贸易的起因和影响,要素禀赋理论无论在理论分析还是在实际应用中都取得了巨大成功,20世纪前半叶到20世纪70年代末期成为国际贸易理论的典范,几乎成为国际贸易理论的代名词。

1.3.1　亚当·斯密的绝对优势理论

亚当·斯密(Adam Smith,1723—1790)是18世纪英国著名经济学家。在经济思想史上,斯密被尊为古典经济学派的创始人。1776年,斯密出版了一部奠定古典政治经济学理论体系的著作——《国民财富的性质和原因的研究》(简称《国富论》)。在该著作中,他提出了绝对优势理论。

1）绝对优势理论的内容

亚当·斯密的绝对优势理论，是建立在他的劳动分工和国际分工学说的基础之上的。他用一国中不同的职业分工和交换来解释国际贸易，认为国际贸易的产生就像裁缝不会做靴子、鞋匠不会缝衣服，而都用自己的产品去交换自己不擅长生产的东西一样。一个国家之所以要进口别国的产品，是因为该国的生产技术处于劣势，自己生产成本太高，不如购买别国的产品来得便宜。而一国之所以能向别国出口产品，是因为该国在这一产品的生产技术上具有绝对优势。

根据绝对优势理论，各国存在生产技术上的差别，以及由此造成的劳动生产率和生产成本的绝对差别，是国际贸易和国际分工的基础。各国应该集中力量生产并出口其具有"绝对优势"的产品，而进口其不具有"绝对优势"的产品，其结果比自己生产所有产品更有利。绝对优势来自自然优势和获得性优势。自然优势是一国的土地、气候、资源、人口等优势，而获得性优势是指在生产过程中所形成的特殊技术或技巧。在贸易理论上，斯密的这一学说被后来者称为"绝对优势论"或"绝对利益理论"。

2）绝对优势理论的例证说明

假设国际贸易中两个国家是英国和葡萄牙，他们都生产葡萄酒和毛呢两种产品，设单位产品两国所需投入的劳动量见表1-1和表1-2。

表1-1　分工前的生产情况

国家	酒产量/单位	所需劳动/（人·年）	毛呢产量/单位	所需劳动/（人·年）
英国	1	120	1	70
葡萄牙	1	80	1	110

表1-2　分工后的生产情况

国家	酒产量/单位	所需劳动/（人·年）	毛呢产量/单位	所需劳动/（人·年）
英国			2.714	190
葡萄牙	2.375	190		

表1-3　国际交换的情况

国家	酒产量/单位	所需劳动/（人·年）	毛呢产量/单位	所需劳动/（人·年）
英国	1		1.714	
葡萄牙	1.375		1	

由表1-3可知，生产同量毛呢，英国的生产成本比葡萄牙低，处于绝对优势；而生产同量酒，葡萄牙的生产成本比英国低，处于绝对优势。亚当·斯密认为在自由贸易的条件下，每个国家都生产自己占绝对优势的产品并与其他国家进行交换，会使各国的资源、劳

动力和资本得到有效的利用,将会大大提高劳动生产率,增加物质财富。

3)绝对优势理论评述

亚当·斯密对国际贸易学说的贡献主要体现在两个方面:第一,他有力地抨击了重商主义,主张自由经济,为自由贸易奠定了坚实的基础;第二,他提出了绝对优势这一概念,用来解释国际贸易的基础,为以后的国际贸易理论的发展指明了正确的方向。但是绝对优势理论存在很大的不足,它不能解释现实中所有国家之间国际贸易的基础,因为亚当·斯密假设参与贸易的各国都拥有一个处于绝对优势的生产部门,但如果一个国家在所有部门的生产成本上都处于绝对劣势,那该怎么办呢?亚当·斯密的绝对优势理论无法解释这种情况。直到大卫·李嘉图对国际贸易基础做了更为确切的论述后,人们在这个问题上才有了一个一般的认识。

1.3.2　大卫·李嘉图的比较优势理论

大卫·李嘉图(David Ricardo,1772—1823)是继亚当·斯密之后的英国古典政治经济学的杰出代表人物。1817年他出版了代表作《政治经济学及赋税原理》,在此著作中,李嘉图系统地提出了比较优势理论,极大地发展了亚当·斯密的经济思想。

1)比较优势理论的内容

大卫·李嘉图进一步发展了亚当·斯密的绝对优势理论,论证了国际贸易分工的基础不限于绝对成本差异,只要各国之间产品的生产成本存在着相对差异,即比较成本差异,就可以参与国际分工,并可以获得贸易利益。他指出,在国与国之间的贸易中,绝对优势并非必要的条件,即使一个国家生产各种产品其资源的投入都比另一个国家多,不具有绝对优势,但是,该国不同生产部门之间的生产效率不同,因此该国仍然存在着比较优势,相对而言仍然具有比较强的部门,而另一个国家各个部门的生产都具有优势,但是,相互之间也可以比较,相对而言,有的部门所具有的优势更胜一筹,也存在着比较优势。每个国家应该根据"两利取其重,两弊取其轻"的原则,集中生产并出口其具有"比较优势"的产品,进口其具有"比较劣势"的产品。

这一学说当时被大部分经济学家所接受,时至今日仍被视为决定国际贸易格局的基本规律,是西方国际贸易理论的基础。

2)比较优势理论的例证说明

李嘉图仍沿用英国和葡萄牙的例子,但强调两国之间生产技术存在相对差异而不是绝对差异。

葡萄牙生产毛呢的成本是英国的90%(即90/100),葡萄牙生产酒的成本是英国的66.6%(即80/120),葡萄牙无论是生产毛呢还是生产酒,其生产成本都处于绝对优势,但相比较而言,葡萄牙应"两优择其重",放弃生产成本比英国优势较少的毛呢,专门生产酒,见表1-4。

英国生产毛呢的成本是葡萄牙的 1.1 倍(即 100/90),而生产酒的成本是葡萄牙的 1.5 倍(即 120/80),英国无论生产毛呢还是生产酒,其生产成本均处于劣势,但相比较而言,英国应"两劣取其轻",放弃生产成本比葡萄牙劣势较多的酒,专门生产毛呢。

这样,英国专门生产毛呢,葡萄牙专门生产酒,然后两国开展国际贸易,进行交换,其结果对双方都是有利的。

表 1-4　国际交换的情况

项　目	英　国	葡萄牙	合　计
毛呢分工前	100 人/年	90 人/年	2 单位
酒分工前	120 人/年	80 人/年	2 单位
毛呢分工后	100+120＝220 220/100＝2.2		2.2 单位
酒分工后		90+80＝170 170/80＝2.125	2.125 单位

3) 比较优势理论评述

李嘉图的比较优势理论是国际贸易理论的重要组成部分,它极大地丰富和发展了斯密的绝对优势理论。比较优势理论比绝对优势理论更具有普遍的意义。根据比较优势理论,各国的产业结构会随着劳动生产率的提高而发生变化,从而导致国际贸易的方向和格局发生变化。虽然比较优势理论比绝对优势理论前进了一大步,但也有不足,主要表现在:①虽然解释了劳动生产率差异引起国际贸易,但没有进一步解释造成各国劳动生产率差异的原因;②各国根据比较优势原则进行完全的专业化生产与现实有很大出入。现实中,恐怕难以找到一个国家在国际贸易中进行完全国际化生产。一般来说各国大都会生产一些与进口商品相替代的产品。

1.3.3　赫克歇尔-俄林的生产要素禀赋理论

赫克歇尔(Eli Heckscher,1879—1952)和俄林(Bertil Ohlin,1899—1979)是瑞典著名的经济学家,他们的生产要素禀赋理论是对李嘉图比较优势理论的进一步发展。

1) 要素禀赋理论的内容

所谓生产要素,是指在生产活动中所必须具备的主要因素,或在生产中必须投入或使用的主要手段,如土地、劳动、资本、企业家的才能。要素禀赋是指一国所拥有的生产要素的相对比例。赫克歇尔和俄林认为生产商品需要不同的生产要素,不仅仅只是需要劳动力,而且资本、土地以及其他生产要素也都在生产中起到重要作用,并影响到劳动生产率和生产成本。不同的商品生产需要不同的生产要素配置。有些产品的生产技术性较高,需要大量的机器设备和资本投入,这种产品可以称为资本密集型产品。有些产品的生产则主要依靠手工操作,需要大量的劳动力,这种产品称为劳动密集型产品。而各国的生产要素的储备比例是不同的,有的国家资本相对雄厚,有的国家劳动力相对充足。因此,产品生产的相对成本不仅要由技术差别决定,也要依据生产要素比例和稀缺程度的不同来决定。

一般来说,劳动力相对充足的国家其劳动力的价格会较低,生产劳动密集型产品的成本会相对低一些。而在资本相对充足的国家其资本的价格会较低,生产资本密集型产品的成本会相对低一些。因此,根据"资源配置"理论,各国应该集中生产并出口那些能够充分利用本国充裕要素的产品,以换取那些要使用稀缺要素的产品。国际贸易的基础是生产资源配置或要素储备比例上的差别。

俄林认为,两国价格的绝对差异是由于成本的绝对差异,而成本的绝对差异主要是由于:①生产要素的供给不同,即两国的要素禀赋不同;②不同的产品在生产过程中所使用的要素的比例不同。

一个国家出口的应该是那些在生产中密集地使用了这个国家最丰富的生产要素的商品,进口的应该是那些在生产中密集地使用了这个国家最缺乏的生产要素的商品。俄林认为,商品价格的国际绝对差异是国际贸易产生的直接原因。所谓商品价格的国际绝对差异,是指同种商品在不同的国家把本国货币表示的价格都换算成同种货币表示的价格后两者的不同。国际贸易之所以发生,就是由于价格的不同。当两国间的价格差异大于各项运输费用时,商品从价格较低的国家输往价格较高的国家就能带来利益,国际贸易因而得以发生。

2)要素禀赋理论的例证说明

以日本和澳大利亚两个国家为例,两国劳动力和土地要素禀赋不同,见表1-5。

表1-5　两国的劳动力和土地价格

项　目	日本的要素价格(单位货币)	澳大利亚要素的价格(单位货币)
劳动力的价格	1	2
土地的价格	4	1

由于在这个理论中我们假设日本和澳大利亚两国都是生产水平和生产函数一样的国家,因此他们在生产两种产品(小麦和棉布)中要素的投入比例是一样的,见1-6。

表1-6　生产要素的投入比例

项　目	土　地	劳动力
小麦的要素投入比例	5	1
棉布的要素投入比例	1	10

以下为按照要素价格和投入比例计算的两个国家的生产成本,见表1-7。

表 1-7 两个国家的生产成本

项 目	日本的生产成本	澳大利亚的生产成本
小麦	5×4+1×1＝21	5×1+1×2＝7
棉布	1×4+10×1＝14	1×1+10×2＝21

这一学说的主要结论是：一个区域或国家利用它相对丰富的生产要素进行商品生产就处于比较有利的地位，如果利用其相对稀缺的生产要素进行商品生产就处于不利地位，因此每个国家或区域就应该努力发展生产和出口生产要素较丰裕的产品，而不生产生产要素稀缺的产品；相反，进口的是本国生产要素较稀缺的产品。

3）要素禀赋理论评述

赫克歇尔-俄林的要素禀赋理论在解释各国参加分工，进行专业化生产的依据上，比李嘉图的比较优势理论更为深入和全面，它正确地指出了生产要素在各国进出口贸易中居于重要地位。该学说的主要缺陷是：①以要素禀赋差异的理论来反对李嘉图和马克思的劳动价值论，抹杀了劳动收入和财产收入的区别；②忽视了科学技术在国际贸易、国际分工发展中的重要作用。

里昂惕夫之谜

【知识与技能训练】

一、名词解释
1. 国际贸易　2. 国际贸易额　3. 总贸易　　　　4. 专门贸易
5. 直接贸易　6. 转口贸易　　7. 对外贸易依存度　8. 国际贸易商品结构

二、专业词汇翻译
1. 服务贸易　2. 贸易条件　3. 贸易差额　　4. 国际贸易地理方向
5. 总贸易　　6. Net Export　7. Barter Trade
8. Quantum of International Trade
9. Standard International Trade Classification　10. Service Trade

三、单项选择题
1. 通常所说的国际货物贸易额是指（　　　）。
　　A. 世界出口货物总额　　　　　　　B. 世界进口货物总额
　　C. 世界进出口货物总额　　　　　　D. 世界贸易量
2. 一国的进出口贸易收支状况用（　　　）来反映。
　　A. 对外贸易额　　　　　　　　　　B. 贸易差额
　　C. 对外贸易量　　　　　　　　　　D. 国际贸易量

3. 转口贸易又称(　　)。

    A. 直接贸易　　　　B. 间接贸易　　　　C. 过境贸易　　　　D. 中转贸易

4. 能指明一国出口货物和服务的去向与进口货物和服务的来源,并能反映出一国与其他国家或国家集团之间经济贸易联系程度的指标是(　　)。

    A. 对外贸易地理方向　　　　　　　B. 国际贸易地理方向

    C. 对外贸易商品结构　　　　　　　D. 国际贸易商品结构

5. 2020 年,中国货物进出口总额32.2 万亿元人民币,(　　)3.7 万亿元人民币。

    A. 贸易顺差　　　　B. 贸易逆差　　　　C. 贸易平衡　　　　D. 净出口

6. 绝对优势理论的代表人物是(　　)。

    A. 亚当·斯密　　　　　　　　　　B. 大卫·李嘉图

    C. 赫克歇尔　　　　　　　　　　　D. 俄林

7. 在李嘉图的比较优势学说中,国际贸易产生的原因是两国的(　　)。

    A. 劳动生产率绝对差异　　　　　　B. 劳动生产率相对差异

    C. 生产要素禀赋绝对差异　　　　　D. 生产要素禀赋相对差异

8. 总贸易体系统计进出口的标准是(　　)。

    A. 货物通过关境　　　　　　　　　B. 货物通过国境

    C. 货物到目的港　　　　　　　　　D. 货物到目的地

9. 一批中国大同的煤经过日本商人转卖到美国,这种行为对于中国商人来说是(　　)。

    A. 直接贸易　　　　B. 间接出口　　　　C. 转口贸易　　　　D. 过境贸易

10. 用以反映一国经济发展对对外贸易依赖程度的是(　　)。

    A. 对外贸易系数　　　　　　　　　B. 对外贸易商品结构

    C. 对外贸易地理方向　　　　　　　D. 对外贸易差额

11. 假设我国生产手表需要 8 个劳动日,生产自行车需要 9 个劳动日,而印度生产这两种产品分别需要 12 个和 10 个劳动日,根据比较优势理论,则(　　)。

    A. 中国宜生产和出口手表　　　　　B. 中国宜生产和出口自行车

    C. 中国宜生产和出口手表和自行车　D. 两国各自都生产两种产品

12. 按"两优取重,两劣取轻"的原则进行分工的思想是由(　　)创立。

    A. 亚当·斯密　　　　　　　　　　B. 大卫·李嘉图

    C. 凯恩斯　　　　　　　　　　　　D. 托马斯·孟

四、判断题

1. 世界各国进出口贸易额的总和即为国际贸易额。　　　　　　　　　　(　　)

2. 对外贸易商品结构通常以一国商品在世界出口总额或进口总额中所占比重来表示。
　　　　　　　　　　　　　　　　　　　　　　　　　　　　　　　　(　　)

3. 出口贸易依存度指一国一定时期内的出口贸易额占对外贸易总额的比重。
　　　　　　　　　　　　　　　　　　　　　　　　　　　　　　　　(　　)

4. 商品直接由生产国运到消费国,也可能是间接贸易。　　　　　　　　(　　)

5. 服务贸易不显示在海关的贸易统计上,但它是国际收支的组成部分。　(　　)

6. 净出口是指一定时期内一国的出口值大于进口值。　　　　　　　（　　）

7. 生产力的发展和社会分工的扩大是对外贸易产生和发展的基础。　（　　）

8. 剔除了价格波动影响的指标是对外贸易量。　　　　　　　　　　（　　）

9. A 国与 B 国开展贸易，由于 B 国没有港口，货物需经 C 国港口运至 B 国，对于 C 国来讲，该贸易属于转口贸易。　　　　　　　　　　　　　　　　　　（　　）

10. 国际贸易货物结构是指一定时期内各大类货物或某种货物在整个国际贸易中的构成，即各大类货物或某种货物贸易额与整个世界出口贸易额之比，用比重表示。

　　　　　　　　　　　　　　　　　　　　　　　　　　　　　　　（　　）

五、材料分析

材料 1：2010 年度我国对外贸易发展状况

国家统计局公布的 2010 年国民经济和社会发展统计公报显示，该年度我国 GDP 达 397 983 亿元，按可比价格计算，比 2009 年增长 10.3%。在对外贸易方面 2010 年我国外贸进出口总值 29 728 亿美元，比 2009 年同期（下同）增长 34.7%。其中，出口 15 779 亿美元，增长 31.3%；进口 13 948 亿美元，增长 38.7%；贸易顺差为 1 831 亿美元，比 2011 年减少 126 亿美元。在全年出口中，一般贸易进出口 14 887 亿美元，增长 39.9%，高出当年我国进出口增速 5.2 个百分点。其中，出口 7 207 亿美元，增长 36%，高于当年我国出口总体增速 4.7 个百分点；进口 7 680 亿美元，增长 43.7%，高于当年我国进口总体增速 5 个百分点。出口产业结构中机电产品进出口保持增长，其中，出口 9 334 亿美元，比 2011 年增长 30.9%，进口 6 630 亿美元，比 2011 年增长 34.4%。从出口地区看，全年对欧盟出口 3 112 亿美元，比 2011 年增长 31.8%；对美国出口 2 833 亿美元，增长 28.3%；对中国香港地区出口 2 183 亿美元，增长 31.3%；对东盟出口 1 382 亿美元，增长 30.1%；对日本出口 1 211 亿美元，增长 23.7 亿美元。

非金融领域新批外商直接投资企业 27 406 家，比 2011 年增长 16.9%。实际使用外商直接投资金额 1 057 亿美元，增长 17.4%。全年非金融类对外直接投资额 590 亿美元，比 2011 年增长 36.3%。

根据上述资料，结合所学内容，对我国 2010 年的对外贸易发展概况做简要分析，分析的内容可参考以下提示：

1. 进口贸易与出口贸易。

2. 对外贸易额与贸易差额。

3. 对外贸易商品结构。

4. 对外贸易地理方向。

5. 对外贸易系数。

材料 2：高外贸依存度：是吉是凶？

2001 年 12 月，中国正式加入了世界贸易组织，之后，我国的对外贸易就进入了迅猛发展阶段：2004 年在全球贸易的排位升至第三，对外贸易总量首次超过 1 万亿美元。在此期间，我国外贸依存度也经历了一个迅速上升时期，一方面表明中国参与全球一体化进程加速，中国经济与世界经济已经形成相互依赖的伙伴关系；另一方面过高的贸易依存度也暴露出我国贸易目的地集中、对外贸易商品结构不合理以及战略资源产品进口依存度攀升等诸多弊端。

我国外贸依存度增长迅猛:据商务部统计,2002 年中国外贸依存度为 51% ,2003 年为 60.2% ,2004 年伴随着外贸进出口总值的大幅度攀升,外贸依存度达到了近 80% 。

出口增长实际是外资的增长:中国对外贸易的增长伴随着外商投资企业规模及其地位的上升,按照出口、进口、进出口总额三项指标衡量,外资企业在中国内地对外贸易中的比重都已超过了一半。

劳动密集型产业过于依赖国外市场:根据商务部公布的数据,我国一些劳动密集型产品过于依赖国外市场。2004 年中国各主要产业出口比例分别为:空调 42% ,彩电 46% ,电冰箱 47% ,照相机 56% ,摩托车 63% ,DVD 机 84% ,纺织品 71% 。

与其他大国相比:统计表明,从 1980—2001 年,美国、日本、印度、德国的外贸依存度大体稳定在 14% ~20% 的范围内,而中国从 20 世纪 80 年代初期 15% 左右的外贸依存度一路飙升,已经远远高于其他发达国家和发展中国家的水平。

战略资源产品对外依赖程度增加:我国战略资源产品的对外依存度将可能成为影响我国国家安全的因素。2003 年,中国钢材、氧化铝、铁矿砂及其精矿的进口分别增长 51.8% ,22.6% ,32.9% 。目前,我国石油对外依存度达 35% 左右。

问题:

1.试分析我国高外贸依存度的原因。

2.请分析高外贸依存度给我国带来的负面影响。

3.我国应该如何处理对外贸易发展与国家经济安全的关系?

项目 1 知识与技能训练参考答案

项目2
世界市场与价格

[学习目标]

　　了解世界市场的形成;掌握世界市场的种类;了解影响世界市场价格的因素;掌握世界市场价格的种类。

[思维导图]

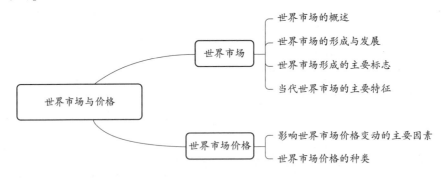

[导入案例]

价格数倍疯涨，全球一"罩"难求

2020年初全球突然暴发新冠肺炎疫情，疫情来势汹汹。口罩是预防呼吸道传染病最简单、成本最低廉的有效手段。对个人而言，戴上口罩是最重要、最迫切、最有效的防控方式。随着口罩的需求突然急剧增加，不仅是中国，其他各国的口罩价格也纷纷上涨，疫情严重的国家和地区甚至出现口罩脱销，一"罩"难求的现象。

美国：2020年2月底，在美国各大医疗器械商店的门前，民众都在询问口罩是否有货，得到的答案均是店员的一声"抱歉"。口罩等防护用品已经全线告急，美国亚马逊等线上各大电商平台已经断货，线下药店同样买不到口罩。售价5个149美元（约合人民币209元/个），同样缺货。

日本：2020年2月初，随着新冠肺炎疫情的不断扩大，日本市场上的口罩基本上全部断货。日本口罩工业协会统计，到2020年1月中旬，日本口罩生产商的库存量约为18亿个，但到了2月初基本上就卖完了。日本市场上流通的口罩，有70%左右从海外进口，如果海外流通网络中断，口罩基本上也就无法进口。自2月以来，拥有192家店铺的日本药店运营商将口罩和用于早期治疗的营养饮料以及其他商品捆绑出售。一盒500日元（约合人民币32元）左右的口罩，在"搭售"后要花9 000日元（约合人民币577元）才能买到。

韩国：由于新冠肺炎疫情扩散，韩国防疫物资出现紧缺。2020年2月，韩国的口罩需求大幅上升，医用口罩的需求增长高达7 650%，同时，测温仪的需求增速已经达到3 100%。KF94口罩的网上售价超过4 000韩元（约合人民币21.5元），较疫情前增长6~8倍。药店、超市等实体店的售价维持在2 000韩元（约合人民币11.7元）水平。

西班牙：西班牙《发展日报》网站报道，口罩的需求在2019年1月至2020年1月之间出现了"非同寻常的"增长，增长率达到了10 000%。由于意大利新冠肺炎疫情加重，而西班牙同意暂时不关闭边境，使西班牙口罩需求更加迫切。根据亚马逊等电商平台上的价格，60个一盒的普通外科口罩价格攀升至960欧元（约合人民币7 400元）；而50个一盒规格的普通外科口罩也已经卖到了800欧元（约合人民币6 200元）。也就是说，普通外科口罩在西班牙的单价已经到了124元。普通外科口罩的价格已经飞涨到如此之高的水平，防护等级更高的N95口罩在西班牙更是炒到了天价。根据当地药房的定价，每一枚FFP2型口罩（欧盟标准下的N95口罩）售价高达300欧元（约合人民币2 200元）。

造成口罩涨价的原因有多个，首先，新冠肺炎疫情突然在世界范围大暴发，造成口罩供不应求，部分商家为了追求利益，从而抬高口罩价格；其次，制造口罩的原材料熔喷布出现短缺，口罩厂采购原材料的价格上涨，自然会传导到终端产品上；最后，临时让工人加班加点，工资加倍，物价自然上涨。供求关系失衡、生产材料紧缺、人工成本增加等，多管齐下抬高了口罩的价格。

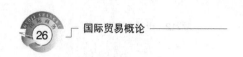

【学习任务】

学习任务1　认识世界市场

课前任务：

> 　　以小组为单位,假设你们是一家流通型外贸公司,现美国纽约某公司向你们公司询盘,表示对广西生产的××商品(选取你们熟悉的广西某种出口商品)很感兴趣,请你们对生产该商品的厂家进行调查,了解商品的相关信息(如原材料、生产周期、用途、性能、规格、型号、价格等),核算出口报价,并向美国公司报价。

2.1.1　世界市场的概述

1)世界市场的概念

　　世界市场也称为国际市场,是世界各国进行货物和服务交换的领域,是由各贸易国或地区的市场通过国际分工的形式而连接成的一个有机的整体。世界市场由各国市场组成,但它并不是一个地理概念,而是一个经济概念。世界市场的扩张度不随国际贸易地理范围遍布各国而结束,它将随着商品生产的发展在原有空间上进一步扩展。

2)世界市场的类型

　　按不同的标准可将世界市场进行划分,见表2-1。

表2-1　世界市场的类型

划分标准	世界市场类型
按照不同类型的国家划分	发达国家市场、发展中国家市场
按照地区划分	亚洲市场、欧洲市场、北美市场、非洲市场、拉丁美洲市场
按照经济集团划分	欧洲联盟市场、东盟市场、中美洲共同市场等
按照商品构成情况划分	工业制成品市场、半工业制成品市场和初级产品市场、石油产品市场、电子产品市场、纺织品市场等
按照交易对象划分	商品市场、劳务市场、技术市场
按是否有固定组织形式划分	有固定组织形式的市场、无固定组织形式的市场

2.1.2 世界市场的形成与发展

1)萌芽阶段

15世纪末16世纪初,由于工场手工业的发展、东西新航路的开辟,以及资本的原始积累,商品交换超出了一国的范围,发展成为国际性的商品交换,在此基础上出现了世界市场的萌芽。但是这时的世界市场还不稳固,在世界市场上流通的商品,还主要是小生产者的商品和资本主义工场手工业生产的商品。

2)形成、发展阶段

18世纪中叶到19世纪中叶,在英国及其他欧洲国家与美国先后发生的产业革命,确立了资本主义生产方式在这些国家的统治地位,资本主义大机器工业的巨大生产力所带来的大量的产品,需要日益扩大的销售市场,所消费的大量的原料与粮食,需要日益扩大的供给来源。由此,国际交换和世界市场就获得了进一步的发展。资本主义机器大工业的推动,使世界市场迅速发展并得以最终形成。这时,在世界市场上流通的已不是小生产者和资本主义工场手工业生产的产品,而是资本主义大工业的产品。

世界市场的形成与发展,是与资本主义的产生和发展密切联系在一起的。对世界市场的形成起决定作用的是资本主义大工业的建立,世界市场是在资本主义生产方式占了统治地位后才最终形成和发展起来的。

2.1.3 世界市场形成的主要标志

1)多边贸易和支付体系的形成

由于国际分工的发展,世界城市和农村的出现,西欧大陆和北美一些经济发达国家从经济不发达的初级产品生产国购买了越来越多的原料和食物,出现了大量的贸易逆差。与此同时,英国继续实行自由贸易政策,从西欧大陆和北美的新兴工业国输入的工业品持续增长,经常呈现大量的逆差。但英国又是经济不发达国家工业品的主要供应国,呈现大量的贸易顺差。这样,英国就用它对经济不发达国家的贸易顺差所取得的收入来支付对其他经济发达国家的贸易逆差。而经济不发达国家又用对西欧大陆和北美的贸易顺差来弥补对英国的贸易逆差。英国此时成为多边支付体系的中心。这个体系为所有贸易参加国提供购买货物的支付手段;同时,使国际之间债权债务的清偿、利息、红利的支付能够顺利完成,有助于资本和国际间短期资金的流动。

2)金本位制度的确立和世界货币的形成

世界市场的发展与世界货币的形成是紧密联系在一起的。只有在世界市场充分发展以后,黄金作为世界货币的职能才能充分地展开。在这一时期,建立了国际金本位制度。它也是世界多边贸易和支付体系发挥作用的货币制度。这个制度的作用主要表现在两个方面:一是给世界市场上各种货币的价值提供一个互相比较的尺度,并能使各国货币间的比价(汇率)保持稳定;二是给世界市场上各国的商品价格提供一个互相比较的尺度,从而使各国的同一种商品的价格保持一致,把各国的价格结构联系在一起。

3)形成了比较健全固定的销售渠道

大型的固定的商品交易所、国际拍卖市场、博览会形成了,航运、保险、银行和各种专业机构建立健全了,比较固定的航线、港口、码头建立了。这一切都使世界市场有机地结合在一起。

2.1.4 当代世界市场的主要特征

1)世界市场在波动中扩大

世界市场由于社会生产力、国际分工的新发展而出现了较多的新变化。又由于经济危机、金融危机及政治风波、军事冲突等因素,世界市场在波动中不断地扩大。①世界性的经济危机使世界市场不能平稳发展,每一次经济危机期间,世界市场都呈现萎缩状态;②世界经济大国,如美国,一旦经济出现问题,进出口下降,必然使日、欧国家的对外贸易和经济活动受到影响,进而使发展中国家的经济也受到冲击,整个世界市场出现动荡;③由于经济与政治密不可分,世界性的政治事件和军事行动也会引起世界市场的动荡。尽管世界市场存在波动,但世界市场仍在扩大,国际贸易在不断发展。

2)在世界市场上,经济贸易集团、跨国公司的影响力增强

在世界政治经济发展不平衡规律的作用下,出于相互合作、发展经济、提高谈判和竞争力的需要,20世纪80年代中期以来,区域性经济贸易集团化趋势明显加强。①区域贸易集团化步伐加快。1993年11月《欧洲联盟条约》生效,提出实现欧洲经济与政治联盟的目标。《美加自由贸易协定》于1989年1月1日生效后,1994年1月1日《北美自由贸易协定》又开始运行。与此同时,亚非拉原有的经贸集团也在积极调整,亚太地区经济合作不断深入发展。②通过滚雪球方式、区域集团联合或跨区域扩展等方式使经贸集团成员不断扩大,成员的身份重叠增多。③突破原有经贸集团构成条件,发达国家、发展中国家、社会制度不同的国家可以共存于一个经济贸易集团内。

此外,20世纪90年代以来,跨国公司蓬勃发展,数目剧增,以发达国家和发展中国家为基地的大型跨国公司日益全球化,内部贸易不断地增加。跨国公司的迅速发展对世界市场产生的重要影响有:①其经营战略强调高技术的研究与开发,从而使国际分工从贸易、投资、金融多方面深入科学技术知识领域;②促进世界市场的统一,推动世界市场的竞争;③多边贸易体制的进一步巩固、加强,推动贸易自由化不断深化,从而为资本雄厚、拥有先进技术的跨国公司的全球化提供了发展空间,其在国际经济中的地位会上升,作用会更强。

3）世界市场存在盲目性，但出现全球性的协调管理贸易时代

20世纪80年代以来，国际协调管理贸易（有组织的、通过协商进行的自由贸易）趋势明显加强。①关贸总协定主持下举行的8轮多边贸易谈判为缔约方确立了一系列贸易行为规范，对缔约方之间的贸易关系予以协调和管理；乌拉圭回合达成的一揽子协议使国际贸易规范进一步扩展和加强。②通过国际商品协定和商品综合方案对初级产品的产、供、销加以协调管理。③通过生产国组织，如欧佩克协议对石油等资源性产品价格、产量进行协调管理。④通过商品标准化，对制成品的规格、质量进行管理，如国际标准化组织（ISO）于1987年发布了ISO 9000质量管理和质量保证的系列标准。⑤各国加强贸易法规的建设，尽可能与国际通行规则与惯例接轨，约束和保持相互的贸易行为。⑥经济贸易集团根据协议，协调管理成员之间对非成员的贸易行为。⑦通过政府领导人高层会谈对影响国际贸易发展的货币、环境保护、政府政策等协调立场。联合国贸易和发展会议、西方七国首脑会议等均属此类会议。此外，经济合作与发展组织、国际货币基金组织、世界银行等国际组织和机构对国际经贸关系的协调与管理也有重要的影响。

最为重要的是世界贸易组织的成立，标志着新的世界多边贸易体制形成。1995年1月1日世界贸易组织正式成立。它的成立，一方面维护了1947年关贸总协定形成的多边贸易体制；另一方面加强和健全了这种多边贸易体制。

学习任务2　了解世界市场价格

世界市场价格是指进入世界市场的各种商品的买卖价格。由于同一种商品在不同的世界市场上，以不同的交易方式成交，往往有不同的买卖价格，究竟以哪种价格作为该商品的国际价格呢？就大多数商品来说，在世界市场上都有代表性的价格，它是在一定时期内客观形成的，是具有代表性的世界市场的商品成交价格。例如，某些世界市场集散中心的商品价格，商品主要输往国（或地区）的当地市场国际贸易成交价格，某些商品主要出口国（或地区）的出口价格，某些重要商品的拍卖价格和投标价等。这种价格通常是以自由外汇表示的，是在不受限制的竞争市场上的商业性的成交价格。

商品的世界市场价格是以价值为基础，并围绕国际价值上下波动的。除了国际价值外，还有许多因素对商品的世界市场价格产生重要影响。

2.2.1　影响世界市场价格变动的主要因素

1）国际价值是世界市场价格变动的基础和中心

（1）国际生产价格是国际价值的转化形态

商品的国际价格是商品国际价值的货币表现，商品的国际价值是商品国际价格变动

的基础和中心,但是在资本主义世界市场上,国际商品的交换不是按照国际价值而是按照国际生产价格进行的。

随着利润转化为平均利润,商品价值转化为生产价格。在以各国市场组成的世界市场上,商品国别价值向国际价值转变,世界市场上的商品交换不是以国际价值而是以各国生产价格基础上形成的国际生产价格进行交换,因而商品的国际生产价格成为国际商品价格变动的基础和中心。

商品的国际价值取决于生产商品时所消耗的国际社会必要劳动时间,而国际生产价格则取决于各国商品的平均生产成本和平均利润之和。

(2)世界市场价格围绕着国际生产价格上下波动

商品在世界市场上,按照国际生产价格出售,不是对价值规律的否定,而只是价值规律起作用的形式发生了变化。国际生产价格的变动,归根到底取决于商品国际价值的变动,而且两者的变动方向是一致的。

但是,这并不意味着每一次交换的世界市场价格都与国际生产价格相一致。因为商品的价格虽然以国际生产价格为基础与中心,但商品的供求关系经常是不均衡的,因而使商品市场价格经常高于或低于国际生产价格。但价格反过来又会影响供给和需求关系的变化,使它们逐渐趋于平衡,从而使世界市场价格接近国际生产价格。

垄断价格的出现没有也不可能使世界市场价格长久地背离国际生产价格。这是由于垄断并没有消灭竞争,而是使竞争更为激烈。

2)世界市场价格与供求关系

(1)世界市场的供求关系确定世界市场价格

商品的世界市场价格围绕国际生产价格上下波动,但最终确定在哪一个价格水平上是由供求关系决定的,或者说是由买卖竞争关系决定的。这种竞争关系存在于卖方之间、买方之间、买卖双方之间。

(2)影响供求关系的因素

①垄断。垄断组织为了夺取最大限度的利润,采取各种办法控制世界市场价格。A.直接的方法:瓜分销售市场,规定国内市场的商品销售额,规定出口份额,减产;降低商品价格,使部分竞争者破产,然后夺取这些市场并规定这些商品的垄断价格;用夺取原料产地的方法垄断原料市场,开采原料并按垄断价格出售原料;获取国家订货,并按垄断价格出售这些订货;直接调整价格,即规定一定的价格,低于这一价格便不出售商品,跨国公司内采用划拨价格,公司内部确定采购商品和服务的价格。B.间接的方法:限制商品生产量和出口量,限制开采矿产和阻碍新工厂的建立;在市场上收买"过多"商品并出口"剩余"产品等。

②经济周期。资本主义经济危机是有周期性的。在危机期间,生产迅猛下跌。危机过去后,生产逐渐上升,对各种产品的需求增加,价格又开始上涨。当然,各种商品价格变化大小不一,要视它们的具体情况而定。

③各国政府采取的政策措施。第二次世界大战后,各国采取许多政策措施,如支持

价格政策、出口补贴政策、进出口管制政策、外汇政策、战略物资收购及抛售政策等。它们都对世界市场的价格产生影响。

④商品的质量与包装。一般而言,在世界市场上,都是按质论价,好质好价,次质次价,名牌优价。但如果没有良好的包装、装潢,按质论价也会受到影响。

⑤商品销售中的各种因素。这些因素包括付款条件、运输条件、销售季节、是否名牌、使用的货币、成交数量、客户的爱好、地理位置、广告宣传、服务质量等。

⑥自然灾害、政治动乱及投机等。

2.2.2　世界市场价格的种类

商品世界市场价格按其形成原因、变化特征可以分为下列两大类。

1)世界"自由市场"价格

世界"自由市场"价格是指在国际间不受垄断或国家力量干扰的条件下,由独立经营的买者和卖者之间进行交易的价格。国际供求关系是这种价格形成的客观基础。"自由市场"是由较多的买主和卖主集中在固定的地点,按一定的规则,在规定的时间进行的交易。尽管这种市场也不可避免地会受到国际垄断和国家干预的影响,但是,由于商品价格在这里是通过买卖双方公开竞争而形成的,因此,它常常能够比较客观地反映商品供求关系的变化。

在联合国贸易发展会议所发表的统计中,把美国谷物交易所的小麦价格、玉米(阿根廷)的英国到岸价格、大米(泰国)曼谷离岸价格、咖啡的纽约港交货价格等36种初级产品的价格列为世界"自由市场"价格。

2)世界"封闭市场"价格

世界"封闭市场"价格和"自由市场"价格不同,它是买卖双方在一定的特殊关系下形成的价格。在这种情况下,商品在国际间的供求关系,一般对价格不会产生实质性的影响。主要包括以下4个方面。

①调拨价格,又称转移价格,是指跨国公司为了在国际经营业务中最大限度地减轻税负、逃避东道国的外汇管制或者为了扶植幼小的子公司等目的,在公司内部进行交易时采用的价格,该价格一般不受世界市场供求关系的影响,由公司上层管理者制定。

思考:

> 试分析跨国公司运用调拨价格的目的及其限制条件。

②垄断价格,是指国际垄断组织利用其经济实力和对市场的控制力确定的价格,它有买方垄断价格与卖方垄断价格两种形式。垄断组织在国际间采用垄断价格也是有条件的,其实施主要受到某一部门竞争的公司数量、产品价格需求弹性、替代弹性的大小及国际经济和政治形势等因素的影响。

③区域性经济贸易集团内的价格。第二次世界大战后,建立了许多区域性的经济贸易集团。在这些经济贸易集团内部,形成了区域性经济贸易集团内部价格,如欧盟实施的共同农业政策中的统一价格。

④国际商品协定下的协定价格,通常采用最低价格和最高价格等办法来稳定商品价格。当有关商品价格降到最低价格以下时,就减少出口,或用缓冲基金收购商品;当价格超过最高价格时,则扩大出口或抛售缓冲存货。

【知识与技能训练】

一、名词解释

1. 世界市场　2. 自由市场价格　3. 封闭市场价格

4. 调拨价格　5. 垄断价格

二、单项选择题

1. 世界市场形成于(　　)。

    A. 18 世纪 60 年代到 19 世纪中叶　　　B. 19 世纪末到 20 世纪初

    C. 第二次世界大战结束后　　　D. 20 世纪末到 21 世纪初

2. 能够比较客观地反映商品供求关系变化的是(　　)。

    A. "自由市场"价格　　　B. 调拨价格

    C. 区域性经济贸易集团内的价格　　　D. 国际商品协定下的协定价格

三、多项选择题

1. 有固定组织形式的国际商品市场主要有(　　)。

    A. 商品交易所　　B. 拍卖　　C. 加工贸易　　D. 博览会　　E. 展销会

2. 在世界市场上,属于"封闭市场"的价格是(　　)。

    A. 协定价格　　　B. 垄断价格

    C. 商品交易所价格　　　D. 调拨价格

四、问答题

1. 什么是世界市场? 当代世界市场的主要特点是什么?

2. 商品的世界市场价格是由什么决定的? 影响供求关系的因素有哪些?

五、材料分析

铁矿石定价权之争

"人是铁饭是钢,一顿不吃饿得慌。"作为社会工业的粮食,铁矿石的重要性不言而喻。自 2015 年以来,我国铁矿石原矿产量持续下降,到 2018 年降至近年来的低点 7.63 亿吨,仅为 2014 年产量 15.14 亿吨的一半左右。自 2019 年以来,我国铁矿石原矿产量逐步恢复,尤其是 2021 年实现 9.81 亿吨产量,同比增加 1.14 亿吨,增长 9.4%,较 2018 年的低点增长近 30%,时隔 4 年首次接近 10 亿吨。但这些铁矿石对于我国庞大的钢铁产业来说,无异于杯水车薪。在这种情况下,我国只能高度依赖于国外的铁矿石进口,中国是世界第一大铁矿石进口国。

根据中国钢铁协会的统计,自2015年以来,我国对外铁矿石依存度高达80%以上,不可谓不高。同时,根据中国海关的数据,自2015年以来,我国铁矿石进口数量一直维持在7 500万吨/月的水平。铁矿石主要来自巴西和澳大利亚。2021年,我国进口铁矿石11.24亿吨,同比下降3.9%。2021年1—9月,铁矿石的对外依存度下降到了75%。

2021年,铁矿石价格上半年持续冲高,下半年震荡回落。上半年进口铁矿石价格大幅上涨,5月12日达到历史最高点230.59美元/吨,极大偏离了供需基本面,严重影响了钢铁行业的稳定运行。下半年随着钢铁产量下降带动铁矿石需求减少,铁矿石价格明显回落。全年进口铁矿石均价为164美元/吨,同比上涨55.3%。

全球铁矿石供应行业呈现寡头垄断格局,号称四大矿山,分别是淡水河谷、力拓、必和必拓、FMG。四大矿山垄断供应,同时垄断了定价权。尽管中国是世界上最大的铁矿石进口国,但我们却依旧不占据主导地位,铁矿石的定价权完全由以上四大矿业巨头所掌控。在这种情况下,尽管中国钢铁企业前几年亏损巨大,但是这些铁矿石巨头却依旧能够凭借其铁矿石的垄断地位赚取不菲的利益。这对我国钢铁产业健康发展产生了极为负面的影响。

为什么我国没有铁矿石的定价权呢?这就得从铁矿石的谈判说起了。世界上最早的铁矿石价格谈判发生于1981年,那时全球一批铁矿石相关企业和供应商举行了一场大规模的价格谈判,目的就是给双方确定一个可以交易的范畴。

在这个范围内,铁矿石以一种稳定的价格进出口,就像黄金一样,始终保持在一定的价格范围内。谈判按照欧洲市场和亚洲市场两个国际铁矿交易市场进行。代表亚洲市场的是日本,代表欧洲市场的则是德国。那个时候铁矿石的价格还算稳定。然而,2008年澳大利亚矿石供应商FMG异军突起,也参与到铁矿石交易谈判的供应商中。

那时中国的铁矿石进口量还不大,没有资格进行谈判,对我国的影响也不大。随着中国逐渐成为世界上最大的铁矿石买家,宝钢作为中国钢铁行业的代表,从2003年开始也有资格参与到亚洲市场的铁矿石价格谈判中。

但是自2010年以来,巴西铁矿石供应商开始采用"普氏指数"定价。普氏指数就是通过电话问询等方式,向矿商、钢厂及钢铁交易商采集数据,其中会选择30～40家"最为活跃的企业"进行询价,其估价的主要依据是当天最高的买方询价和最低的卖方报价,而不管实际交易是否发生。一段时间后,澳大利亚铁矿石领域的巨头力拓也开始逐步采用普氏指数作为铁矿石定价的基础。最后,指数定价机制也逐渐为中国大多数钢厂所接受。

随着现货市场的发展和指数定价的兴起,与之对应的管理价格波动带来的风险也越来越被各类参与者所重视。在这种情况下,铁矿石衍生品交易就诞生了。2009年,新加坡证券交易所还推出了世界上第一份铁矿石掉期合约。在此之后,随着铁矿石衍生品市场的迅速发展,铁矿石的价格也开始疯涨。

中国是铁矿石最大的进口国,这无异于给铁矿石的厂商打了一剂强心针,尤其是澳大利亚的铁矿石供应商,更是赚得盆满钵满。世界钢铁工业大发展,也是铁矿石需求增加、价格上涨的外部推动力,国际矿业寡头们便利用市场的支配地位谋取利益。而我国在国际铁矿石市场处于弱势一方,没有定价权,就相当于没有话语权,这也是铁矿石价格疯涨的主要原因。中国现在也在努力争夺铁矿石定价权。

分析:

1. 世界市场价格是由什么决定的? 谁在推升国际铁矿石价格?

2. 作为铁矿石消费大国的中国应如何应对国际铁矿石价格的波动?

项目 2 知识与技能训练参考答案

项目3
国际贸易政策与措施

【学习导航】

[学习目标]

　　了解对外贸易政策的内涵,了解资本主义国家对外贸易政策的演变过程;掌握自由贸易政策和保护贸易政策的主要内容及其理论依据;掌握关税的概念和种类,以及海关税则和协调制度;掌握非关税壁垒措施的特点和种类;清楚鼓励出口的措施。

[思维导图]

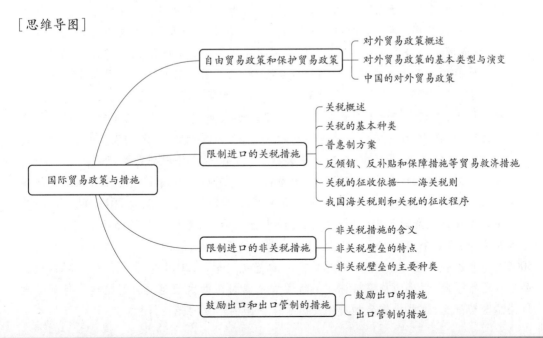

[导入案例]

中美贸易摩擦呈现高频化趋势

当地时间 2018 年 2 月 21 日,美国商务部发布公告,正式对原产于泰国、中国和斯里兰卡的橡皮筋发起反倾销反补贴(以下简称"双反")调查。这是 2018 年美国对中国出口产品发起的第三起双反调查。中国商务部数据显示,2017 年,我国产品共遭遇来自 21 个国家和地区发起的 75 起贸易救济调查。其中,反倾销 55 起、反补贴 13 起、保障措施 7 起,涉案金额总计 110 亿美元。遭遇美国发起 337 调查 24 起,涉案金额超过 25 亿美元。

2017 年,美国对华频频采取贸易行动。美国总统特朗普上台不到一个月,便签署对华"钢铁调查令",借"国家安全"之由来打击钢铁贸易。11 月,美国对华贸易摩擦就有 3 起。11 月 13 日,美国商务部公布对华胶合板产品反倾销与反补贴调查最终裁定,中国企业倾销幅度为 183.36%,补贴幅度为 22.98%～194.90%。11 月 23 日,美国商务部宣布终裁认定,部分中国输美工具箱和工具柜产品存在 14.03%～95.96% 的补贴行为。11 月 28 日,美国商务部宣布,在时隔近 25 年后,首次"主动"对中国输美产品展开反倾销与反补贴调查。此次针对的是价值约 6 亿美元的中国输美铝产品,与此前针对其他铝制品的"232 调查"无关。12 月 6 日,美国商务部初步裁定,将向原产自中国的越南钢铁产品加征高额关税。这种做法也是现代贸易体系有史以来的第一次。

业内人士认为,美国经常项目赤字的进一步扩大以及特朗普政府减少贸易赤字的承诺,让未来两三年内中美贸易摩擦的风险大增。加之中国劳动力成本上升具有必然性,使中国拥有的劳动力比较优势将逐步减少,部分美国企业回流,生产劳动密集型产品;与此同时,中国劳动力成本上升迫使企业转型升级,向高附加值产业发展,形成了中美两国之间在劳动力密集型产业、高附加值产业相互竞争的格局。今后,中美两国的产业格局必然是同质化程度越来越高。中美国际贸易摩擦必然会增多,并呈现高频化趋势。

中国不仅是全球贸易救济调查的最大目标国,也是遭受美国贸易救济措施数量最多的国家。商务部数据显示,自 1980 年至 2016 年,美国共对中国产品发起 262 起贸易救济调查,涉案金额累计 282.2 亿美元。根据美国国际贸易委员会统计,截至 2017 年 3 月底,尚有正在执行的涉及中国产品的反倾销税令 110 个,反补贴税令 43 个,总计 153 个。在调查过程中,美方惯用替代国、分别税率、公共机构、外部基准等不公正做法,对中国产品裁定畸高税率,严重影响中国企业对美出口。2016 年,美国对中国产品发起 20 起贸易救济调查,涉案金额 36.6 亿美元。美国还发起 21 起 337 调查案,涉及钢铁产品、电动平衡车、便携式电子设备、电导体复合磁芯、集装桶、门禁系统、烘手机等多类产品。

以美国对中国钢铁产品集中发起的贸易救济调查为例,滥用贸易救济措施主要体现在:第一,案件数量多、金额大,涵盖所有中国大宗输美钢铁产品。截至 2017 年 3 月底,美国对中国钢铁产品发起了 48 起救济调查,涉案金额 76 亿美元。仅 2015 年以来,就发起了 8 起调查,涉案金额近 16 亿美元。第二,裁定税率畸高,有的案件双反税率甚至超过 500%,明显不合常理,超出了正常贸易救济的范畴。第三,2014 年后中国对美国钢铁产品出口逐年下降,但美国救济措施却不断增加。美国在钢铁产能过剩问题施压与贸易救济措施密切配合,这些措施叠加对外发出了保护国内产业的强烈信号。

【学习任务】

学习任务1　了解自由贸易政策和保护贸易政策

课前任务：

分组搜集我国或其他某一国家的对外贸易相关政策和法规,并写出相关的分析。

3.1.1　对外贸易政策概述

1)对外贸易政策的含义

对外贸易政策是各国在一定时期对进出口贸易施行管理的原则、方针和措施手段的总称。它是一国总的经济政策的组成部分,规定了该国对外贸易活动的指导方针和原则。各国的对外贸易政策随着本国的经济体制、经济发展水平及其产品和服务在国际市场上的竞争能力而有所不同,并且随其经济实力的变化而不断调整。

2)对外贸易政策的目的

各国制定对外贸易政策的目的大体上是一致的。具体来说,主要有以下6个方面。
①保护本国产品与服务的市场。
②扩大本国产品和服务的国外市场。
③促进本国产业结构的改善。
④积累发展资金。
⑤协调国际经济和政治关系。
⑥促进经济发展与稳定。

3)对外贸易政策的构成

各国对外贸易政策一般由下述内容构成。
①对外贸易总政策。即一国根据本国国民经济的整体状况及发展战略并根据其在世界经济总体格局中所处地位而制定的政策,通常会在一个较长时期内加以贯彻执行。包括货物和服务进口总政策和出口总政策。
②进出口商品政策。根据总贸易政策、国内经济结构与市场供求状况及在世界市场上的竞争能力针对不同的货物和服务分别制定。
③对外贸易国别政策。它是根据对外贸易总政策,结合国际经济格局及社会政治、经济和外交关系,对不同的国家和地区制定的不同政策。

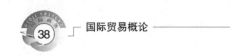

3.1.2　对外贸易政策的基本类型与演变

1) 对外贸易政策的基本类型

从对外贸易产生与发展以来,基本上有两种类型的对外贸易政策,即自由贸易政策与保护贸易政策。

(1) 自由贸易政策

自由贸易政策指国家取消对进出口贸易和服务贸易的限制和障碍,取消对本国进出口贸易和服务贸易的各种特权和优待,使商品自由进出口,服务贸易自由经营,使商品和服务在国内外市场上自由竞争。

(2) 保护贸易政策

保护贸易政策指国家广泛利用各种措施限制进口,控制经营领域与范围,保护本国的产品和服务在本国市场上免受外国产品和服务的竞争,并对本国出口的产品和服务给予优待与补贴。保护贸易政策以维护本国利益为目的,其实质是"奖出限入"。

需要指出的是,一国即使实行的是自由贸易政策,也并不意味着完全的自由,西方发达国家在标榜自由贸易的时候,总是或明或暗地对某些工业进行保护。问题的实质在于只有贸易双方都同意开放市场,自由贸易政策才能付诸实施。另外,实行保护贸易政策并不意味着完全封闭不与别国开展贸易,而是对某些商品的保护程度高些,对某些商品的保护程度低一些,在保护国内生产者的同时维持与世界市场的某种联系。

2) 对外贸易政策的演变

一国的对外贸易政策随着世界政治、经济与国际关系的变化,本国在国际分工体系中地位的变化以及本国产品在国际市场上的竞争能力的变化而不断变化。因此,在不同时期,一个国家往往实行不同的对外贸易政策,在同一时期的不同国家,也往往实行不同的对外贸易政策。

(1) 资本主义生产方式的准备时期

15—17 世纪是资本主义生产方式的准备时期,西欧各国普遍实行重商主义的保护贸易政策。为了促进资本的原始积累,国家实行强制性的贸易保护政策,通过限制货币(贵金属)的输出和扩大贸易顺差的办法来积累财富。

重商主义把货币和财富混为一谈,认为一个国家拥有的黄金和白银越多,其财富的拥有量就越大,因而也就越富有。重商主义认为商业是利润和财富的源泉,而除开掘金银矿藏之外,也只有对外贸易才能不断增加一国的货币量,从而增加国家的财富。因此,理论上强调国内的商品生产应服从于对外贸易的需要,国家应通过鼓励工场手工业的发展促进商品的出口,以增加黄金白银的流入。

重商主义理论的发展经历了两个阶段,早期为重金主义,或称货币差额论;晚期为贸易差额论。

早期重商主义的代表人物是英国人威廉·斯塔福（William Stafford）。晚期重商主义理论的主要代表人物是英国的托马斯·孟（Thomas Mun），其著述的《英国得自对外贸易的财富》一书是重商主义的代表作。托马斯·孟认为增加英国财富的手段就是发展对外贸易。但必须遵循一条原则，即卖给外国人的商品总值应大于购买他们的商品总值。但不要求对每一个国家的贸易都有顺差，而是从每年总的进出口贸易中取得顺差，以增加货币的流入量。

（2）资本主义自由竞争时期

18世纪中期到19世纪，资本主义生产方式占统治地位，资本主义进入自由竞争时期。由于欧美各国经济发展水平不同，出现两种类型的贸易政策。在资本主义较发达的国家，如英国推行自由贸易政策。在资本主义比较落后的国家如德国则执行以保护幼稚工业为目标的保护贸易政策。

①自由贸易政策的兴起。英国自18世纪中叶开始的产业革命，一方面，引起了对国外廉价的工业原料和粮食的大量需求；另一方面，使其工业制成品具有了强大的国际竞争力，工业资产阶级强烈要求废除保护主义的重商主义贸易政策，实施自由贸易政策。经过长期不懈地努力和不断地斗争，工业资产阶级最终战胜了地主、贵族阶级，使自由贸易政策在英国取得了胜利。其具体表现为：废除谷物法、废除航海法、关税税率逐步降低、纳税商品数目减少、取消特权公司、改变殖民地贸易政策、与外国签订带有自由贸易色彩的贸易条约。

事实上，19世纪的自由贸易运动是在两个层次进行的。在一些国家内部，政治割据、关卡林立的局面有所改变，逐渐形成了统一的多民族国家和国内市场；在国际上，许多国家实行了自由贸易政策，结束了英国、法国、西班牙、葡萄牙等殖民国家的保护贸易政策和特权贸易公司控制对外贸易的局面。

在国际贸易理论的发展过程中，首先提出自由贸易论点的是18世纪下半期的法国重农学派，他们认为农业才是一国财富的基础，交换不能产生新的财富，并要求国家放弃对经济生活的干预，反对保护贸易政策，支持自由贸易政策。

法国重农学派成为英国古典学派自由贸易理论的先驱。其后，自由贸易理论得到英国古典学派的进一步发展。英国古典学派的主要代表人物是英国的亚当·斯密和大卫·李嘉图。后来一些经济学家如穆勒、马歇尔进一步对古典学派的论点进行演绎和发展。

②自由竞争时期的保护贸易政策。正当英国为首的欧洲先进工业国完成工业革命，开始逐步推行自由贸易政策，向世界进行扩张时，美国则刚刚取得独立和统一，德国也刚结束其封建割据的局面，开始工业化进程。为赶上和超过先进工业国，美国和德国于19世纪先后实行严厉的保护贸易政策，使本国工业在英国等欧洲先进工业国的强大压力之下得以生存并获得发展。

美国第一任财政部部长汉密尔顿代表独立发展美国经济的资产阶级的要求，在1791年12月提出的《关于制造业的报告》中认为，为使美国经济自立，应当保护美国的幼稚工业，其主要的方式是提高进口商品的关税。德国经济学家李斯特接受了汉密尔顿贸易保护的基本理论并加以系统发展，建立了以生产力理论为基础，保护关税制度为核心的保护幼稚工业理论。这一理论在承认自由贸易利益的前提下,主张以保护贸易为过渡,扶持有前途的幼稚工业,促进社会生产力的发展,最终实现自由贸易。

李斯特在1841年出版的《政治经济学的国民体系》一书中,系统地阐述了保护幼稚工业的学说。

李斯特批评了古典自由贸易理论,指出"比较成本说"忽视国家、民族的长远利益,只注重交换价值,不注重生产能力的形成,因而不利于德国生产力的发展,不利于国家竞争实力的增强,不利于德国实现真正意义上的政治经济独立。

李斯特主张实行的保护贸易并不是无条件的保护。他提出农业不需要保护;一国工业虽然幼稚,但在没有强有力的竞争者时,也不需要保护;只有刚刚开始发展且遭遇国外强有力的竞争对手的工业才需要保护。李斯特还十分强调受保护产业要有发展前途,即受保护产业应具有潜在的发展优势,经过一段时间的保护和发展之后能够成长起来,并能带动整个经济的发展。同时,李斯特提出的保护时间以30年为最高限期。保护的手段是通过禁止输入与征收高额关税的办法来保护幼稚工业,以免税或征收少量进口关税的方式鼓励复杂机器进口。

(3)第二次世界大战前的垄断资本主义时期

19世纪末到第二次世界大战之前,资本主义进入垄断时期,在这一时期,垄断代替了自由竞争,资本主义国家实现了资本的高度积聚和集中,由此国内市场变得相对狭小,资本对市场的争夺日益激烈,不断爆发的经济危机又使市场问题进一步尖锐化,从而使保护贸易获得空前发展,出现了超保护贸易政策。

超保护贸易政策具有明显的侵略性和扩张性,与自由竞争时期的保护贸易政策相比,有着明显的区别。

①它不仅保护国内的幼稚工业,而且更多地保护已高度发展或正出现衰退的垄断工业。

②不是为了培养自由竞争的能力,而是为了巩固和加强对国内外市场的垄断。

③不是防御性地限制进口,而是在垄断国内市场的基础上向国外市场进攻。

④保护措施不只限于关税和贸易条约,还广泛采用各种非关税壁垒和奖出限入的措施。

在各国经济学者提出的各种支持超保护贸易政策的理论依据中,最有影响的是凯恩斯主义。

约翰·梅纳德·凯恩斯(John Maynard Keynes,1883—1946)是英国资产阶级经济学家,他的代表作是1936年出版的《就业、利息和货币通论》。在资本主义经济大危机之后,面对资本主义世界经济增长下降、失业不断增加的状况,凯恩斯由坚定的自由贸易论者转变为保护贸易论者,他在批判传统经济理论的基础上,以有效需求不足为基础,以边际消费倾向、边际资本效率、流动偏好3个基本规律为核心,以国家干预经济生活为政策基点,把对外贸易和国内就业结合起来,创立了保护就业理论。后来,其追随者又充实和发展了凯恩斯的观点,从宏观角度论证了对外贸易差额对国内经济的影响,主张国家干预,实行奖出限入的政策,最终形成了凯恩斯主义的贸易保护理论。

（4）第二次世界大战后到 20 世纪 70 年代

第二次世界大战以后，世界政治经济力量重新分化组合，美国强大的经济实力使其既有需要又有能力冲破当时发达国家的高关税政策。同时，日本和西欧随着经济的恢复和发展，也愿意彼此放松贸易壁垒扩大出口。此外，国际分工进一步深化，推动了生产国际化。资本国际化和跨国公司的迅速兴起，也迫切需要一个自由贸易环境。于是，这一时期发达资本主义国家的对外贸易政策先后出现了自由化倾向。

这一时期的贸易自由化倾向主要表现在大幅度削减关税和降低或撤销非关税壁垒。其中，关税与贸易总协定缔约方的平均最惠国税率下降至 5% 左右；欧共体实行关税同盟，对内取消关税，对外减让关税，使关税大幅度下降；此外，在发展中国家的努力下，发达国家给予发展中国家普遍优惠制待遇，还不同程度地放宽了进口数量限制，放宽或取消外汇管制，实行货币自由兑换，促进了贸易自由化的发展。

然而，第二次世界大战后的贸易自由化倾向主要反映了垄断资本的利益，它在一定程度上和保护贸易政策相结合，是一种有选择的贸易自由化。工业制成品的贸易自由化程度超过农产品的贸易自由化程度；机器设备等资本品的贸易自由化程度超过工业消费品的贸易自由化程度；发达国家之间的贸易自由化超过其对发展中国家的贸易自由化。因此，这种贸易自由化倾向的发展并不平衡，甚至是不稳定的。当本国的经济利益受到威胁时，保护贸易倾向必然重新抬头。

（5）20 世纪 70 年代以后

20 世纪 70 年代以后，随着西欧和日本经济迅速发展，发达国家经济发展不平衡加剧，其间资本主义国家经历了两次经济危机进入滞胀的困境，就业压力增大，市场问题日趋严重，尤其是随着美国贸易逆差的不断加大，国内贸易保护的呼声增加，以美国为代表的新贸易保护主义因此兴起。与传统的贸易保护主义相比，新贸易保护主义有以下特征。

①被保护的商品范围不断扩大。被保护的商品从传统产品、农产品转向高精尖产品和服务部门。

②限制进口措施的重点从关税转向非关税。具体表现在：第一，非关税措施的项目日益繁杂。据统计，20 世纪 60 年代末，发达国家所实行的非关税措施共计 850 项，到 20 世纪 70 年代末已达到 900 多项，名目繁多；除进口国采取措施限制本国进口外，还强制出口国家"自愿"限制其出口；并且许多国家所采取的措施的实施规则、程序不尽相同也加强了限制进口作用。第二，非关税措施的利用范围日益扩大。随着非关税措施项目的增加，这些措施用于限制商品进口的范围也日益扩大。据估计，世界贸易受非关税限制的部分从 1974 年的 40% 扩大到 1980 年的 48%，1980 年以后这种限制范围进一步扩大。第三，非关税措施的歧视性增长。发达国家往往根据与出口国的政治、经济关系采取不同的非关税措施。

③贸易保护的重心从限制进口转向鼓励出口。第二次世界大战后，随着贸易自由化和国际分工的发展，各国经济发展对国外市场的依赖性不断增强，各国为争夺市场进行的斗争日益激烈，各国政府在加强非关税措施限制进口以保护国内市场的同时，还设法

从经济上、组织上和精神奖励上鼓励本国商品的出口。在经济方面,通过采取出口信贷、出口信贷担保、出口补贴、外汇倾销等措施,促进本国商品的出口。在组织方面,发达国家广泛设立各种促进出口的机构,协助本国厂商扩大出口。在精神方面,发达国家制定各种评奖制度,对扩大出口成绩卓著的厂商给予奖励,以刺激本国商品出口。

④贸易保护日益制度化、法律化。

(6)20世纪80年代中后期以来的管理贸易

20世纪80年代中后期以来,由于世界经济政治关系的深刻变化,各国经济相互依赖的加强,一些国家开始推行管理贸易政策。它们对内制定各种对外贸易法规和条例,加强对本国进出口有秩序地发展实施管理,对外通过协商、签订各种对外经济贸易协定,以协调和发展与他国之间的经济贸易关系。

管理贸易介于自由贸易与保护贸易之间,属于有组织的自由贸易。它是以协调国家经济利益为中心,以政府干预贸易环境为主导,以磋商谈判为轴心,对本国进出口贸易和全球贸易关系进行全面干预、协调和管理的一种贸易制度。

管理贸易不同于自由贸易,管理贸易在一定程度上限制了自由竞争,国家之间的贸易活动夹杂了许多人为干预因素。管理贸易不同于保护贸易,保护贸易只关心本国的经济利益,而管理贸易则是在寻求整体利益平衡的前提下,在兼顾贸易伙伴经济利益的同时,追求本国利益的最大化。

 思考:

> 请分析近年来国际贸易政策的特点和发展趋势?

3.1.3 中国的对外贸易政策

1)中国对外贸易体制改革与政策调整

从1949年开始一直到1978年,中国的外贸体制是整个计划经济体制的一个重要组成部分。在计划经济体制下,中国对外贸易的原则是"互通有无,调节余缺",并实行对外贸易的国家统制。

对外经营方面的进出口经营权被授予十几个国家级的外贸专业总公司及所属口岸分公司。对内经营方面则实行出口收购制和进口调拨制。所谓出口收购制,指的是由外贸企业向出口商品的生产者用买断的方式洽购出口商品,然后再由外贸企业转售给国外客户的出口贸易方式。进口调拨制,即由外贸部门进口商品,由政府统一调拨,大部分商品的调拨价不仅低于进口价格,有的还低于国内议价,盈亏由国家统负。

在外贸管理体制方面实行严格的指令性计划,外贸计划是管理对外贸易的唯一手段,而不是通过汇率、关税、进出口配额和许可证等措施来调节进出口。这种外贸体制一方面使对外贸易在总体上达到平衡,保证了国际收支的平衡,维持了较低的国内价格水平;但另一方面则使中国与世界市场的有机联系被割断,束缚了中国外贸和整个国民经济的发展壮大。

1978年后,随着全国经济改革的开始,外贸体制的改革也逐渐开始。中国外贸体制的改革与发展,从主要目标和改革性质上大体可以分为4个阶段。

(1)1979—1987年:以调动外贸部门经营积极性为目标的改革

1979年到1987年是中国外贸体制改革的探索阶段,改革的主要内容包括:一是增加对外贸易口岸,下放外贸经营权,广开贸易渠道,改革高度集中的贸易体制;二是改革单一的指令性计划,实行指令性计划、指导性计划和市场调节相结合;三是建立和完善外贸宏观管理体系;四是探索促进工贸结合的途径;五是采取鼓励出口政策措施。这一系列改革,对调动各方面的积极性,推动外贸发展,取得了一定的成效。这期间,1984年9月国务院批转了对外经济贸易部《外贸体制改革意见的报告》,提出了"政企分开"和"工贸结合、技贸结合、进出结合"等措施。具体包括:增设对外贸易口岸,下放外贸经营权;实行指令性、指导性和市场调节相结合的外贸计划;探索贸工、贸农、贸技一体化的途径;完善外贸管理,重新实行进出口许可证制度,建立外贸经营权审批制;实行外贸减亏增盈分成制度,对出口产品实行退税等。

(2)1988—1993年:以建立对外贸易承包经营责任制和自负盈亏为中心的改革

这一阶段改革的主要特征是,在仍然保持国家垄断外贸的前提下,试图通过将外贸企业的所有权和经营权分离来改善外贸部门的经营状况,包括实行承包经营责任制和转变企业经营机制,实行企业自负盈亏两个阶段。

从1988年到1990年,改革的主要措施是推行对外贸易承包经营责任制。1988年2月,国务院发出了《关于加快和深化对外贸易体制改革若干问题的规定》,开始了全面推行承包经营责任制。其主要内容包括:一是由各级地方政府以及全国性外贸总公司向国家承包出口收汇,上缴中央外汇补贴额度,承包基数三年不变;二是取消原有使用外汇控制指标,凡地方、部门和企业按规定所取得的留成外汇,允许自由使用,并开放外汇调剂市场;三是进一步改革外贸计划体制,除统一经营、联合经营的21种出口商品保留双轨制外,其他出口商品改为单轨制,即由各地直接向中央承担计划,大部分商品均由有进出口经营权的企业按国家有关规定自行进出口;四是在轻工、工艺、服装3个行业进行外贸企业自负盈亏的改革试点。

从1991年到1993年,改革的主要措施是实行自负盈亏的体制改革。1990年12月9日,国务院做出了《关于进一步改革和完善对外贸易体制若干问题的决定》,该决定重点是要从外贸企业自负盈亏机制入手,在进一步调整人民币汇率的基础上,在对外贸易领域逐步实行统一政策、平等竞争、自主经营、自负盈亏的市场环境,推行代理制。

(3)1994—2001年:以与国际市场接轨为导向的外贸体制改革

从1994年到2001年,中国外贸体制的改革进入了一个深化和稳步发展阶段。这一阶段的改革主要是围绕中国"复关"(恢复中国在关贸总协定中的缔约国地位)和加入世界贸易组织的目标进行的,主要包括:一是实行人民币汇率并轨,建立以市场供求为基础的、单一的、有管理的浮动汇率制度,实行人民币经常项目下的有条件的可兑换;二是改革外汇管理体制;三是取消进出口指令性计划;四是改进和完善出口退税制度;五是加强外贸政策的法制建设,于 1994 年 7 月 1 日正式实施了《中华人民共和国对外贸易法》。

(4)2001 年以后:以 WTO 规则为基础的对外经济贸易体制的全面改革

2001 年 12 月 11 日,中国正式成为世界贸易组织的成员。中国外贸体制也进入了一个以 WTO 规则为基础进行全面改革的新阶段。WTO 的基本规则是建立在公平竞争和自由贸易的市场经济基础上的。"入世"之后,中国至少在 3 个方面加快了改革。第一,中国在非歧视原则、自由贸易原则和公平竞争原则下,调整修改不符合 WTO 规定的政策法规;第二,加快外贸主体多元化步伐,尤其是允许私营外贸企业的迅速发展;第三,转变外经贸主管部门的职能,从以行政领导为主转变为以服务为主,研究世界贸易发展趋势并向全社会提供相关信息,采用国际上通行的做法来分配外贸资源。

2) 中国开放型对外贸易政策的探索

(1)采取开放型的公平与保护并存的贸易政策

全球市场发展到今天,伴随着国际分工的发展和信息时代的来临,自由贸易的趋势已经不可逆转,各个国家的贸易政策也趋向于更加开放和合作。中国既然已经加入了WTO,当然也应该忠实地履行自己的承诺,成为一股真正推动 WTO 价值目标的强大力量。但中国还是一个发展中国家,一方面,要采取积极态度,主动融入国际管理贸易的多边协调机制,充分运用各种灰色区域和例外条款来扩大和保护我国的贸易利益,适当利用双边贸易安排及政府对外贸的管理,充分发挥我国国内庞大市场的优势,以获得更多的有利于我国的贸易条件;另一方面,完善对外贸易政策法规,加大管理贸易实施的力度。依靠国内立法手段和对外协调机制,构建对外贸易的秩序体系;建立主要利用关税措施、例外条款和保障条款等来管理和调节进口,利用产业政策引导进口的保护机制,保护国内产业,维持国际收支的相对平衡。

(2)合理推行出口导向政策

对于拥有较大比较优势的劳动密集型产品以及遭受国外反倾销较多的产品,应制定中长期产业政策。通过产业政策的引导,提升产品档次,扩大技术含量比重,增加产品附加值及盈利,改变落后的管理方式,提高自主品牌出口比例。可根据近几年中国出口的具体情况设立出口关税,制订在一定年限内(比如 5~10 年)征收出口关税方案,税率根据产品的附加值与档次确定,鼓励出口高档次、高附加值的产品。对于低附加值的产品采取高税率,对于高档次、高附加值的产品采取低税率。税率逐年递减,若干年后减至零税率。出口税收用于创立"发展基金",用于引导中国从出口数量型向质量型转变。必要时,可通过取消或减少出口退税,或通过配额管理办法进行数量限制。

(3)积极参与区域贸易安排

积极参加区域贸易安排,已经成为多数 WTO 成员发展对外经济和贸易的重要手段,尤其在多边贸易谈判进展缓慢的背景下,区域贸易安排已经成为推动贸易自由化的一条战略途径。21 世纪,我国开始积极参与各种区域贸易安排,显示出我国在推动全球贸易自由化中的积极立场。我国在实施区域贸易安排战略中,应当从我国利益出发,基于我国的经济实力,积极引导我国区域贸易安排的合作方式向关税同盟、共同市场、货币同盟、政治合作的方向转变。

(4)进一步完善我国贸易救济机制,加强技术性贸易措施立法研究

借鉴国外成熟的贸易救济机制,进一步完善我国政府实施反倾销、反补贴、保障措施的法律法规,加强和充实我国实施贸易救济主管机构,建立起符合国际惯例、分工合理、权责明确、相互配合的部门间工作体系。

(5)促进对外贸易的可持续发展

①中国必须转变自己的发展战略,从传统的重商主义向更多地利用国外资源转变。即使不通过人民币升值来增加国家的购买力,也需要向公平交易转变。所谓公平交易,便是按商品的真实价值和价格进行交易。譬如,那些严重破坏生态环境的产品必须加上治污成本后才能出口;那些严重损害劳动员工的产品,必须付出合理的劳动报酬之后才能出口;那些获得了优惠政策和补贴的产品,必须取消这些不合理的优惠政策之后才能出口。

②建立可持续发展的出口商品结构。大力开发环保成本低、质量优、符合国际环境标准的绿色产品、服务和技术产业,使绿色产业随着环保技术和人们消费水平及消费层次的不断提高而蓬勃发展。

"十四五"对外贸易
高质量发展规划

学习任务2　掌握限制进口的关税措施

课前任务:

> 以小组为单位,每个小组收集一起有关我国反倾销、反补贴或保障措施的案例,并制作成PPT文件,要求有案情介绍、案例分析及最后裁定结果等有关内容,并做一定评述和答辩。每个小组派一名代表评述案例,答辩可由小组的任一成员完成。

3.2.1 关税概述

1)关税的概念

关税(Customs Duties;Tariff)是进出口商品经过一国关境时,由政府所设置的海关向本国进出口商征收的一种税。海关是关税征收的管理机关。海关执行其职能的领域叫关境,它是海关管辖和执行海关各项法令和规章的区域。一般来说,关境和国境是一致的,但有些国家在国境内设立自由港、自由贸易区和出口加工区等经济特区,这些地区不属于关境范围之内,此时关境小于国境。有些国家之间缔结关税同盟,因而参加关税同

盟的国家的领土即成为统一的关境,此时关境大于国境。

关税是世界各国普遍征收的一个税种。早在欧洲古希腊时期关税就已经出现,我国在西周时开始设立"关卡",对来自其他属地的产品征收内地关税。统一国境关税是在第一次产业革命后,封建社会开始解体,资本主义生产方式建立以后产生的。这种关税制度一直延续至今。

2)关税的主要特点

关税是国家财政收入的一个重要组成部分。一方面,关税具有和其他税赋相同的特点,具有强制性、无偿性和预定性。强制性是指关税由海关凭借国家权力依法征收,纳税人无条件服从。无偿性是指关税由海关代表国家单方面从纳税人方面征收,而国家不需要给予任何补偿。预定性是指关税由海关根据预先规定的法律与规章加以征税,海关与纳税人双方都不得予以变动。另一方面,关税又有以下特点。

(1)关税是一种间接税

关税的主要征收对象是进出口商品,其税负是由进出口商先行垫付,而后把它计入商品价格,最终转嫁给消费者,因而关税属于间接税。

(2)关税的税收主体和客体是进出口商和进出口货物

税收主体也称课税主体,是指在法律上负担纳税义务的自然人和法人,也称纳税人。税收客体也称课税客体或课税对象。关税的税收主体是本国的进出口商。当商品进出国境或关境时,进出口商根据海关规定向当地海关缴纳关税,他们是税收主体,是纳税人。关税的税收客体是进出口商品,根据海关税法和有关部门规定,海关对各种进出口商品依据不同的税目和税率征收关税。

(3)关税是一国对外贸易政策的重要手段

关税体现着一国的对外贸易政策。国别贸易政策可以通过关税税率的高低反映出来。各国可以利用关税税率的高低和不同的减免手段来对待来自不同国家的商品,以此开展其对外经贸关系,通过提供优惠政策改善国际关系,利用提高关税限制某些国家商品的进口甚至实施报复,等等。因此,关税与一国的对外关系有密切的联系。

3)关税的作用

(1)关税的财政作用

征收关税可以增加本国财政收入。一般将以此为目的征收的关税称为财政关税。财政关税在资本主义发展初期发挥着重要的作用。因为当时社会经济不够发达,税源较少,财政关税就成为国家增加财政收入的一个重要组成部分。随着社会经济的不断发展,其他税源增加,财政关税的意义已不重要,关税收入在财政收入中的比重相对下降。特别是第二次世界大战后,经过关贸总协定的八次谈判,世界范围内关税水平大幅下降,关税的财政作用也在逐渐减弱。然而,关税的财政作用在发达国家和发展中国家的表现是不一样的。目前,发达国家的关税仅为其财政收入的 2% ~ 3% ,而发展中国家关税收入一般约占其财政收入的13.2%,我国约为7%。关税的财政作用必然呈下降的趋势。

(2)关税的保护作用

各国广泛利用高关税限制外国商品进口,保护国内生产和国内市场。保护关税的税率越高,保护作用越强,这是因为进口关税税率提高可以提高进口商品的成本,从而削弱其竞争力,使其进口数量减少,以达到保护国内工农业生产的目的。保护关税的另一个目的是可以通过调整关税税率的高低来控制进出口商品的数量,以此调节国内的价格,保证国内市场供求平衡。例如,资本主义生产方式建立初期,德国等资本主义国家为了保护本国的幼稚工业,就是采用保护关税作为保护的手段。到了帝国主义时期,帝国主义的垄断资本为了垄断国内市场,通过征收超保护关税,对高度发达的垄断工业或处于衰退的工业部门也进行保护。第二次世界大战后,经过关贸总协定的八次谈判,缔约方关税水平大幅下降。例如,发达国家进口工业品的平均关税已由第二次世界大战时的40%下降到约3.7%,发展中国家进口工业品的平均关税也下降到11%,关税税率的大幅下降,使进口关税的保护作用大大减弱。但是,这并不代表保护关税已不存在,各个国家仍然在某些商品领域维持较高的进口关税,有时还使用惩罚关税、报复关税和附加关税等手段保护国内某些产业。

(3)关税对经济贸易的调节作用

关税是国家的重要经济杠杆。通过税率的高低和关税的减免,可以影响进出口规模,调节国民经济活动。如在出口方面,通过低税、免税和退税来鼓励商品出口;在进口方面,通过税率的高低、减免来调节商品的进口。

3.2.2 关税的基本种类

1)按征税对象或商品流向划分的关税种类:进口税、出口税、过境税

(1)进口税(Import Duties)

进口税是进口国家的海关在外国商品输入时,根据海关税则对本国进口商所征收的关税。进口税是在外国货物直接进入关境或国境时征收,或者外国货物由自由港、自由贸易区或海关保税仓库等运往进口国国内市场,在办理海关手续时征收。一些国家通过征收高额进口税以提高进口商品的价格,削弱这些商品的价格竞争能力。我们通常提及的关税壁垒,便是指高额进口税。

各国在制定进口税税率时,并不是对所有的进口商品一概征收高关税。一般地,大多数国家的关税结构是:对工业制成品的进口征收较高的关税,对半制成品的进口税率次之,对原料的进口税率最低甚至免税。

(2)出口税(Export Duties)

出口税是出口国家的海关在本国产品输往国外时,对本国出口商征收的关税。

出口税的征收将提高本国商品在国外市场的销售价格,削弱本国商品的竞争力,因

而大多数国家都不再征收。一些国家征收出口税的目的主要有:第一,对本国资源丰富、出口量大的商品征收出口税,以增加财政收入。第二,为了保证本国的生产,对出口的原料征税,以保障国内生产的需要和增加国外商品的生产成本,从而加强本国产品的竞争能力。例如,瑞典、挪威对于木材出口征税,以保护其纸浆及造纸工业。第三,为保障本国市场的供应,除了对某些出口原料征税外,还对某些本国生产不足而又需求较大的生活必需品征税,以抑制价格上涨。第四,控制和调节某些商品的出口流量,防止盲目出口,以保持在国外市场上的有利价格。第五,为了防止跨国公司利用"转移定价"逃避或减少在所在国的纳税,向跨国公司出口产品征收高额出口税,维护本国的经济利益。

(3)过境税(Transit Duties)

过境税是一国对于通过其关境或国境的外国货物所征收的关税。过境税最早产生并流行于欧洲各国,主要是为了增加国家财政收入而征收的。后由于各国的交通事业发展,竞争激烈,再征收过境税不仅妨碍国际商品流通,而且还减少港口、运输、仓储等方面的收入,于是自 19 世纪后半期起,各国相继废止征收。1921 年资本主义国家在巴塞罗那签订自由过境公约后,便废除了过境税的条款。目前,大多数国家在外国商品经过其领土时不再征收过境税,只是征收少量的准许费、印花费、登记费等。

2)按征税的目的划分的关税种类:财政关税、保护关税

(1)财政关税(Revenue Tariff)

财政关税又称收入关税,是指以增加国家财政收入为目的而征收的关税。

为达到增加财政收入的目的,对进口商品征收关税时,必须具备以下 3 个条件:①征税的进口货物必须是国内不能生产或无代用品的商品,以避免对国内市场形成冲击;②征税的进口货物在国内必须有大量消费;③关税税率必须适中,否则达不到增加财政收入的目的。

目前,大多数国家的财政关税收入在财政总收入中的重要性都在日益降低。关税主要用于限制外国商品进口,保护国内生产和市场。

(2)保护关税(Protective Tariff)

保护关税是指以保护本国工业或农业发展为目的而征收的进口关税。

为达到保护的目的,保护关税的税率比较高,有时税率高达 100% 以上,等于禁止进口,称为禁止关税(Prohibited Duty)。通过征收高额进口税,使进口商品成本增加,从而削弱它在进口国国内市场的竞争能力,甚至阻碍其进口,以达到保护本国经济发展的目的。保护关税是实现一个国家对外贸易政策的重要措施之一。

3)按差别待遇和特定的实施情况划分的关税种类:普通税、最惠国税、进口附加税、普遍优惠制税、特惠税、差价税

(1)普通税(General Duties)

普通税适用于没有签订贸易协定的国家或地区的进口商品。普通税率是一国进口税中的最高税率,一般比优惠税率高 1~5 倍,少数商品甚至高达 10 倍、20 倍。目前,仅

有个别国家对极少数(一般是未建交)国家的商品进口实行这种税率,大多数只是将其作为优惠税率减税的基础。因此,普通税率并不是普遍实施的税率。

(2)最惠国税(Most Favored Nation Duties,MFN Duties)

最惠国税率是一种优惠税率,往往和双边或多边最惠国待遇相关,适用于签订有最惠国待遇条款的贸易协定的国家和地区的进口商品。所谓最惠国待遇(Most Favored Nation Treatment,MFNT),是指缔约国各方实行互惠,凡缔约国一方现在和将来给予任何第三方的一切特权、优惠和豁免,也同样给予缔约对方。最惠国待遇的内容很广,但主要是关税待遇。最惠国税率是互惠的,且比普通税率低,有时甚至差别很大。例如,美国对进口玩具征税的普通税率为70%,而最惠国税率仅为6.8%。由于世界上大多数国家都加入了签订有多边最惠国待遇条款的关贸总协定(现由世界贸易组织继承其协定),或者通过个别谈判签订了双边最惠国待遇条约,因而这种关税税率实际上已成为正常的关税税率。

值得一提的是,最惠国税率并非最低税率。另外,在最惠国待遇中往往规定有例外条款,如在缔结关税同盟、自由贸易区的国家之间规定更优惠的关税待遇时,最惠国待遇并不适用。

(3)普遍优惠制税(Generalized System of Preferences Duties,GSP Duties)

普遍优惠制(Generalized System of Preferences, GSP)简称普惠制,发达国家承诺对从发展中国家或地区输入的商品,特别是制成品和半制成品,给予普遍的、非歧视的和非互惠的关税优惠待遇。这种优惠关税称为普惠税,它是在最惠国税率的基础上进行减税和免税。

普遍优惠制是发展中国家在联合国贸易与发展会议上进行长期斗争,在1968年通过建立普惠制决议之后取得的。普惠制的主要原则是普遍的、非歧视的和非互惠的。普遍的是指发达国家应对发展中国家或地区出口的制成品和半制成品给予普遍的关税优惠待遇。非歧视的是指应使所有发展中国家或地区都不受歧视,无例外地享受普惠制的待遇。非互惠的是指发达国家应单方面给予发展中国家或地区关税优惠,而不要求发展中国家或地区提供反向优惠。普惠制的目的是:增加发展中国家或地区的外汇收入;促进发展中国家和地区的工业化;加速发展中国家或地区的经济增长率。

目前世界上有40个给惠国家,实行普惠制方案。它们是欧洲联盟27国(奥地利、比利时、丹麦、芬兰、法国、德国、希腊、爱尔兰、意大利、卢森堡、荷兰、葡萄牙、西班牙、瑞典、英国、波兰、捷克、匈牙利、斯洛伐克、斯洛文尼亚、拉脱维亚、爱沙尼亚、立陶宛、塞浦路斯、马耳他、保加利亚和罗马尼亚)、瑞士、挪威、日本、新西兰、澳大利亚、美国、加拿大、俄罗斯、白俄罗斯、乌克兰、哈萨克斯坦、土耳其、列支敦士登。接受普惠制关税优惠的发展中国家或地区达到190多个。

(4)特惠税(Preferential Duties)

特惠税又称优惠税,是对来自特定国家或地区的进口商品给予特别优惠的低关税或免税待遇。使用特惠税的目的是增进与受惠国之间的友好贸易往来。特惠税有的是互惠的,有的是非互惠的,税率一般低于最惠国税率和协定税率。

特惠税最早开始于宗主国与其殖民地及附属国之间的贸易。目前仍在起作用的且最有影响的是 2000 年 6 月 23 日欧盟与非洲、加勒比海及太平洋地区 77 国(简称非加太集团)签订的《科托努协定》(前身为《洛美协定》)的特惠税,它是欧共体向参加协定的非洲、加勒比海和太平洋地区的发展中国家单方面提供的特惠关税。

(5)进口附加税(Import Surtaxes)

进口国家对进口商品,除征收一般进口关税外,有时根据某种目的与需要加征进口关税。这种对进口商品除征收一般关税以外再加征的额外关税,称之为进口附加税。进口附加税通常是一种特定的临时性措施。其目的主要有:应对国际收支危机;维持进出口平衡;防止外国商品低价倾销;对某个国家实行歧视或报复等。因此进口附加税又称特别关税。进口附加税主要有反补贴税、反倾销税、紧急关税、惩罚关税、报复关税 5 种。

①反倾销税(Anti-dumping Duties):是对于实行商品倾销的进口商品所征收的一种进口附加税。

按照世界贸易组织《反倾销规则》的规定,倾销是指在正常的贸易过程中,一项产品以低于其正常价值的价格出口到另一国家或地区,从而给进口国国内相关产业造成实质损害或实质性损害威胁;或对某一成员方领土内产业的新建造成实质性阻碍的行为。反倾销税征收的目的在于抵制商品倾销,保护本国产业和市场。

②反补贴税(Counter-vailing Duties):是指凡进口商品在生产、制造、加工、买卖、输出等过程中接受来自政府或同业协会的直接或间接的补贴,并对进口国已建立的国内产业造成实质损害或产生实质损害威胁,或对建立国内产业造成实质阻碍的,进口国可对该产品进行调查,采取反补贴措施,对该产品按补贴数额征收反补贴税。征收反补贴税的主要目的是抵消国外政府对其出口企业的补贴,避免国外制造商或出口商享有不公平竞争利益,对本国相关产业产生不利影响。

③紧急关税(Emergency Tariff):是为消除外国商品在短期内大量进口,对国内同类产品生产造成重大损害或产生重大威胁而征收的一种进口附加税。当短期内,外国商品大量涌入时,一般正常关税已难以起到有效保护作用,因此需借助税率较高的特别关税来限制进口,保护国内生产。由于紧急关税是在紧急情况下征收的,是一种临时性关税,因此,当紧急情况缓解后,紧急关税必须撤除,否则会受到别国的关税报复。

④惩罚关税(Penalty Tariff):是指出口国某商品违反了与进口国之间的协议,或者未按进口国海关规定办理进口手续时,由进口国海关向该进口商品征收的一种临时性的进口附加税。这种特别关税具有惩罚或罚款性质。例如,1988 年日本半导体元件出口商因违反了与美国达成的自愿出口限制协定,被美国征收了 100% 的惩罚关税。又如,若某进口商虚报成交价格,以低价假报进口手续,一经发现,进口国海关将对该进口商征收特别关税作为罚款。

另外,惩罚关税有时还被用作贸易谈判的手段。例如,美国在与别国进行贸易谈判时,就经常扬言若谈判破裂就要向对方课征高额惩罚关税,以此逼迫对方让步。这一手段在美国经济政治实力鼎盛时期是非常有效的,然而,随着世界经济多极化、国际化等趋势的加强,这一手段日渐乏力,且越来越容易招致别国的报复。

⑤报复关税(Retaliatory Tariff):是指一国为报复他国对本国商品、船舶、企业、投资或知识产权等方面的不公正待遇,对从该国进口的商品所课征的进口附加税。通常在对方取消不公正待遇时,报复关税也会相应取消。然而,报复关税也像惩罚关税一样易引起他国的反报复,最终导致关税战。乌拉圭回合谈判期间,美国和欧洲联盟就农产品补贴问题发生了激烈的争执,美国提出一个"零点方案",要求欧盟10年内将补贴降为零,否则除了向美国农产品增加补贴外,还要对欧盟进口商品增收200%的报复关税。欧盟也不甘示弱,扬言反报复。双方剑拔弩张,若非最后相互妥协,就差点葬送了这一轮谈判的成果。

(6)差价税(Variable Levy)

差价税又称差额税,是当本国生产的某种产品的国内价格高于同类进口商品的价格时,为削弱进口商品的竞争力,保护本国生产和国内市场,按国内价格与进口价格之间的差额征收的关税。征收差价税的目的是使该种进口商品的税后价格保持在一个预定的价格标准上,以稳定进口国国内该种商品的市场价格。

对于征收差价税的商品,有的规定按价格差额征收,有的规定在征收一般关税以外另行征收,这种差价税实际上属于进口附加税。差价税没有固定的税率和税额,而是随着国内外价格差额的变动而变动,因此是一种滑动关税(Sliding Duties)。

差价税的典型表现是欧盟对进口农畜产品的做法。欧盟为了保护其农畜产品免受非成员国低价农产品竞争,而对进口的农产品征收差价税。欧盟征收差价税的具体做法是,首先在共同市场内部按生产效率最低而价格最高的内地中心市场的价格为准,制定统一的目标价格(Target Price);其次从目标价格中扣除从进境地运到内地中心市场的运费、保险费、杂费和销售费用后,得到门槛价格(Threshold Price),或称闸门价格;最后若外国农产品抵达欧盟进境地的CIF(到岸价格)低于门槛价格,则按其间差额确定差价税率。实行差价税后,进口农产品的价格被抬至欧盟内部的最高价格,从而丧失了价格竞争优势。欧盟则借此有力地保护了其内部的农业生产。此外,对使用了部分农产品加工成的进口制成品,欧盟除征收工业品的进口税外,还对其所含农产品部分另征部分差价税,并把所征税款用作农业发展资金,资助和扶持内部农业的发展。因此,欧盟使用差价税实际上是其实现共同农业政策的一项重要措施,保护和促进了欧盟内部的农业生产。

4)按征税方法或征税标准划分的关税种类

(1)从量税(Specific Duties)

从量税是以进口货物的重量、数量、长度、容量和面积等计量单位为标准计征的关税。其中,重量单位是最常用的从量税计量单位。以重量为单位征收从量税必须注意,在实际应用中各国计算重量的标准各不相同,一般采用毛重、净重和净净重。毛重(Gross Weight)指商品本身的重量加内外包装材料在内的总重量。净重(Net Weight)指商品总重量扣除外包装后的重量,包括部分内包装材料的重量。净净重(Net Net Weight)则指商品本身的重量,不包括内外包装材料的重量。例如,美国对薄荷脑的进口征收从量税,普通税率为每磅50美分,最惠国税率为每磅17美分。

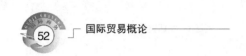

从量税计算公式为:进口关税税额＝商品进口数量×从量关税税额

采用从量税计征关税的特点见表3-1。

表3-1　从量税的特点

优　点	缺　点
手续简便。不需审定货物的规格、品质和价格,便于计算,可以节省大量征收费用	税负并不合理。同一税目的货物,不管质量好坏、价格高低,均按同一税率征税,税负相同
	不能随价格变动做出调整。当国内物价上涨时,税额不能随之变动,使税收相对减少,保护作用削弱;物价回落时,税负又相对增高,不仅影响财政收入,而且影响关税的调控作用
	难以普遍采用。征收对象一般是谷物、棉花等大宗产品和标准产品,对某些商品如艺术品及贵重物品(古玩、字画、雕刻和宝石等)不便使用

（2）从价税（Advalorem Duties）

从价税是以进口货物完税价格作为计税依据而征收的关税。从价税的税率表现为货物价格的百分值。例如,美国规定对羽毛制品的进口,普通税率为60%,最惠国税率为4.7%。

计算公式为:进口关税税额＝进口商品完税价格×从价税税率

采用从价税计征关税的特点见表3-2。

表3-2　从价税的特点

优　点	缺　点
税负合理。同类商品质高价高,税额也高;质次价低,税额也低。加工程度高的商品和奢侈品价高,税额较高,相应的保护作用较大	完税价格不易掌握,征税手续复杂,大大增加了海关的工作负荷
物价上涨时,税款相应增加,财政收入和保护作用均不受影响	
各种商品均适用	
从价税税率按百分数表示,便于与别国进行比较	

征收从价税的一个重要问题是确定进口商品的完税价格（Dutiable Value）。所谓完税价格,是指经海关审定的作为计征关税依据的货物价格,货物按此价格照章完税。长期以来,世界各国往往采用不同的估价方法来确定完税价格,目前大致有3种:出口

国离岸价格(FOB)、进口国到岸价格(CIF)和进口国的官方价格。如美国、加拿大等国采用离岸价格来估价,而西欧等国采用到岸价格作为完税价格,不少国家甚至故意抬高进口商品完税价格,以此增加进口商品成本,把海关估价变成一种阻碍进口的非关税壁垒措施。

为了弥补各国确定完税价格的差异且减少其作为非关税壁垒的消极作用,关贸总协定东京回合达成了《海关估价协定》,规定了6种应依次使用的海关估价方法。其中采用进口商品或相同商品的实际价格(Actual Value)作为估价的主要依据,即以进口国立法确定的某一时间或地点,在正常贸易过程中于充分竞争的条件下,某一商品或相同商品出售或兜售的价格为依据,而不能以臆断或虚构的价格为依据。当实际价格不能确定时,应以可确定的最接近实际价格的相当价格作为确定完税价格的依据。

由于从量税和从价税都存在一定的缺点,因此关税的征收方法在采用从量税或从价税的基础上,又产生了混合税和选择税,以弥补从量税、从价税的不足。目前单一使用从价税的国家并不太多,主要有阿尔及利亚、埃及、巴西和墨西哥等发展中国家。

(3)混合税(Compound Duties)

混合税又称复合税,是指征税时同时使用从量、从价两种税率计征,以两种税额之和作为该种商品的关税税额。混合税按从量、从价的主次不同又可分为两种情况:一种是以从量税为主加征从价税,即在对每单位进口商品征税的基础上,再按其价格加征一定比例的从价税。例如,美国进口小提琴每把征税1.25美元,另加征35%的从价税。另一种是以从价税为主加征从量税,即在按进口商品的价格征税的基础上,再按其数量单位加征一定数额的从量税。我国进口征税以从价税为主,从1999年起对部分商品征收复合税。例如,2014年对于完税价格低于或等于2 000美元/台的广播级磁带录像机执行单一的从价税,普通税率是130%,最惠国税率是30%;但对完税价格高于2 000美元/台的广播级磁带录像机征收复合税,普通税率是每台6%的从价税,再加征20 600元人民币的从量税,最惠国税率是每台3%的从价税,再加征3 283元人民币的从量税。

计算公式为:混合税额=从量税额+从价税额

(4)选择税(Alternative Duties)

选择税是指对某种商品同时制定从量和从价两种税率,征税时由海关选择其中一种征税,作为该种商品的应征关税额。一般是选择税额较高的一种税率征收,在物价上涨时使用从价税,物价下跌时使用从量税。有时,为了鼓励某种商品的进口,或给某出口国以优惠待遇,也选择税额较低的一种税率征收关税。

例如,2014年我国对于天然乳胶进口暂定税率为10%或720元/吨,两者从低征收。

由于选择税结合使用了从量税和从价税,扬长避短,哪一种方法更有利,就使用哪一种方法或以其为主征收关税,因此无论进口商品价格高低,都可起到一定的保护作用。

3.2.3 普惠制方案

普惠制的给惠国是通过制订普惠制方案来落实其普惠制制度的。各发达国家(即给惠国)分别制订了各自的普惠制实施方案,而欧盟则作为一个国家集团给出共同的普惠

制方案。普惠制方案从具体内容看,各方案不尽一致,但大多包括了给惠产品范围、受惠国家和地区、关税削减幅度、保护措施、原产地规则以及给惠方案有效期6个方面。

1) 给惠产品范围

一般农产品的给惠商品较少,工业制成品或半制成品只有列入普惠制方案的给惠商品清单,才能享受普惠制待遇。一些敏感性商品,如纺织品、服装、鞋类以及某些皮制品、石油制品等常被排除在给惠商品之外或受到一定限额的限制。例如,欧盟1994年12月31日颁布的对工业产品的新普惠制法规(该法规于1995年1月1日开始执行),将工业品按敏感程度分为5类,并分别给予不同的优惠税率。具体地说,对第一类最敏感产品,即所有的纺织品,征正常关税的85%;对第二类敏感产品,征正常关税的70%;对第三类半敏感产品,征正常关税的35%;对第四类不敏感产品,关税全免;而对第五类部分初级工业产品,将不给予优惠税率,照征正常关税。又如美国的普惠制方案规定,纺织品协议下的服装、手表、敏感性电子产品、敏感性钢铁产品、敏感性玻璃制品或半制成品及鞋类不能享受普惠制待遇。

2) 受惠国家和地区

各给惠国的普惠制方案中都列有受惠国家和地区的名单或排除名单。各给惠国根据各自的政治、经济政策以及发展中国家的经济发展状况选择其受惠国。由于没有一个统一的、客观的政治、经济标准,一些发展中国家被某些给惠国或某个给惠国排除在受惠国(地区)名单之外,受到歧视。

3) 给惠商品的关税削减幅度

普惠制减免关税,是在最惠国税率的基础上进行削减或豁免。普惠制关税削减幅度,又称普惠制优惠幅度,是普惠制税率与最惠国税率的差额(即普惠制减税幅度=最惠国税率−普惠制税率)。此优惠幅度是给惠国的进口商最关心的关键点,也是普惠制的核心点。例如,某给惠国进口商进口某项产品时,最惠国税率为10%,普惠制税率为5%,则关税削减幅度为5%,即减半税;若普惠制税率为免税,则关税削减幅度为10%。

普惠制的减税幅度与给惠商品的敏感度密切相关。一般说来,大多数给惠国对农产品实行减税,且优惠幅度较小;对工业品则优惠幅度较大,甚至免税。

4) 保护措施

各给惠国为了保护本国生产和国内市场,从自身利益出发,均在各自的普惠制方案中制订了程度不同的保护措施。保护措施主要体现在例外条款、预定限额、竞争需要标准及毕业条款4个方面。

①例外条款(Escape Clause):是指当给惠国认为从受惠国优惠进口的某项产品的数量增加到对其本国同类产品或有竞争关系的商品的生产者造成或将造成严重损害时,给惠国保留对该产品完全取消或部分取消关税优惠待遇的权利。很明显,例外条款表明,发达国家给予发展中国家普惠制待遇的前提条件是其国内市场不会因给惠而

受到干扰。如加拿大曾对橡胶鞋及彩电的进口引用例外条款,对来自受惠国的这两种商品停止使用普惠制税率,而恢复按最惠国税率征收进口税。给惠国常常引用例外条款对农产品进行保护。

②预定限额(Prior Limitation):是指给惠国根据本国和受惠国的经济发展水平及贸易状况,预先规定一定时期内(通常为一年)某项产品的关税优惠进口限额,达到这个额度后,就停止或取消给予的关税优惠待遇,而按最惠国税率征税。给惠国通常引用预定限额对工业产品的进口进行控制。

③竞争需要标准(Competitive Need Criterion):又称竞争需要排除,就是对来自受惠国的某种商品,如果超过当年规定的进口额度或超过进口国全部进口商品的一半,则取消这种商品在下一年度的关税优惠待遇,若该产品在以后年度内进口额度降至限额内,则下一年仍可恢复关税优惠待遇。

④毕业条款(Graduation Clause):是指给惠国以某些发展中国家或地区由于经济发展,其产品已能适应国际竞争而不再需要给予优惠待遇和帮助为由,单方面取消这些国家或产品的普惠制待遇。毕业标准可分为国家毕业和产品毕业两种,由各给惠国自行具体确定。国家毕业是指取消从受惠国或地区进口的全部产品的关税优惠待遇,也就是取消受惠国或地区的受惠资格。产品毕业是指取消从受惠国或地区进口的部分产品的关税优惠待遇。例如,美国规定,一国人均收入超过 8 500 美元或某项产品出口占美国进口的 50% 即为毕业。美国自 1981 年 4 月 1 日启用毕业条款,至 1988 年年底,终止了 16 个国家的受惠国地位,免除了来自 141 个发展中国家和地区约 3 000 多种进口商品的普惠制待遇。

毕业条款是一项最敏感、最严格的保护措施,其实施会对相关国家的出口贸易产生很大的影响。具体地说,"已毕业"的国家和产品因为不能再享受优惠待遇,一方面不得不在进口国市场上与发达国家的同类产品竞争,另一方面又面临其他发展中国家乘势取而代之打入进口国市场的严峻挑战。在 2005 年 4 月 1 日起实施的改革后的欧盟新普惠制方案中,受惠国任何一种产品在欧盟的市场份额如果超过 15%,就将丧失普惠制待遇;发展中国家占有成本优势的纺织品服装行业门槛更低,只有 12.5%。欧洲议会于 2012 年 6 月 13 日通过的 2014 年欧盟对发展中国家贸易优惠安排一举将享受普惠制国家数量从 176 个减少到 75 个左右,享受优惠的进口总值从 2009 年的 600 亿欧元减少到约 377 亿欧元。

早在 1996 年,欧盟就取消了中国除化肥外所有化工产品、服装及其附件、玻璃、陶瓷的普惠制待遇,1998 年再次取消中国 7 大类商品的普惠制待遇。在 2005 年 4 月 1 日提前实施的新普惠制安排下,从欧盟实行的普惠制待遇产品类别中剔除了中国 16 大类 50 章产品。中国大量在欧享受相对优惠的产品"毕业",出口量巨大的纺织品首当其冲。到 21 世纪第二个十年,中国享受欧盟普惠制待遇的出口商品种类已经不多了,中国对欧盟的出口规模却已经成倍扩张了。

5) 原产地规则(Rules of Origin)

为了确保普惠制待遇只给予发展中国家和地区生产和制造的产品,各给惠国制定了详细和严格的原产地规则。原产地规则是衡量受惠国出口产品能否享受给惠国给予减免关税待遇的标准。原产地规则一般包括 3 个部分:原产地标准、直接运输规则和原产地证书。

①原产地标准(Origin Criterion):原产地标准把受惠国产品分两类,一类是完全原产的产品,指完全使用受惠国的原料、零部件并完全由其生产或制造的产品;另一类是非完全原产的产品,是全部或部分地使用进口原料、零部件制成的产品,但这些原料和零部件经过受惠国的加工或制造后,其性质和特征必须达到了"实质性变化"的要求,成了另外一种完全不同的产品,才可以享受关税的优惠待遇。

衡量实质性变化的标准有两种,其一是百分比标准,是根据非原产成分或原产成分的价值占制成品价值的百分比率确定进口成分是否达到实质性改变的标准。采用百分比标准的国家有加拿大、澳大利亚、新西兰、俄罗斯、乌克兰、白俄罗斯、哈萨克斯坦和美国等。这些国家的百分比规定各不相同。加拿大规定进口成分的价值不得超过包装完毕待运加拿大的产品出厂价的 40%;澳大利亚和新西兰规定产品的最后加工工序必须在出口受惠国内进行,本国成分的价值不得小于产品出厂成本的 50%;俄罗斯、乌克兰、白俄罗斯、哈萨克斯坦规定进口成分价值不得超过产品离岸价的 50%;美国规定本国成分价值不得低于产品出厂价的 35%。其二是加工标准,规定进口原料或零部件在加工以后的商品税目发生了变化,即可被认为发生了实质性变化。欧盟、日本、瑞士、挪威等国采用这项标准。

②直接运输规则(Rule of Direct Consignment):是指受惠国原产品必须从出口受惠国直接运至进口给惠国。制定这项规则的主要目的是避免在运输途中可能进行的再加工或换包。但出于地理或运输等原因确实不可能直接运输时,允许货物经过他国领土运转,条件是货物必须始终处于过境国海关的监管下,未投入当地市场销售或再加工。

③原产地证书(Certificate of Origin):是指受惠国必须向给惠国提供由出口受惠国政府授权的签证机构签发的普惠制原产地证书,作为享受普惠制减免关税优惠待遇的有效凭证。

6)普惠制的有效期

普惠制的实施期限为 10 年,经联合国贸易与发展会议全面审议后可延长。普惠制实施以来,确实对发展中国家的出口起了一定的积极作用。但由于各给惠国在提供关税优惠的同时,又制定了种种烦琐的规定和严厉的限制措施,使建立普惠制的预期目标还没有真正达到。

3.2.4 反倾销、反补贴和保障措施等贸易救济措施

贸易救济是指由于进口产品的不公平竞争或数量激增,导致进口国的国内产业受到损害,进口国政府采取一定措施,抑制进口产品的不公平竞争或数量激增,维护国内产业的合法利益。

为维护公平贸易和正常的竞争秩序,WTO 允许成员方在进口产品倾销、补贴和过激

增长等给其国内产业造成损害的情况下,可以使用反倾销、反补贴和保障措施等贸易救济措施,保护国内产业不受损害。

1)反倾销措施

反倾销措施是指进口国政府对于实行商品倾销的进口货物所采取的补救措施。世界贸易组织的《反倾销协定》对采取反倾销措施的实体性和程序性要求做了规定,WTO成员方在制定反倾销法律或者采取反倾销调查行动方面,都必须符合这些要求。

(1)征收反倾销税的必要条件

根据 WTO《反倾销协定》的规定,征收反倾销税要满足以下条件。

①产品的出口价格必须低于其正常价值。

确定倾销的关键是比较正常价值和出口价格。出口价格低于其正常价值的幅度,为倾销幅度。

"正常价值"的确定方法:第一种,出口国国内市场的实际销售价格;第二种,出口国向第三国出口该种产品或相似产品的价格;第三种,结构价格(即生产成本加销售费用和合理利润之和)。

②该进口产品对本国产业造成实质损害,或实质损害的威胁,或实质阻碍本国产业的建立。

损害应根据确凿的证据确定,主要从两方面进行审查:一是倾销进口产品的数量及其对国内市场相同产品价格造成的影响;二是这些进口产品对国内该相同产品生产商造成的后续冲击程度。

 知识拓展:损害的确定

> 损害主要根据以下事实来确定:一是倾销的输入量。绝对量有相当程度的增加;绝对量的增加不显著,但是输入国的生产或者消费的相对量有相当程度的增加。二是倾销输入对价格的影响。输入价格同输入国的国内价格相比,是否有相当程度的下降;根据倾销输入的影响,对输入国的国内价格是否有相当程度的压制;如果没有倾销输入,对可能产生的价格上升是否有相当程度的妨碍。三是对同种产品的国内生产价格的影响。对与该产业的状态有关系的所有的经济要素以及指标进行评价,比如,产量、销售、市场占有率、生产力、投资收益或者开工率方面,现实的以及潜在的下降;影响国内价格的要素;资金的流出流入,库存、工资的增长,资本筹措能力,或者对投资有现实的以及潜在的不良影响。

③倾销与损害之间必须有因果关系。

必须严格认定倾销产生的影响和倾销带来实质性损害的事实。如果同时受到其他因素的影响,这种损害不能完全归咎于倾销输入。

(2)反倾销调查程序

世界贸易组织成员采取反倾销措施,首先要进行反倾销调查。反倾销调查程序包括

申请(申诉)、立案、调查、裁决、复审等阶段。

反倾销调查从国内产业或者代表国内产业的自然人、法人或者有关组织向反倾销主管部门提出反倾销调查的书面申请开始。反倾销调查的申请应特别包括下述两个方面：第一，申请调查的进口产品倾销、对国内产业造成损害、两者之间存在因果关系的证据；第二，有足够的国内生产者的支持，在支持申请和反对申请的生产者中，支持者的产量占两者总产量的50%以上，同时不得低于国内同类产品总产量的25%。

进口国主管当局应审查申请书所提供的证据准确性和充分性，以确定是否有足够的证据发起反倾销调查。当进口方当局确认申诉材料真实可靠，决定立案后，就要通知其产品遭到调查的成员方和调查当局所知道的有利害关系的各方，并予以公告。

进口国当局在一定的期限内，对被告方的产品倾销幅度、对国内产业的损害以及两者之间的因果关系进行调查核实。一般情况下，反倾销调查应在1年内结束，无论何种情况不得超过从调查开始之后的18个月。在调查中，当事各方必须以书面形式提供证据。在调查期间，各利害关系方有权举行听证会为其利益辩护。为证实所提供信息的准确性，进口方当局可以在其他成员方境内进行现场调查。如果有关利害方不提供资料或者阻碍调查的进行，进口方当局可依据提起反倾销调查申诉的一方提供的资料做出裁决。

在反倾销案件的调查过程中，进口国反倾销调查机关在综合各利害关系方提供的证据并对其进行问卷调查和实地核查后，即进入裁定阶段。按时间顺序，分初步裁定和最终裁定。初步裁定指进口国调查机关在收到各利害关系方调查问卷后，做出有关倾销和损害的肯定或否定的初步判定。在反倾销案件调查中，无论是倾销或损害，只要其中一项做出否定性初步裁决，即可确定不存在倾销，进口国反倾销调查机关应当立即终止正在进行的反倾销调查。在肯定性初步裁定基础上，进口国调查机关对申请人提出的反倾销指控进行进一步调查，确定被诉进口产品是否存在倾销和损害，倾销与损害之间是否存在因果关系，并做出最终裁定。

（3）反倾销措施的实施

反倾销措施包括临时反倾销措施、价格承诺和反倾销税。

由于最终反倾销税的征收一般是从最终裁定做出之日开始计征，而一项反倾销调查从立案到最终裁定大约需要一年甚至更长的时间，因此在这段时间内，如果初步裁决确认进口产品存在倾销和损害，进口国反倾销调查机关即可采取临时反倾销措施，以抵消倾销所造成的损害影响。临时反倾销措施一般包括征收临时反倾销税、现金保证金、保函及其他形式的担保等。其数额不得超过初步裁定确定的倾销幅度。临时反倾销措施实施的期限，自临时反倾销措施决定公告实施之日起不得超出4个月，特殊情形下可延长至9个月。在反倾销立案调查决定公告之日起的60天内，不得采取临时反倾销措施。

在反倾销调查期间，倾销进口产品的出口经营者可以向进口国调查机关做出改变价格或者停止以倾销价格出口的价格承诺。进口国调查机关可以建议但不得强迫出口经营者做出价格承诺。出口经营者不做出价格承诺或不接受价格承诺建议，不妨碍反倾销案件的调查和确定。是否接受价格承诺，由调查机关决定。调查机关认为价格承诺能够接受并符合公共利益的,可以决定中止或终止反倾销调查,不采取临时反倾销措施或征收反倾销税。调查机关做出初步裁定前不得寻求或者接受价格承诺。应出口商请求,或调查机关认为有必要,调查机关接受价格承诺后继续进行调查并做出否定的倾销或损害的终局裁定,价格承诺自动失效;做出肯定的倾销和损害裁定的,价格承诺一直有效。出口经营者违反价格承诺,调查机关可立即恢复反倾销调查;根据现有最佳信息,可决定采取临时反倾销措施,并可以对实施临时反倾销措施前90天内进口的产品追溯征收反倾销税,但违反价格承诺前进口的产品除外。

最终裁定确定倾销成立并由此对国内产业造成损害的,可以征收反倾销税。征收反倾销税应符合公共利益。反倾销税的纳税人为倾销进口产品的进口经营者。

征收反倾销税应遵循以下原则:一是征收额度应低于或等于倾销幅度。如果以较少的征税就能足以消除对国内产业造成的损害,最好征税额小于倾销幅度。二是多退少不补。如果最终确定的反倾销税额高于临时反倾销税,则差额部分不能要求出口商补缴;反之,如果最终确定的反倾销税额低于临时反倾销税,则出口商多交的部分税款应当退还,并且退款应在做出决定后90天内进行。三是非歧视原则。“对已被认定倾销和造成损害的所有来源的进口产品,根据每一案件的情况,在非歧视基础上收取适当金额的反倾销税”,即反倾销税的征收应对所有实施产品倾销的国家一视同仁,除非依照《反倾销协定》存在可以忽略不计的情况或存在倾销幅度的差异。

满足下列两项条件时,可以对立案调查后、实施临时反倾销税之日前90天内进口的产品追溯征收反倾销税:倾销进口产品有对国内产业造成损害的倾销历史,或者该产品的进口经营者知道或者应当知道出口经营者实施倾销并且倾销对国内产业将造成损害;倾销进口产品在短期内大量进口,并且可能会严重破坏即将实施的反倾销税的补救效果。

最终裁定确定不征收反倾销税的,或者最终裁定未确定追溯征收反倾销税的,应当退还已征收的临时反倾销税、已收取的保证金,解除保函或者其他形式的担保。

(4)反倾销措施的期限和复审

反倾销税的征收期限和价格承诺的履行期限不超过5年。

对于反倾销税和价格承诺,进口国调查机关可以决定对其必要性进行复审;经利害关系方申请,调查机关也可以对反倾销税和价格承诺的必要性进行复审。根据复审结果,调查机关做出保留、修改或者取消反倾销税或价格承诺的决定。复审期间,复审程序不妨碍反倾销措施的实施。

2)反补贴措施

反补贴措施是指进口国政府为了保护国内产业对接受补贴的进口产品采取的补救措施。

(1)补贴的含义和种类

根据WTO《补贴与反补贴措施协定》,补贴被定义为:在一成员领土内由一国政府或者任何一个公共机构提供并授予某种利益的财政资助或任何其他形式的收入或价格支

持措施。

世界贸易组织并不是完全禁止任何成员方政府的补贴行为,而是禁止或不鼓励政府使用那些对其他成员方贸易造成不利影响的补贴。为此,根据补贴的不同性质,《补贴与反补贴措施协定》将补贴分为 3 类:禁止使用的补贴、可申诉的补贴和不可申诉的补贴,并对其进行界定,规定了相应的措施。

①禁止使用的补贴:是指 WTO 禁止各成员政府使用或实施的补贴。其可分为两大类:一类是出口补贴,它是直接针对出口的,即在法律或事实上与出口履行相联系的补贴;另一类是国内含量补贴,又称进口替代补贴,是指以使用国产货物替代进口货物为唯一或为其一条件而给予的补贴。它是间接针对进口的。由于禁止性补贴直接扭曲进出口贸易,反补贴协定对此类补贴以及维持此类补贴的行为予以严格禁止。

②可申诉的补贴:是指在一定范围内允许实施的补贴,但如果发现此类补贴的成员在实施过程中对其他成员经济利益造成不利影响,则受损的成员便可以向使用此类补贴措施的成员提出反对意见和提起申诉。

③不可申诉的补贴:是指各成员在实施这类补贴措施的过程中一般不受其他成员的反对或因此而采取反补贴措施。其特点是:普遍适用性,以及其在国民经济发展上的必要性,并对国际贸易的影响不大。反补贴措施协定规定了两大类不可申诉补贴,一类是不具有专向性的补贴;另一类是符合特定要求的专向性补贴。不具有专向性的补贴可普遍获得,不针对特定企业、特定产业和特定地区。符合特定要求的专向性补贴,包括研究和开发补贴、贫困地区补贴、环保补贴。研发补贴是指对公司进行研究活动的援助,或对高等教育机构或研究机构与公司签约进行研究活动的援助。贫困地区补贴是指按照一项总体地区发展规划给予贫困地区的补贴。

(2)征收反补贴税的基本条件

世界贸易组织反补贴协定规定,对于禁止性补贴和可申诉补贴的救济措施有两种:一种是向世界贸易组织申诉,通过世界贸易组织的争端解决机制得到救济;另一种是进口成员通过该国反补贴措施的程序,发起反补贴调查的办法得到救济。

进口国通过调查确定征收反补贴税必须具备 3 个基本条件。

①确定存在补贴的事实。

②确定国内产业受到了实质损害或实质损害的威胁,或国内相关产业的建立受到实质阻碍。

③确定补贴和损害之间存在因果关系。

(3)反补贴调查程序

反补贴调查程序与反倾销调查程序基本相同,包括申请(申诉)、磋商、立案、调查、裁决、复审等阶段。

①提出调查申请:由国内产业全体或可以代表国内产业的产业协会或若干企业向本国反补贴调查机关提出书面申请,说明申请人的身份、国内同类产品生产的数量和价值、被指控补贴产品及其所涉及的国家、生产者和出口经营者的情况、销售价格、进口数量变化等情况,并附上有关证据。

②磋商：《补贴与反补贴措施协定》规定，一成员政府在收到启动反补贴程序申请后开始调查前，应邀请与申请中涉及产品有关的成员进行磋商。若磋商达成了协议，所有各方面都感到满意，则不需要进一步的行动；否则，有关部门将根据国内产业的申请采取下一个步骤。在整个调查期间，应给予其产品为调查对象的成员方以继续磋商的合理机会，以便澄清事实并达成彼此同意的解决办法。

③立案与公告：调查机关对申请内容和所提供的证据进行初审，如认为申请合理，表面证据初步成立，就可做出立案决定。立案后，应及时将调查涉及的国家、产品、调查日期、调查期限、指控依据、利害关系方送交答辩书的期限和地点等通知被调查产品的当事国和已知的利害关系方，并发布公告。正常情况下，调查应自发起日的一年内（最长18个月内）结束。

④问卷调查与实地核查：调查开始后，调查机关一般会向被控补贴进口产品的生产者、进口经营者、出口经营者、国内同类产品生产者等利害关系方发放调查问卷，利害关系方须在规定时间内回答调查问卷并交回调查机关，调查机关对收回的问卷进行分析，提出相应的分析报告，作为后续裁定的依据。为证实申请方或应诉方所提供的信息，调查机关可以对国内相关企业进行实地核查，在征得出口方政府和企业同意或应应诉方的要求，还可以在出口国或与案件审理有关的国家进行实地核查，确定当事人所提供资料的真实性和准确性。如有必要，调查机关还应根据请求或主动召开听证会，给予各利害关系方见面、陈述和辩护的机会，以及对有关证据进行质证或提出新的证据。

⑤裁定：分为初步裁定和最终裁定。调查机关在法定期限内，根据初步调查结果，做出肯定或否定的补贴或损害的初步裁定，并予以公告。如果初步结论是否定的，调查机关应立即终止调查。在肯定性初步裁定的基础上，调查机关继续对申请人提出的指控做进一步调查，根据调查结果做出最终裁定，并予以公告。如果是肯定性裁定，调查机关可以征收最终反补贴税。如果是否定性裁定，则终止调查。

⑥复审：在采取有关措施一段合理时间后，调查机关可主动或应当事方的请求，对有关措施是否有必要延续进行审查，如复审确定措施的终止有可能导致补贴和损害的继续或再度发生，将继续采取措施。如无正当理由继续采取措施，则措施应立即终止。

（4）反补贴措施的实施

《补贴与反补贴措施协定》规定的反补贴措施有以下几种。

①临时措施。调查当局只能在以下情况下使用临时措施：A.已正式立案并已公告，且所有利害关系方已得到充分提供信息和发表意见的机会；B.经初步审查已肯定存在补贴并因此造成对国内产业的损害；C.调查当局断定采取临时措施对于防止调查期间损害的扩大是必要的。

临时措施的形式是征收临时反补贴税，具体形式包括交付现金或存款保证书，其数额应与临时估计的补贴数额相等。临时措施应自发起调查之日起60天后方可采取，实施期限不得超过4个月。

②承诺。在调查当局做出肯定性的初步裁决之后，出口成员方政府或企业为了避免

征收反补贴税可以自愿承诺取消或限制补贴,或提高价格以消除损害影响。对于这种自愿承诺,调查当局可自主决定是否接受。如果当局认为不能接受承诺,应向出口商提出其认为的理由,并为出口商提供修改承诺内容的机会。如果是调查当局主动要求出口商做出此类承诺,应获得其所属出口成员方的同意。

调查当局与出口成员方或出口商之间一旦达成有关承诺的协议,调查应当终止。调查当局可以要求出口成员方或出口商提供履行承诺的情况,如果一旦发现其违反承诺,调查当局可以立即适用临时措施,并且其适用可追溯至采取临时措施之前 90 天的有关产品进口。

③征收反补贴税。在调查最终结果表明存在补贴、损害及二者间存在因果关系时,是否征收反补贴税由调查当局自主决定。如果决定征收反补贴税,所征数额应与补贴数额相等或比之更少。反补贴税的征收应对所有被发现有补贴及造成损害的进口产品征收,不得对任何一方有歧视。

如果最终确定的反补贴税高于临时反补贴税,差额部分不再征收;如果低于,已征收的超过部分应当返还。如果是对一项严重损害威胁适用反补贴税(此时没有任何实际损害发生),则只能从最终决定之日起征收,不能采取临时措施,已运用临时措施的应当返还。如果最终决定是否定的,则适用临时措施所征收的现金等应立即返还。

反补贴税适用的期限应以足以抵消补贴造成的损害为限,最长期限不得超过 5 年,但在期满前经审查发现终止征收反补贴税有可能导致补贴与损害的继续或重新发生者除外。

3)保障措施

保障措施是指成员在进口激增并对其国内产业造成严重损害或严重损害威胁时,依据《1994 年关税与贸易总协定》所采取的进口限制措施。该措施是成员政府在正常贸易条件下维护本国国内产业利益的一种重要手段,它与针对不公平贸易的措施不同。设置该措施的目的在于使成员所承担的国际义务具有一定灵活性,以便在特殊情况出现时免除其在有关 WTO 协定中应当承担的义务,从而对已造成的严重损害进行补救或避免严重损害的威胁可能产生的后果。

世界贸易组织《保障措施协定》规定了成员实施保障措施必须满足 3 个条件。

(1)进口数量急剧增加

因不可预见的变化和履行关贸总协定义务而使某产品"进口数量不断大量增加"。采用保障措施最重要的前提就是进口数量激增,而不用考虑出口商的产品价格及成本这类反倾销措施中所必须考虑的要素。在判断增加的进口是否已经导致某一国内产业的严重损害或严重损害威胁时,成员的主管机构应评估所有有关该产业的客观及具有数量性质的因素,尤其是要从相对于过去进口量的实际增长和绝对增长,以及相对于国内生产的增长等方面评估该进口产品增加的速度与数量,增加的进口在国内市场所占的份额,评估销售水平、生产量、生产率、利润与亏损、生产力的利用以及就业的变化。

(2)严重损害与严重损害威胁

因进口增加而使国内同类产品或直接竞争性产品的生产者遭受严重损害或严重损

害威胁。协定明确规定了确定损害行为的标准。所谓"严重损害"是指对国内产业总体上的重大损害。保障条款的产业损害标准高于反倾销法与反补贴法中的产业损害标准——实质损害。这种"严重损害"使进口成员的产业处于非临时性的、极为困难或濒临破产的境地。"严重损害威胁"是指危急且显而易见的威胁。对严重损害威胁的判定应基于事实,而不能凭指控、推测或极小的可能性,不是十分遥远的可能性及假设。

(3)进口与损害有因果关系

根据《保障措施协定》第7条的规定,有关产品的进口增长与严重损害或其威胁之间应存在因果关系,当在同一时期,国内产业所受损害系由进口增长以外的其他因素所致,此类损害不得归咎于进口增长。与反倾销法或反补贴法相比,保障措施对进口增长同进口成员产业损害之间的因果关系要求更紧密。进口增长必须是产生严重损害的直接的重要原因。

进口当局在调查、确认了进口急剧增加及其原因和后果,并履行通知与磋商义务后,进口成员政府即可采取保障措施。保障措施主要有提高关税、实行关税配额以及数量限制等。但保障措施应在防止或救济严重损害或严重损害威胁的必要限度内。协定要求,保障措施实施期限一般不应超过4年。如果需要以保障措施防止损害或救济受损害产业,或有证据证明该产业正在进行调整,则可延长实施期限。保障措施实施的全部期限(包括临时保障措施)不得超过10年。保障措施应不分来源地适用于某项进口产品,不能对不同来源的产品有歧视性待遇。

课堂任务:

> 小组讨论:1.遭遇反补贴案件为什么比遭遇反倾销案件有更大的危害?
> 　　　　　2.试比较保障措施与反倾销、反补贴措施的区别。

3.2.5　关税的征收依据——海关税则

各国征收关税的依据是海关税则。海关税则(Customs Tariff)又称关税税则,是一国对进出口商品计征关税的规章和对进出口应税与免税商品加以系统分类的一览表。海关税则是关税制度的重要内容,是国家关税政策的具体体现。

海关税则一般包括两个部分:一部分是海关课征关税的规章条例及说明;另一部分是关税税率表。其中,关税税率表主要包括税则号列(Tariff No. 或 Heading No. 或 Tariff Item)、商品分类目录(Description of Goods)及税率(Rate of Duty)3部分。商品分类目录将种类繁多的商品或按加工程度或按自然属性、功能和用途等分为不同的种类。随着经济的发展,各国海关税则的商品分类越来越细,这不仅是由于商品日益增多而产生技术上的需要,更主要的是各国开始利用海关税则更有针对性地限制有关商品进口,更有效地进行贸易谈判,将其作为实行贸易歧视的手段。

为了减少各国海关在商品分类上的矛盾,统一税则目录开始出现并不断完善。1950年,有关国家签署了《海关税则商品分类目录公约》,开始使用《海关合作理事会税则商品分类目录》(*Customs Cooperation Council Nomenclature*,CCCN)[原称《布鲁塞尔税则目录》(*Brussels Tariff Nomenclature*,BTN)]。该目录的分类原则是按商品的原料组成为主,结合商品的加工程度、制造阶段和商品的最终用途来划分。它把全部商品共分为21类(Section)、99章(Chapter)、1 015项税目号(Heading No.),前4类(1—24章)为农畜产品,其余17类(25—99章)为工业制成品。

《海关合作理事会税则商品分类目录》在世界各国海关税则中得到了普遍使用。与此同时,出于贸易统计和研究的需要,联合国经社理事会下设的统计委员会于1950年编制并公布了《国际贸易标准分类》(*Standard International Trade Classification*,SITC)。两种商品分类目录在国际上同时并存,虽然制定了相互对照表,但仍给很多工作带来不便。为了更进一步协调和统一这两种国际贸易分类体系,1970年,海关合作理事会决定成立协调制度委员会和各国代表团组成的工作团来研究探讨是否可能建立一个同时能满足海关税则、进出口统计、运输和生产等各部门需要的商品名称和编码的"协调制度"目录。60个国家和20多个国际组织包括关贸总协定、联合国贸易与发展会议、国际标准化组织、国际商会、国际航运协会、国际航空协会和铁路国际运输组织等参加了研究工作。经过10多年的努力,1983年6月,海关合作理事第61/62届会议通过了《协调制度公约》,于1988年1月1日正式实施。《商品名称及编码协调制度》(*The Harmonized Commodity Description and Coding System*,简称H.S.,以下简称《协调制度》),是《协调制度公约》的附件。目前,采用《协调制度》的国家和地区占全球国际贸易总量的98%。

《协调制度》是一部完整、系统、通用、准确的国际贸易商品分类目录,广泛应用于世界各国海关、国际贸易统计、国际运输及生产部门等国际贸易领域。《协调制度公约》建立了协调制度委员会,定期对《协调制度》进行全面的重审和修订。目前《协调制度》已经历了6个版本,分别是1988年、1992年、1996年、2002年、2007年和2012年版本。这种健全的自我完善机制,使得《协调制度》能够不断适应科学技术的发展和贸易格局的改变,维护自身的权威性和科学性。

1992年1月1日,我国海关正式采用《协调制度》,使进出口商品归类工作成为我国海关最早实现与国际接轨的执法项目之一;同年6月23日,我国海关又根据外交部授权,代表中国政府正式签字成为《协调制度公约》的缔约方。

《协调制度》基本上按商品的生产部类、自然属性、成分、用途、加工程度和制造阶段等进行编制,共有21类(Section)、97章(Chapter),其中1—24章为农副产品,25—97章为加工制成品,第77章的金属材料为空缺,是为新型材料的出现而留空的。在章下设有用四位数编码的项目(Heading)1 241个,其中有311个没有细分目录,其余930个项目被分为3 246个一级子目(One-dash Subheading),这些子目中又有796个被进一步分出2 258个二级子目(Two-dash Subheading),因此,在《协调制度》中共有5 019个税目。

《协调制度》的基础目都用六位数字编码。六位数中的前四位数是协调制度的项目号(即税目号),其中,前两位数表示商品所在的章,后两位表示该商品在章中所处的位置。项目以下,第五位数字为一级子目,表示该商品在项目中的位置,第六位数为二级子目,是一级子目的进一步细分。前四位与后两位之间用实点隔开。《协调制度公约》允许缔约国在《协调制度》框架下增设细目,包括第七、八乃至第九、十位数码。例如,我国海关税则在《协调制度》目录六位数编码的基础上,为适应我国关税、统计、贸易管制和满足差别税率的需要,税则号增设了第七、八乃至第九、十位数编码。相对于《协调制度》的六位数编码而言,第七至十位编码就是我们通常所称的"本国子目"。此外,为了使《协调制度》执行起来清楚、明确,《协调制度》有类、章的注释及项目和子目的注释,并在目录之首列有六条归类总规则,作为商品归类的指导。

海关税则中的同一商品,可以采用一种税率征税,也可以采用两种或两种以上税率征税。按照税率表的栏数,可将海关税则分为单式税则和复式税则两类。

单式税则(Single Tariff)又称一栏税则,是指一个税目只有一个税率,即对来自任何国家的商品均以同一税率征税,没有差别待遇。目前只有少数发展中国家如委内瑞拉、巴拿马和冈比亚等仍实行单式税则。

复式税则(Complex Tariff)又称多栏税则,是指同一税目下设有两个或两个以上的税率,即对来自不同国家的进口商品按不同的税率征税,实行差别待遇。其中,普通税率是最高税率;特惠税率是最低税率;在两者之间,还有最惠国税率、协定税率和普惠制税率等。目前大多数国家都采用复式税则,这种税则有二栏、三栏及四栏不等。如美国、加拿大等国实行三栏税则,而欧盟等国实行四栏税则。通常,对同一税目所设置的税率栏次越多,税则的灵活性和区别对待的特性越强,同时,表现出的歧视性也越强。

在单式税则或复式税则中,依据制定税则的权限又可分为自主税则或国定税则和协定税则。前者是指一国立法机构根据关税自主原则单独制定而不受对外签订的贸易条约或协定约束的一种税率。后者则指一国与其他国家或地区通过贸易与关税谈判,以贸易条约或协定的方式确定的关税税率。协定税则是在本国原有的国定税则以外,通过与他国进行关税减让谈判而另行规定的一种税率,因此要比国定税率低。

此外,在单式税则或复式税则中,依据进出口商品流向的不同,还可分为进口货物税则和出口货物税则。

3.2.6　我国海关税则和关税的征收程序

1)我国的关税税则

《中华人民共和国海关法》是我国关税制度的重要法律依据。中国海关是国内的进出关境的监督管理机关。海关依照《中华人民共和国海关法》和相关法律、行政法规,监管进出境的运输工具、货物、行李物品、邮递物品和其他物品,征收关税和其他税、费,查缉走私等。进口货物自进境起到办结海关手续止,出口货物自向海关申报起到出境止,过境、转运和通运货物自进境起到出境止,应接受海关监管。准许进出口的货物,由海关依法征收关税。

国务院根据《中华人民共和国海关法》制定了《中华人民共和国进出口关税条例》,对关税税率的利用,完税价格的审定,税额的缴纳、退补,关税的减免及审批程序,以及申诉程序等做了规定。

《中华人民共和国海关进出口税则》是《中华人民共和国进出口关税条例》的组成部

分,具体规定商品的归类原则、商品的税目、税号、商品描述和适用的相关税率。国务院关税税则委员会负责制定或修订《中华人民共和国进出口关税条例》《中华人民共和国海关进出口税则》的方针、政策、原则,审议税则修订草案,制定暂定税率,审定局部调整税率。

进出境的旅客行李物品和个人邮递物品征免税办法由国务院关税税则委员会另行制定。

《中华人民共和国进出口关税条例》规定,进出口货物,应当按照《中华人民共和国海关进出口税则》规定的归类原则归入合适的税号,并按照适用的税率征税。我国的海关税则是以《协调制度》为基础制定的,全部采用了协调制度的归类总规则、类注、章注和税目、子目。

2)我国的关税税率

根据《中华人民共和国进出口关税条例》第九条,我国进口关税设置最惠国税率、协定税率、特惠税率、普通税率、关税配额税率等。对进口货物在一定期限内可以实行暂定税率。

出口关税设置出口税率。对出口货物在一定期限内可以实行暂定税率。

(1)进口税率的具体适用规定

①对原产于共同适用最惠国待遇条款的世界贸易组织成员的进口货物,以及原产于与我国签订含有相互给予最惠国待遇条款的双边贸易协定的国家或者地区的进口货物,适用最惠国税率。

对原产于与我国签订含有关税优惠条款的区域性贸易协定的国家或者地区的进口货物,适用协定税率。

对原产于与我国签订含有特殊关税优惠条款的贸易协定的国家或者地区的进口货物,适用特惠税率。

对原产于上述条款所列以外国家或者地区的进口货物,以及原产地不明的进口货物,适用普通税率。

②适用最惠国税率的进口货物有暂定税率的,应当适用暂定税率;适用协定税率、特惠税率的进口货物有暂定税率的,应当从低适用税率;适用普通税率的进口货物,不适用暂定税率。

③按照国家规定实行关税配额管理的进口货物,关税配额内的,适用关税配额税率;关税配额外的,其税率的适用按照以上第①、第②点执行。

④按照有关法律、行政法规的规定对进口货物采取反倾销、反补贴、保障措施的,其税率的适用按照《中华人民共和国反倾销条例》《中华人民共和国反补贴条例》和《中华人民共和国保障措施条例》的有关规定执行。

(2)我国已签署的贸易或关税优惠协定

①亚太贸易协定。

《亚太贸易协定》前身为《曼谷协定》。《曼谷协定》签订于1975年,是在联合国亚洲及太平洋经济社会委员会主持下,在发展中国家之间达成的一项优惠贸易安排。2001 年 5 月 23 日,中国正式成为《曼谷协定》成员。协定现有成员国为中国、孟加拉国、印度、老挝、韩国、斯里兰卡和蒙古国。

2005 年 11 月 2 日,在北京举行的《曼谷协定》第一届部长级理事会上,各成员国代表通过新协定文本,决定将《曼谷协定》更名为《亚太贸易协定》,并在各成员国完成国内法律审批程序后,实施第三轮关税减让谈判结果。

自 2006 年 9 月 1 日起,我国已向其他成员国的 1 717 项 8 位税目产品提供优惠关税,平均减让幅度 27%。另外,我国还向最不发达成员国孟加拉国和老挝的 162 项 8 位税目产品提供特别优惠关税,平均减让幅度 77%。同时,根据 2005 年税则计算,我国可享受印度 570 项 6 位税目、韩国 1 367 项 10 位税目、斯里兰卡 427 项 6 位税目和孟加拉国 209 项 8 位税目产品的优惠关税。

②中国-东盟自由贸易协定。

2002 年 11 月 4 日,我国与东盟签署了《中华人民共和国与东南亚国家联盟全面经济合作框架协议》(以下简称《中国-东盟全面经济合作框架协议》)。根据协议的安排,协议项下的"早期收获"的第一批零关税于 2004 年 1 月 1 日启动。2004 年 11 月 29 日在第八次中国-东盟领导人会议上双方最终签署了《中华人民共和国政府与东南亚国家联盟成员国政府全面经济合作框架协议货物贸易协议》(以下简称《货物贸易协议》)和《中华人民共和国政府与东南亚国家联盟成员国政府全面经济合作框架协议争端解决机制协议》(以下简称《争端解决机制协议》)。根据《货物贸易协议》规定,中国与东盟各国将于 2005 年 7 月 1 日起,对 7 445 个税号产品,按照减让表逐步削减和取消关税。至 2010 年,中国与东盟中的 6 国(文莱、印尼、马来西亚、菲律宾、新加坡和泰国)绝大多数货物贸易实现"零关税",达到自由化和便利化,建成自由贸易区。东盟中的其他 4 国(越南、柬埔寨、老挝、缅甸)放宽到 2015 年。

2007 年 1 月,双方又签署了自贸区《中华人民共和国政府与东南亚国家联盟成员国政府全面经济合作框架协议服务贸易协议》(以下简称《服务贸易协议》),已于 2007 年 7 月顺利实施。2009 年 8 月,双方签署了《中华人民共和国政府与东南亚国家联盟成员国政府全面经济合作框架协议投资协议》(以下简称《投资协议》)。中国-东盟自贸区在 2010 年如期建成。

③中国-智利自由贸易协定。

2004 年 11 月 18 日,中智两国领导人宣布启动中智自贸区谈判。2005 年 11 月 18 日,双方签署《中华人民共和国政府和智利共和国政府自由贸易协定》。协定于 2006 年 10 月 1 日起开始实施,并正式启动服务贸易和投资谈判。

根据该协定,占两国税目总数 97% 的产品将于 10 年内分阶段降为零关税。两国还将在经济、中小企业、文化、教育、科技、环保、劳动和社会保障、知识产权、投资促进、矿产、工业等领域进一步开展合作。

2008 年 4 月 13 日,中智双方在海南三亚签署《中华人民共和国政府和智利共和国政府自由贸易协定关于服务贸易的补充协定》(即中智自贸区服务贸易协定)。根据协定,中方的计算机、管理咨询、采矿、环境、体育、空运等 23 个部门和分部门,以及智方的法律、建筑设计、工程、计算机、研发、房地产、广告、管理咨询、采矿、制造业、租赁、分销、教育、环境、旅游、体育、空运等37个部门和分部门将在各自WTO承诺基础上向对方进一步开放。

2019年3月1日,《中华人民共和国政府与智利共和国政府关于修订〈自由贸易协定〉及〈自由贸易协定关于服务贸易的补充协定〉的议定书》正式生效实施。议定书生效后,双方相互实施零关税的产品覆盖率将达到约98%,智方将对中方立即取消纺织服装、家电、蔗糖等产品关税,这将给中国汽车、家电等企业带来极大的优惠。

④中国-巴基斯坦自由贸易协定。

2003年11月中国和巴基斯坦签署优惠贸易安排;2004年10月启动自贸区联合研究;2005年4月签署《中华人民共和国政府与巴基斯坦伊斯兰共和国政府关于自由贸易协定早期收获计划的协议》;2006年11月,中国与巴基斯坦签署了《中华人民共和国政府和巴基斯坦伊斯兰共和国政府自由贸易协定》(以下简称《中巴自贸协定》),并宣布启动服务贸易协定谈判。

根据《中巴自贸协定》,中巴两国于2007年7月1日起对全部货物产品分两个阶段实施降税。第一阶段在《中巴自贸协定》生效后5年内,双方对占各自税目总数85%的产品按照不同的降税幅度实施降税。其中,约36%的产品关税将在3年内降至零。中方降税产品主要包括畜产品、水产品、蔬菜、矿产品、纺织品等,包括根据《中华人民共和国政府与巴基斯坦伊斯兰共和国政府关于自由贸易协定早期收获计划的协议》对巴基斯坦协定税率或2006年最惠国税率均不超过5.5%的产品。巴方对应降税的产品主要包括牛羊肉、化工产品、机电产品等。其余约49%的降税产品将在5年内完成不同幅度的关税减让:税率降至5%,或削减50%、20%的关税。第二阶段从《中巴自贸协定》生效第六年开始,双方将在对以往情况进行审评的基础上,对各自产品进一步实施降税。目标是在不太长的时间内,在照顾双方各自关注的基础上,使各自零关税产品占税号和贸易量的比例均达到90%。

2008年10月双方签署自贸协定补充议定书,以促进投资合作。此后,两国按照全面均衡、互利共赢的谈判原则,历经两年共五轮谈判,于2008年12月就服务贸易协定内容和服务部门开放具体承诺表达成一致,圆满结束谈判。2009年2月21日,两国政府签署了《中华人民共和国政府与巴基斯坦伊斯兰共和国政府自由贸易区服务贸易协定》。

⑤中国-新西兰自由贸易协定。

2008年4月7日,《中华人民共和国政府和新西兰政府自由贸易协定》(以下简称《中新自贸协定》)在两国总理的见证下正式签署。这是中国与发达国家签署的第一个自由贸易协定,也是中国与其他国家签署的第一个涵盖货物贸易、服务贸易、投资等多个领域的自由贸易协定。《中新自贸协定》已于2008年10月1日开始生效。

《中新自贸协定》是中新两国在WTO基础上,相互进一步开放市场、深化合作的重要法律文件。《中新自贸协定》共214条,分为18章,即:初始条款、总定义、货物贸易、原产地规则及操作程序、海关程序与合作、贸易救济、卫生与植物卫生措施、技术性贸易壁垒、服务贸易、自然人移动、投资、知识产权、透明度、合作、管理与机制条款、争端解决、例外、最后条款。

根据《中新自贸协定》规定,新西兰将在 2016 年 1 月 1 日前取消全部自华进口产品关税,其中 63.6% 的产品从《中新自贸协定》生效时起即实现零关税;中国将在 2019 年 1 月 1 日前取消 97.2% 自新西兰进口产品关税,其中 24.3% 的产品从《中新自贸协定》生效时起即实现零关税。

⑥中国-新加坡自由贸易协定。

中国-新加坡自由贸易区谈判启动于 2006 年 8 月,经过 8 轮艰苦而坦诚的磋商,双方于 2008 年 9 月圆满结束谈判。2008 年 10 月 23 日,中新两国政府代表在北京人民大会堂签署了《中华人民共和国政府和新加坡共和国政府自由贸易协定》(以下简称《中国-新加坡自由贸易协定》)。同时,双方还签署了《中华人民共和国政府和新加坡共和国政府关于双边劳务合作的谅解备忘录》。

《中国-新加坡自由贸易协定》涵盖了货物贸易、服务贸易、人员流动、海关程序等诸多领域,是一份内容全面的自由贸易协定。双方在中国—东盟自贸区的基础上,进一步加快了贸易自由化进程,拓展了双边自由贸易关系与经贸合作的深度与广度。根据《中国-新加坡自由贸易协定》,新方承诺将在 2009 年 1 月 1 日取消全部自华进口产品关税;中方承诺将在 2010 年 1 月 1 日前对 97.1% 自新加坡进口产品实现零关税。双方还在医疗、教育、会计等服务贸易领域做出了高于 WTO 的承诺。

⑦中国-秘鲁自由贸易协定。

中秘自贸协定谈判于 2007 年 9 月启动。经过八轮谈判和一次工作组会议,2008 年 11 月 19 日,中国-秘鲁自贸协定谈判成功结束。2009 年 4 月 28 日,两国政府代表在北京人民大会堂签署了《中华人民共和国政府和秘鲁共和国政府自由贸易协定》(以下简称《中秘自贸协定》)。《中秘自贸协定》是我国与拉美国家签署的第一个一揽子自贸协定,于 2010 年 3 月 1 日起实施。

《中秘自贸协定》覆盖领域广、开放水平高。在货物贸易方面,中秘双方将对各自90% 以上的产品分阶段实施零关税,中国轻工、电子、家电、机械、汽车、化工、蔬菜、水果等众多产品和秘鲁的鱼粉、矿产品、水果、鱼类等产品都将从降税安排中获益。在服务贸易方面,双方将在各自对世界贸易组织承诺的基础上,相互进一步开放服务部门。秘鲁将在包括研发、租赁、技术测试和分析、农业、采矿、快递、导游等 90 个部门进一步对中国开放,我国将在采矿、管理咨询、研发、翻译和口译、体育、旅游等 16 个部门进一步对秘鲁开放。在投资方面,双方将相互给予对方投资者及其投资以准入后国民待遇、最惠国待遇和公平公正待遇,鼓励双边投资并为其提供便利等。与此同时,双方还在知识产权、贸易救济、原产地规则、海关程序、技术性贸易壁垒、卫生和植物卫生措施等众多领域达成广泛共识。

⑧中国-哥斯达黎加自由贸易协定。

2010 年 4 月 8 日,中哥两国政府代表签署了《中华人民共和国政府和哥斯达黎加共和国政府自由贸易协定》(以下简称《中哥自贸协定》)。《中哥自贸协定》是中国与中美洲国家签署的第一个一揽子自贸协定,于 2011 年 8 月 1 日起正式生效。

《中哥自贸协定》覆盖领域全面、开放水平较高。在货物贸易方面,双方 60% 以上的产品自协定生效立即享受零关税待遇,另外 30% 左右的产品将在 5～15 年内逐步享受零关税待遇。中国的纺织原料及制品、轻工、机械、电器设备、蔬菜、水果、汽车、化工、生毛皮及皮革等产品和哥斯达黎加的咖啡、牛肉、猪肉、菠萝汁、冷冻橙汁、果酱、鱼粉、矿产品、生皮等产品将从降税安排中获益。在服务贸易领域,在各自对世界贸易组织承诺的基础上,哥斯达黎加将在电信服务、商业服务、建筑、房地产、分销、教育、环境、计算机和旅游服务等45个部门或分部门进一步对中国开放,中国则在计算机服务、房地产、市场调研、翻译和口译、体育等7个部门或分部门对哥斯达黎加进一步开放。与此同时,双方还在原产地规则、海关程序、技术性贸易壁垒、卫生和植物卫生措施、贸易救济、知识产权、合作等众多领域达成广泛共识。

⑨内地与香港、澳门关于建立更紧密经贸关系的安排。

《内地与香港关于建立更紧密经贸关系的安排》(Closer Economic Partnership Arrangement,CEPA)及其附件分别于2003年6月29日和9月29日由中央政府和香港特别行政区政府在香港签署;《内地与澳门关于建立更紧密经贸关系的安排》于2003年10月17日由中央政府和澳门特别行政区政府在澳门签署。此后,内地与香港和澳门特区政府分别签署了7个补充协议和5个补充协议。CEPA是"一国两制"的成功实践,是内地与港澳制度性合作的新路径,是我国主体与香港、澳门单独关税区之间签署的自由贸易协议。

CEPA内容丰富,领域广泛,其主要内容包括3个方面:一是两地实现货物贸易零关税;二是扩大服务贸易市场准入;三是实行贸易投资便利化。在货物贸易领域,内地分两批(2004年起和2006年起)对原产于中国香港的已完成原产地标准核准的产品实施零关税;对原产于中国澳门的已完成原产地标准核准的产品实施零关税。

⑩海峡两岸经济合作框架协议。

《海峡两岸经济合作框架协议》(Economic Cooperation Framework Agreement,ECFA)最早缘起于2005年4月,明确提出:"促进海峡两岸经济全面交流,建立海峡两岸经济合作机制。"

2010年6月29日,海峡两岸关系协会和财团法人海峡交流基金会领导人第五次会谈在重庆举行,海峡两岸关系协会会长陈云林和财团法人海峡交流基金会董事长江丙坤分别在《海峡两岸经济合作框架协议》和《海峡两岸知识产权保护合作协议》上签字,然后互换文本。

2010年9月11日,海峡两岸关系协会和财团法人海峡交流基金会完成换文程序,同意《海峡两岸经济合作框架协议》和《海峡两岸知识产权保护合作协议》于2010年9月12日实施。框架协议是开放、渐进的经济合作协议。框架协议规定,两岸将在框架协议生效后继续商签货物贸易、服务贸易、投资等多个单项协议,逐步推进两岸间的进一步开放,最大限度实现两岸经济优势互补,互利双赢。

在货物贸易方面,为加速实现《海峡两岸经济合作框架协议》目标,海峡两岸同意对《海峡两岸经济合作框架协议·附件一》所列产品实施早期收获计划。早期收获计划自2011年1月1日全面实施。

⑪中国-冰岛自由贸易协定。

2013年4月15日,中冰两国政府代表在北京签署了《中华人民共和国政府和冰岛政府自由贸易协定》。该协定是我国与欧洲国家签署的第一个自由贸易协定,涵盖货物贸易、服务贸易、投资等诸多领域。

根据自贸协定规定，冰岛自协定生效之日起，对从中国进口的所有工业品和水产品实施零关税，这些产品占中国向冰岛出口总额的99.77%；与此同时，中国对从冰岛进口的7 830个税号产品实施零关税，这些产品占中国自冰岛进口总额的81.56%，其中包括冰岛盛产的水产品。中冰自贸区建成后，双方最终实现零关税的产品，按税目数衡量均接近96%，按贸易量衡量均接近100%。

此外，双方还就服务贸易做出了高于WTO的承诺，并对投资、自然人移动、卫生与植物卫生措施、技术性贸易壁垒、原产地规则、海关程序、竞争政策、知识产权等问题做出了具体规定。

⑫中国-瑞士自由贸易协定。

中瑞自贸协定于2011年1月正式启动。2013年5月24日，两国政府签署了《关于结束中国—瑞士自由贸易协定谈判的谅解备忘录》。2013年7月6日，《中华人民共和国政府和瑞士联邦政府自由贸易协定》正式签署。该协定是我国与欧洲大陆国家签署的第一个一揽子自贸协定。协定正文共16章，包括序言、总则、货物贸易、原产地规则与操作程序、海关程序与贸易便利化、贸易救济、技术性贸易壁垒、卫生与植物卫生措施、服务贸易、投资促进、竞争政策、知识产权保护、环境问题、经济技术合作、机制条款、争端解决和最后条款。此外，协定还包括货物贸易关税减让表、产品特定原产地规则、原产地证书、纺织品标签、服务贸易具体承诺表等11个附件。

依照协定的规定，瑞方将对中方99.7%的出口立即实施零关税，中方将对瑞方84.2%的出口最终实施零关税。如果加上部分降税的产品，瑞士参与降税的产品比例是99.99%，中方是96.5%。工业品方面，瑞方对中方降税较大的产品有纺织品、服装、鞋帽、汽车零部件和金属制品等。这些都是中方的主要出口利益产品，瑞方均承诺自协定生效之日起立即实施零关税。在农产品方面，除了一般农产品外，瑞方还对中方有出口利益的23项加工农产品在取消工业成分关税的同时，将农业成分的关税削减40%。上述23项加工农产品几乎涵盖了中国对瑞士有出口利益的所有加工农产品，包括口香糖、甜食、糕点等，平均降税幅度高达71%，使中国农产品在瑞士市场获得优于其他国家的准入条件。

3) 关税的征收程序

进出口货物的通关，一般来说，可分为以下基本环节，即：申报—查验—征税—放行—结关。

(1) 申报

申报是指进口货物的收货人、出口货物的发货人或者他们的代理人在进出口货物时，在海关规定的期限内，以书面或者电子数据交换(EDI)方式向海关报告其进出口货物的情况，并随附有关货运和商业单证，申请海关审查放行，并对所报告内容的真实准确性承担法律责任的行为。

进出口企业向海关申报时必须提供发票、装箱单、提运单、报关单、出口收汇核销单(出口)、进出口批文、减免税证明及加工贸易备案手册等单证。

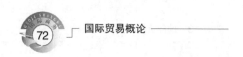

（2）查验

查验是指海关在接受报告单位的申报后,依法为确定进出境货物的性质、原产地、货物状况、数量和价值是否与货物申报单上已填报的详细内容相符,对货物进行实际检查的行政执法行为。海关查验进出口货物时,报关员必须在场,并按照海关的要求负责搬移货物、开拆和重封货物的包装等。

（3）征税

征税是指海关根据国家的有关政策、法规对进出口货物征收关税及进口环节的税费。

（4）放行

放行是指海关在接受进出口货物的申报,经过审核报关单据、查验货物、依法征收税款,对进出口货物做出结束海关现场监管决定的工作程序。

（5）结关

结关是指对经口岸放行后仍需继续实施后续管理的货物,海关在规定的期限内进行核查,对需要补证、补税货物做出处理直至完全结束海关监管的工作程序。

2022 年关税
调整方案

学习任务3　掌握各种限制进口的非关税措施

3.3.1　非关税措施的含义

非关税措施(Non-Tariff Measures,NTMs)是以非关税方式实施的,能够对商品和服务的国际流动具有一定限制作用的管理措施。非关税措施是相对于关税而言的,其措施包括各种国家法律、法令、行政性措施。

非关税壁垒(Non-Tariff Barriers,NTBs)则是非关税措施中产生不合理的贸易扭曲效果的措施。

世界贸易组织和它的前身关贸总协定经过多年的多方会谈,使世界各国的关税税率显著下降。主要发达工业国家工业制成品的加权平均关税税率已从 20 世纪中期的 40%下降到目前的 5% 以下。发展中国家的关税也出现了明显的下降。

面对日益激烈的外部竞争环境,在关税普遍下降的同时,许多国家尤其是一些发达国家为了维护部分利益集团的经济利益,以各种名义实施了新的贸易保护措施,以逃避世界贸易组织的制度约束。这些新的贸易保护措施多以关税以外的办法,对本国的对外贸易活动进行管理和控制。对外国产品和服务在本国市场的竞争具有歧视性效果的法律、法规、政策和实施办法均属于非关税壁垒。

3.3.2　非关税壁垒的特点

非关税壁垒相对于关税壁垒而言具有多方面的特点,表现在以下几个方面。

(1)非关税壁垒具有较大的灵活性和针对性

一方面,关税税率的制定往往需要一个立法程序,一旦以法律的形式确定下来,便具有相对的稳定性;另一方面,在需要紧急限制进口时又往往难以及时调节,且受到最惠国待遇条款的约束,进口国往往难以做到有针对性的调整。非关税壁垒的制定和实施,则通常采用行政手段,能随时对某种商品采取相应的措施,较快地达到限制进口的目的,因而具有较强的灵活性和针对性。

(2)非关税壁垒更易达到限制进口的目的

关税措施是通过征收高额关税,提高进口商品的成本来削弱其竞争力。若出口国政府对出口商品予以出口补贴或采取倾销的措施销售,则关税措施难以达到预期效果。非关税壁垒如进口配额等事先控制进口的数量和金额,直接把超额的商品拒之门外,限制进口效果明显。再如技术性贸易壁垒的实施是先制定技术和环境标准、法规、企业内部的生产环境条件等,然后根据这些标准、规定和法规对进口产品进行检查,由于检验标准之高、检验指标之多、检验程序之烦琐和认证制度之严格,进口产品就会由于技术、环保等因素而无法进入该目标市场或被迫退出该目标市场。

(3)非关税壁垒更具有隐蔽性和歧视性

按照 WTO 关于关税透明性原则的要求,关税的税率必须公开透明,便于查阅,任何国家的出口商都可以了解,但一些非关税壁垒措施往往并不公开,而且经常变化,使外国出口商难以应对和适应。因而非关税壁垒比关税壁垒更具有隐蔽性。尤其是新型的非关税壁垒,其合理性的一面很容易把人们的视线从贸易保护转移出去。

关税的最惠国待遇原则是 WTO 的主要原则之一,歧视性的国别关税不仅不符合世界贸易组织的基本原则,而且容易导致别国报复。而非关税壁垒通过设定限制特定商品和制定特殊技术标准,往往更能有针对性地向某些国家实施,比关税壁垒更具有歧视性。

3.3.3　非关税壁垒的主要种类

按照非关税壁垒的影响方式,非关税壁垒可以分为直接和间接两大类。直接的非关税壁垒是指明显用于限制和影响贸易的措施,如由进口国直接对进口商品的数量或金额加以限制,或迫使出口国直接限制商品的出口,这类措施有进口配额制、进口许可证制和"自愿"出口限制等。间接的非关税壁垒是指那些表面上是为了达到其他政策目标而又实际对进出口贸易的模式和商品的流动产生影响的措施,如海关估价、原产地标记、安全健康和环境法规等。

按照非关税壁垒产生和广泛运用的年代,非关税壁垒则可以分为传统的和新型的两大类。超保护贸易主义盛行时期,各国在提高关税的同时,开始使用限制数量形式的非关税壁垒;20世纪70年代新贸易保护主义兴起,由于受关税与贸易总协定的约束,关税不能随意提高,于是各国纷纷采用非关税壁垒来限制进口。这两个时期实施的非关税壁垒被称为传统的非关税壁垒。20世纪90年代以来,在世界贸易组织不懈地努力下,传统的非关税壁垒因被约束逐渐弱化并逐步取消,如配额、进口许可证、专断的海关估价等已大为减少,与此同时,非关税壁垒领域呈现了新的发展趋势,一些披着合理外衣的、以技术性贸易壁垒为核心的新型非关税壁垒日趋增多。新型的非关税壁垒已成为当今国际贸易的主要障碍。

1)传统的非关税壁垒

(1)进口配额制(Import Quotas System)

进口配额又称进口限额,是一国政府在一定时期内对某种商品的进口数量或金额加以直接限制。在规定的期限内,限额以内的商品可以进口,超过限额就不准进口,或征收较高的关税或罚款后才能进口。

进口配额主要有两种:绝对配额和关税配额。

①绝对配额(Absolute Quotas):是指在一定的时期内,对某种商品的进口数量或金额规定一个最高额,达到这个数额后,不准进口。在实施中又分为全球配额和国别配额两种形式。

A. 全球配额(Global Quotas),这是属于全球范围内的绝对配额,即对于来自任何国家和地区的商品一律适用。进口国主管当局通常按进口商申请先后或过去某一时期的实际进口额批给一定的额度,直至总配额使用完为止,超过总配额就不准进口。

B. 国别配额(Country Quotas),是在总配额内按国别或地区分配给固定的配额,达到这个数额后便不准进口。实行国别配额可以使进口国根据它与有关国家或地区的政治经济关系分配给不同的额度。进口商必须提交原产地证书以区分来自不同的国家或地区的商品。

国别配额又可以分为自主配额和协议配额。自主配额又称单方面配额,是由进口国完全自主地、单方面强制规定一定时期内从某个国家或地区进口某种商品的配额。协议配额又称双边配额,是由进口国家和出口国家政府或民间团体之间协商确定的配额。

②关税配额(Tariff Quotas):是指对进口商品的绝对数量和金额不加限制,在规定的时期内,对关税配额以内的进口商品,给予低税或减免税待遇,超过配额的进口商品则征收较高的关税、附加税或罚款。

关税配额按商品进口的来源,可分为全球性关税配额和国别关税配额。按征收关税的差别,可分为优惠性关税配额和非优惠性关税配额。优惠性关税配额是对配额内的进口商品给予较大幅度的关税减让,甚至免税,而对于超过配额的进口商品则征收原来的最惠国税率。非优惠性关税配额是在配额内征收原来的进口税,但对于超过配额的进口商品,则征收极高的关税或者罚款。

为了加强绝对进口配额的作用,一些国家往往对配额商品制订得很细,比如按不同的商品规格、价格水平、原料来源和进口商等规定不同的配额。

1995年WTO成立以后,进口配额的使用受到诸多多边协议的规范。各国进口配额的发放也必须贯彻公开、透明和非歧视的原则。

(2)"自愿"出口配额制(Voluntary Restriction of Export)

"自愿"出口配额制是出口国在进口国的要求或压力下,"自愿"规定在某一时期内某种商品对该国的出口配额,在限定的配额内自行控制出口,超过配额即禁止出口。

"自愿"出口限制往往是出口国在面临进口国采取报复性贸易措施的威胁时被迫做出的一种选择。它实际上是进口配额制的变种,所不同的是,出口配额是由出口国控制的。

"自愿"出口配额制一般有两种形式。

①非协定的"自愿"出口配额。即不受国际协定的约束,而是出口国迫于进口国的压力,单方面规定出口配额,限制商品出口。这种配额有的是由政府有关机构规定配额,出口商必须向有关机构申请配额,领取出口授权书或出口许可证才能出口;有的是由本国大的出口厂商或协会"自愿"控制出口,以控制恶性竞争。

②协定的"自愿"出口配额。即双方通过谈判签订"自限协定"或有秩序的销售安排。在协定中规定有效期内的某些商品的出口配额,出口国应根据此配额实行出口许可证或出口配额签证制,自行限制这些商品的出口。进口国则根据海关统计进行检查,"自愿"出口配额大多数属于这一种。

 知识拓展:日美汽车贸易中的"自愿出口配额"

"自愿出口配额"最早、最著名的例子是日本对出口美国的汽车的限制。日本汽车自20世纪60年代开始进入美国市场,到20世纪80年代初,对美国汽车产业造成了严重的冲击。1979—1980年美国汽车业失业率的上升和利润的下降,使福特汽车公司和美国汽车工人联合工会(United Automobile Workers,UAW)向美国国际贸易委员会申请使用201条款的保护。几位来自美国中西部各州的参议员提出了一个把1981年、1982年、1983年出口到美国的日本汽车总数限制在160万辆的议案。这个议案原定在1981年5月12日的参议院金融委员会上进行讨论和修改。但日本政府在知道这一消息后主动于5月1日宣布它会"自愿"限制日本汽车在美国市场上的销售。1981年4月至1982年3月,限制总额为183万辆,包括出口到美国的168万辆小汽车和8.25万辆公共交通工具及出口到波多黎各的7万辆其他交通工具。在1984年3月之前,这个限额一直保持不变,后来开始逐步增加,1984年配额升至202万辆,1985年又升至每年251万辆,1992年3月限额开始下降。

最初几年里,自愿限制总额几乎都用完。在1987年前,自愿限制对日本的汽车出口一直是有约束力的。1987年之后,日本公司开始在美国境内生产汽车,美国从日本的进口自然下降,实际进口逐渐低于限制总额。到1994年3月,美国对日本汽车的进口限制就取消了。

有意思的是,1981年,在实行限制后的第一年,销往美国的日本汽车的单位价值上升了20%,而1982年在前一年的基础上又上升了10%。当然,价格的上升可能反映的是一般性价格水平的上升,也可能反映了日本销美汽车质量的提高。

美国加州大学的罗伯特·芬斯阙教授于1988年建立了一个质量选择的理论模型,并利用日本出口到美国的不同车型价格数据,就自愿出口限制协议对日本输美汽车质量的影响进行了实证研究。通过比较自愿出口限制协议生效前后的变化,他发现:日本公司改变了在美国市场所销售汽车的特性,转向了更高质量和价格的车型,也就是说,伴随自愿出口限制协议而来的日本汽车进口价格的上涨,部分原因是进口车型的质量提高。在考虑了日本进口车质量提高因素的基础上,他计算出在1983年和1984年的自愿出口配额水平下,每进口一辆日本产小汽车,美国实际支付的福利成本超过1 000美元。

 思考:

1. "自愿"出口配额制与进口配额制的区别。
2. 绝对配额与关税配额有何区别?
3. 全球配额与国别配额有何区别?

(3)进口许可证制(Import License System)

进口许可证制是一国规定某些商品的进口必须申领许可证,没有许可证海关不予进口的制度,是国际贸易中一项应用较为广泛的非关税措施。

从进口许可证与进口配额的关系上看,进口许可证可以分为两种:一种是有定额的进口许可证,进口国管理机构预先规定一定的配额,然后根据进口商的申请发放;另一种是无定额的进口许可证,即进口许可证的发放不与配额结合,进口国在个别考虑的基础上,决定对某种商品的进口发给许可证。由于这种个别考虑没有公开的标准,因此能起到更大的限制进口的作用。

从进口商品的许可程度上看,进口许可证可以分为一般许可证和特种许可证两种。前者又称公开一般许可证,凡是列明属于公开一般许可证的商品,进口商只要填写了许可证,有关当局即批准和发给进口许可证。各国政府通过一般许可证管理,可以不用耗费很多人力财力就能得到进口统计数字和其他必要的信息。特种进口许可证是由政府有关机构对进口商品进行严格的监督和控制,只对允许进口的商品数量发给许可证。在GATT乌拉圭回合谈判中,以上两种许可证又被称为自动许可证和非自动许可证。

WTO要求,如果有关成员国因特殊情况要采用进口许可证制,也要使用公开一般许可证,并且发放程序要透明。

(4)外汇管制(Foreign Exchange Control)

外汇管制是一国政府为了平衡国际收支和维持本国货币汇率的稳定,通过法令对国际结算和外汇买卖等直接加以限制所实行的一种制度。

在外汇管制下,进口商必须向外汇管制机构指定的银行购买外汇,本国货币出入国境的携带也受到严格的限制。政府通过控制外汇的供应数量来掌握进口商品的种类、数量和来源国别,从而起到限制进口的作用。外汇管制的方式较为复杂,一般可以分为以下几种。

①数量性外汇管制:是指国家外汇管理机构对外汇买卖的数量直接进行限制和分配。一些国家实行数量性外汇管制时,往往与进口许可证相结合。

②成本性外汇管制:是指国家外汇管理机构对外汇买卖实行复汇率制,利用外汇买卖成本的差异,间接影响不同商品的出口。实行外汇管制的国家对于国内需要而又供应不足或不生产的重要原料、机器设备和生活必需品,用较为优惠的汇率;对于国内可大量供应和非重要的原料和机器设备用一般的汇率;对于奢侈品和非必需品使用最不利的汇率。

③混合性外汇管制:是指同时使用数量性和成本性的外汇管制,对外汇实行更为严格的控制,以控制商品的进出口。

第二次世界大战后,由于外汇储备短缺,国际收支长期失衡,许多国家实行外汇管制政策。20世纪50年代以后,随着资本主义国家经济的恢复和发展,国际收支状况改善,大多数发达国家逐步放宽了外汇管制,最后实现了货币的自由兑换。20世纪90年代以来,一些发展中国家也逐渐放宽了外汇管制。

(5)最低进口限价(Minimum Import Price)

最低进口限价即指一国政府规定某种进口商品的最低价格,若进口商品低于最低价,则禁止进口或征收进口附加税。例如,1985年智利对绸坯布进口规定每千克的最低限价为52美元,低于此限价,将征收进口附加税。

(6)进口押金制(Import Advanced Deposit System)

进口押金制又称进口存款制,进口商若要进口商品,要预先按照进口金额的一定比例,在规定时间内到指定银行无息存入一笔现金,以增加进口商的资金负担,达到限制进口的目的。例如,第二次世界大战后,意大利政府曾规定某些商品不管从哪个国家进口,必须先向中央银行缴纳相当于进口值半数的现款押金,并无息冻结6个月。

(7)歧视性政府采购政策(Discriminatory Government Procurement Policy)

歧视性政府采购政策是指国家制定法令,规定政府机构在采购公共物品时要优先购买本国产品的做法。这是对不同国家的产品采取差别待遇,从而构成对特定国家产品的歧视。许多国家都有这种制度,如英国限定通信设备和电子计算机要向本国公司采购。

鉴于歧视性政府采购对贸易有一定的阻碍,世界贸易组织通过谈判制定了《政府采购协定》。这是一个诸边贸易协定,只有签署了该协定的成员方受协定规则的约束。协定规定,协定的签署方必须保持政府采购的透明度,并给其他成员在参与政府采购方面同等的待遇。但在实践中,一些WTO成员往往以不太透明的采购程序阻碍外国产品公平地参与采购。

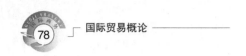

（8）歧视性的国内税（Discriminatory Internal Taxes）

国内税是指在一国境内,对生产、销售、使用或消费的商品所应支付的捐税。歧视性国内税是指对进口产品征收高于国内产品的税费,构成对进口产品的不公平限制,与WTO 的国民待遇原则相违背。但是由于国内税的制定和执行通常不受贸易条约和多边协定的限制,而且有些国家地方政府也有设税的权限,因此更能起到限制进口的目的。例如,美国和日本进口酒精饮料的消费税都高于本国同类产品。

（9）专断的海关估价（Arbitrary Measures for Customs Valuation）

海关估价是指海关按照规定对申报进口的商品价格进行审核,以确定或估计其完税价格。有些国家为了限制进口,对进口货物采取任意武断的估价,成为非关税壁垒的一种形式。

用专断的海关估价来限制商品的进口,以过去的美国最为突出。美国海关按照进口商品的外国价格(进口货在出口国国内销售市场的批发价)或出口价格(进口货在来源国市场供出口用的售价)两者之中较高的一种进行征税。这实际上提高了缴纳关税的税额。另外,为防止外国商品与美国同类产品竞争,美国海关当局对煤焦油产品、胶底鞋类、蛤肉罐头、毛手套等商品,依"美国售价制"（American Selling Price System）这种特殊估价标准进行征税。这四种商品都是国内售价很高的商品,按照这种标准征税,使这些商品的进口税率大幅度地提高。例如,某种煤焦油产品的进口税率为从价20%,它的进口价格为每磅0.50 美元,应缴进口税每磅0.10 美元。而这种商品的"美国售价"每磅为1.00 美元,按同样税率,每磅应缴进口税为0.20 美元,其结果是实际的进口税率不是20%,而是40%,即增加了一倍。这就有效地限制了外国货的进口。

"美国售价制"引起了其他国家的强烈反对,直到"东京回合"签订了《海关估价守则》后,美国才不得不废除这种制度。

（10）通关环节壁垒

通关环节壁垒是指进口国有关当局在进口商办理通关手续时,要求提供非常复杂或难以获得的资料,甚至商业秘密资料,从而增加进口产品的成本,影响其顺利进入进口国市场;或者通关程序耗时冗长,使应季的进口产品(如应季服装、农产品等)失去贸易机会;或者对进口产品征收不合理的海关税费等。

2）新型的非关税壁垒

（1）技术性贸易壁垒（Technical Barriers to Trade，TBT）

技术性贸易壁垒,是指一国以维护国家安全,保护人类、动植物生命和健康,保护生态环境,保证产品质量等为目的,通过颁布法律、法令、条例、规定等,所采取的强制性或非强制性的技术法规、技术标准与合格评定程序所形成的贸易障碍。

世界贸易组织《技术性贸易壁垒协定》（以下简称《TBT 协定》）规定,WTO 成员有权制定和实施旨在保护国家或地区安全利益,保障人类、动物或植物的生命或健康,保护环境,防止欺诈行为,保证出口产品质量等的技术法规、标准以及确定产品是否符合这些技术法规和标准的合格评定程序。上述措施总称为 TBT 措施,具体可分为三类,即技术法规、技术标准和合格评定程序。

技术法规是指规定强制执行的产品特性或其相关工艺和生产方法(包括适用的管理规定)的文件,以及规定适用于产品、工艺或生产方法的专门术语、符号、包装、标志或标签要求的文件。这些文件可以是国家法律、法规、规章,也可以是其他的规范性文件,以及经政府授权由非政府组织制定的技术规范、指南、准则等。技术法规具有强制性特征,即只有满足技术法规要求的产品方能销售或进出口。

技术标准是指经公认机构批准的、非强制执行的、供通用或重复使用的产品或相关工艺和生产方法的规则、指南或特性的文件。该文件还可包括专门适用于产品、工艺或生产方法的专门术语、符号、包装、标志或标签要求。按照《TBT 协定》的规定,标准是自愿性的。但实践中有些国家将标准分为强制标准和推荐标准两种,其强制标准具有技术法规的性质。

合格评定程序是指任何直接或间接用以确定是否满足技术法规或标准中相关要求的程序。《TBT 协定》规定的合格评定程序包括:抽样、检测和检验程序;符合性评估、验证和合格保证程序;注册、认可和批准以及它们的组合。

《TBT 协定》要求 WTO 各成员在制定和实施技术法规、标准和合格评定程序等 TBT 措施时必须遵循以下原则:避免对贸易造成不必要障碍的原则(对贸易影响最小原则)、非歧视性原则(最惠国待遇原则和国民待遇原则)、与国际标准协调一致原则、技术法规等效性原则、合格评定程序的相互认可原则和透明度原则等。凡是违反《TBT 协定》有关原则所制定和实施的技术法规、标准和合格评定程序均构成技术性贸易壁垒。

在实践中,不少国家尤其是发达国家并未严格遵守上述原则,有意识地把技术性贸易壁垒作为贸易保护主义的措施,对进口商品实施各种严格、繁杂、苛刻的技术法规、技术标准以及合格评定程序,从而提高产品技术要求,增加进口难度,或者使出口商增加商品成本,最终达到限制外国商品进口的目的。技术性贸易壁垒是当今世界应用最广、发展最快、影响最大的非关税壁垒。这些国家的做法大体主要有以下几个方面。

①制定实施严苛、复杂的技术法规和标准。例如,欧盟各国由于经济、技术实力普遍较高,因而各国的技术标准水平较高,法规较严,尤其是对产品的环境标准要求,让一般发展中国家的产品望尘莫及。以欧盟进口的肉类食品为例,不但要求检验农药的残留量,还要求检验出口国生产厂家的卫生条件;此外,欧盟理事会 92-5EEC 指令还对工作间温度、肉制品配方及容器、包装等做出了严格的规定。

日本《食品卫生法》对食品加工、制造、使用、调理、保存标准以及添加剂、包装容器、标签标准等做了详尽规定。

美国是世界上食品标签法规最为完备、严谨的国家。美国食品和药物管理局要求大部分的食品必须标明至少 14 种营养成分的含量,仅仅是在这一领域处领先地位的美国制造商就为此每年要多支出 10.5 亿美元,由此可以想象其他落后国家的出口商的成本压力了,尤其是对没有条件进行食品成分分析的国家而言,这无疑就是禁止进口的措施。

②充分利用各国技术标准、法规的差异性设置障碍。例如日本的法规和标准中只有极少数是与国际标准一致的,当外国产品进入日本市场时,不仅要求符合国际标准,还要

求与日本的标准相吻合。如化妆品,要与日本的化妆品成分标准、添加剂标准和药理标准的要求一致。只要有其中一项指标不合格,日方就可以以质量不达标为由拒之门外。

③有些标准经过精心设计和研究,是专门针对进口国家或商品而制定的,可以专门用来对某些国家的产品形成技术壁垒。美国为了阻止墨西哥的土豆输入,对土豆的标准规定有成熟性、个头大小等指标,这就给墨西哥种植的土豆销往美国造成了困难。

④设置严苛、复杂的合格评定程序。目前各国在产品检疫和检验方面的规定越来越严,对要求检疫和检验的商品也越来越多。例如日本对中国大米的农药残留量,从原来的 65 项检测指标增加到 104 项;欧盟对中国茶叶的检测指标从原来的 72 项增加到现在的 134 项。还有一些国家在抽样、检测和检验等具体程序中,无故拖延时间,对进口产品构成不合理的限制。

⑤绿色贸易壁垒名目激增。绿色贸易壁垒是指以保护环境、保护生态平衡和节约能源等为由的限制或阻碍国际贸易的技术性措施。绿色贸易壁垒所涉及的内容非常广泛,从对环境产生影响的角度出发,其内容可以从商品的生产、加工方法、包装材料、销售方式、消费方式甚至商品废弃后的处理方式等诸多方面加以限制。

当前绿色贸易壁垒主要有以下几种形式。

A. 苛刻的绿色标准。发达国家在保护环境的名义下,通过立法手段,制定严格的强制性技术标准。这些标准都是根据发达国家生产和技术水平制定的,发展中国家是很难达到的,势必导致发展中国家产品被排斥在发达国家市场之外。其中比较典型的是 ISO 14000 环境管理系列标准,这是国际标准化组织(ISO)发布的序列号为 14000 的一系列用于规范各类组织的环境管理的标准。虽然 ISO 14000 通过国际协调,在一定程度上消除了由于环保而造成的贸易冲突,协调了环境与贸易的关系,但是,出于经济、技术信息等方面的原因,发展中国家实施 ISO 14000 的速度以及规模滞后,这将影响到发展中国家产品的市场准入和竞争力。

B. 绿色包装要求。绿色包装制度要求节约资源,减少废弃物,用后易于回收再用或者再生,易于自然分解。这些"绿色包装"法规,虽然有利于环境保护,但却为发达国家制造"绿色壁垒"提供了可能,由此引起的贸易摩擦不断。

C. 复杂苛刻的动植物卫生检疫措施。根据世界贸易组织《实施卫生与植物卫生措施协定》的规定,世界贸易组织成员制定和实施动植物卫生检疫措施必须遵循科学性原则、等效性原则、与国际标准协调一致原则、透明度原则、动植物卫生检疫措施的一致性原则、对贸易影响最小原则和动植物疫情区域化原则等。缺乏科学依据,不符合上述原则的措施均构成贸易壁垒。例如,日本对进口农产品、畜产品以及食品类的检疫防疫制度非常严格,对于入境农产品,首先由农林水产省下属的动物检疫所和植物防疫所从动植物病虫害角度进行检疫。同时,由于农产品中很大部分用作食品,在接受动植物检疫之后,还要由日本厚生劳动省下属的检疫所对具有食品性质的农产品从食品角度进行卫生防疫检查等。2002 年 1—7 月日本厚生劳动省对中国蔬菜共检验 7 001 批次,其中仅有 36 件农药残留超标,只占总检验量的 0.5%。质优价廉的中国蔬菜,对日本本土蔬菜市场形成强大的冲击,于是,日方采取分批检验的办法,导致进口通关放慢。由于蔬菜保鲜期短,烦琐的检验手续使菜质下降,而且检验费从原来的每批次 5 万日元抬升至 80 万日元。高额费用迫使日本进口商陆续取消对华订单,达到了利用技术性贸易壁垒实现贸易保护的目的。

D. 绿色环境标志。它是一种在产品或其包装上的图形,表明该产品不但质量符合标准,而且在生产、使用、消费和处理过程中符合环保要求,对生态环境和人类健康均无损害。目前,美国、德国、日本、加拿大、挪威、瑞典、法国、芬兰和澳大利亚等发达国家都已建立了环境标志制度。发展中国家要进入发达国家市场,必须取得这种"绿色通行证",但是其中花费的时间和费用使许多中小型企业望而却步。

 知识拓展:ISO 9000 与 ISO 14000

ISO 9000 质量管理体系是由国际标准化组织(ISO)制定的,起源于西方国家的品质保证活动。第二次世界大战后,美国国防部吸取第二次世界大战中军品质量优劣的经验和教训,决定在军火和军需品订货中实行质量保证,即供方按生产所订购的货品中,不但要按需方提出的技术要求保证产品实物质量,而且要按订货时提出的且已订入合同中的质量保证条款要求去控制质量,并在提交货品时提交控制质量的证实文件。这种办法促使承包商进行全面的质量管理,取得了极大的成功。之后质量保证标准被引用到民品订货中来。随后很多欧美国家,为了适应供需双方实行质量保证标准并对质量管理提出的新要求,在总结多年质量管理实践的基础上,相继制定了各自的质量管理标准和实施细则。随着上述品质保证活动的迅速发展,各国的认证机构在进行产品品质认证的时候,逐渐增加了对企业的品质保证体系进行审核的内容,进一步推动了品质保证活动的发展。到了 20 世纪 70 年代后期,英国一家认证机构 BSI(英国标准协会)首先开展了单独的品质保证体系的认证业务,使品质保证活动由第二方审核发展到第三方认证,受到了各方面的欢迎,更加推动了品质保证活动的迅速发展。1980 年,ISO正式批准成立了"品质保证技术委员会"(即 TCI76),该技术委员会在总结和参照世界有关国家标准和实践经验的基础上,经过广泛协商,于 1987 年发布了世界上第一个质量管理和质量保证系列国际标准——ISO 9000 系列标准。ISO 9000 族标准的诞生,健全了单独的品质体系认证的制度。为了加强品质管理,适应品质竞争的需要,企业家们纷纷采用 ISO 9000 系列标准在企业内部建立品质管理体系,申请品质体系认证,很快形成了一个世界性的潮流。全世界已有 100 多个国家和地区正在积极推行 ISO 9000 国际标准。

ISO 14000 环境管理系列标准是国际标准化组织继 ISO 9000 标准之后推出的又一个管理标准。该标准是由 ISO/TC 207 的环境管理技术委员会制定,由 14 001 到 14 100共 100 个号,统称为 ISO 14000 系列标准。该系列标准融合了世界上许多发达国家在环境管理方面的经验,是一种完整的、操作性很强的体系标准,其中 ISO 14001 是环境管理体系标准的主干标准,它是企业建立和实施环境管理体系并通过认证的依据。ISO 14000环境管理体系的国际标准,目的是规范企业和社会团体等所有组织的环境行为,以达到节省资源、减少环境污染、改善环境质量、促进经济持续、健康发展的目的。

（2）社会责任标准壁垒

社会责任标准壁垒是指以劳动者劳动环境和生存权利为理由采取的贸易保护措施。

社会责任标准壁垒由社会条款演化而来，社会条款并不是一个单独的法律文件，而是对国际公约中有关社会保障、劳动者待遇、劳工权利、劳动标准等方面规定的总称，它与公民权利和政治权利相辅相成。国际上对此关注由来已久，相关的国际公约有 100 多个，包括《男女工人同工同酬公约》《儿童权利公约》《经济、社会和文化权利国际公约》等。国际劳工组织（ILO）及其制定的上百个国际公约，也详尽地规定了劳动者权利和劳动标准问题。

目前，在社会责任标准壁垒方面颇为引人注目的标准是 SA 8000（Social Accountability 8000），即"社会责任管理体系"，是由总部设在美国的社会责任国际（Social Accountability International，SAI）发起并联合欧美部分跨国公司和其他一些国际组织制定的。社会责任管理体系（SA 8000）是一种以保护劳动环境和条件、劳工权利等为主要内容的管理标准体系。SA 8000 的主要内容包括童工、强迫性劳工、健康与安全、组织工会的自由与集体谈判的权利和歧视等。

近年来欧美发达国家为了削弱发展中国家的劳动力比较优势，越来越重视社会责任标准的实施，并力图使其成为世界贸易组织的制度。2004 年 5 月 1 日开始，部分欧美国家开始对进口产品强制实行 SA 8000 的认证。广大发展中国家认为这是发达国家的一种贸易保护措施。所有国家都认为使用奴隶和强迫劳动是不道德的，由此生产出来的产品应当禁止出口，但并不应该因此而要求提高发展中国家的劳工标准。由于发展中国家和发达国家在社会发展上的巨大差异，发展中国家认为发达国家强制推行社会责任标准的主要目的不在于真正关心发展中国家的劳工待遇，而在于通过实施 SA 8000 提高进口产品成本，进而达到限制对劳动力密集型产品的进口。发展中国家之所以有较低的劳动投入成本是因为劳动力充裕，从而具有生产劳动密集型产品的比较优势。

（3）滥用贸易救济措施壁垒

在 WTO 体制下，保障措施、反倾销和反补贴是在国内产业受到损害的情况下可以采用的救济措施。所谓滥用贸易救济措施壁垒就是指滥用 WTO 所允许的合理的贸易救济手段，以达到限制外国产品进口的目的。

比如反倾销的初衷是为了反对不公平竞争，但在现实中反倾销常常被作为一种贸易保护主义的工具，因为反倾销限制进口的效果显著且迅速，并且无论案件结果如何，单是反倾销调查本身就具有限制进口的作用。因为反倾销案件审理的周期长，程序复杂，出口商将承受巨大的应诉和管理成本，同时还面临不确定性的风险。这些因素综合起来，使实施贸易救济措施成为除技术性贸易壁垒以外限制进口的另一有效手段。尤其在传统的贸易保护手段越来越不易使用的时候，以贸易救济的名义实行保护的做法越来越普遍。

学习任务4　了解鼓励出口和出口管制的措施

3.4.1　鼓励出口的措施

各国在制定和实施贸易政策时,除了利用关税和非关税壁垒限制外国商品进口,还通过经济、行政和组织等方面的措施,促进本国商品的出口,开拓和扩大国外市场。

1)鼓励出口所采用的经济措施

(1)出口信贷(Export Credit)

出口信贷是一国政府为了鼓励商品出口,加强商品的竞争能力,通过本国银行向本国出口厂商或外国进口厂商(或其银行)提供的贷款。获得出口信贷的一般是金额大、生产周期长的出口商品,如大型机械、成套设备、大型工程项目等国家相关部门审核通过的产品或者项目。目的是解决本国出口商资金周转的困难或满足国外进口商对本国出口商支付货款需要的一种融资方式。

出口信贷的特点:①附有采购限制,只能用于购买贷款国的产品,而且都与具体的出口项目相联系;②贷款利率低于国际资本市场利率,利息差额由贷款国政府补贴;③属于中长期信贷,期限一般为5年以上,最长不超过10年;④出口信贷与信贷保险相结合,为了减少银行的顾虑,发达国家一般都设立专门的国家信贷保险机构,对出口信贷提供保险服务,若贷款不能收回,由保险机构予以补偿。

由于出口信贷能有力地促进和扩大出口,因此,西方国家一般都设立专门银行来办理此项业务,我国也于1994年7月1正式成立了中国进出口银行。这是一家政策性银行,其资金来源除国家财政拨付外,主要是中国银行的再贷款、境内发行的金融债券和境外发行的有价证券,以及向外国金融机构筹措的资金等。

出口信贷按借贷关系可以分为卖方信贷和买方信贷两种。

①卖方信贷(Supplier's Credit):是指出口方银行向出口商提供的贷款,其贷款合同由出口商与银行签订。这是为了促进商品出口,通过银行资助本国出口商向外国进口商提供延期付款方式出口的一种信贷。因此,使用卖方信贷的最大好处是进口方无须亲自筹资,而且可以延期付款,有效地解决了暂时支付困难问题;不利的是出口商往往把向银行支付的贷款利息、保险费、管理费等都打入货价内,使进口商不易了解货款的真实成本。

②买方信贷(Buyer's Credit):是指出口方银行直接向进口商或进口方银行提供的贷款,其附加条件就是贷款必须用于购买债权国的商品,这就是所谓的约束性贷款。买方信贷由于具有约束性而能起到扩大出口的目的。

出口方银行贷款给进口商的买方信贷,进口商除自筹资金缴纳15%左右的订金外,其余货款将由银行提供的贷款以即期付款方式一次性支付给出口商,然后进口商按贷款协议所规定的条件向银行还本付息。出口方银行贷款给进口方银行的买方信贷,是在进口商支付15%左右的订金后,由出口方银行贷款给进口方银行,由进口方银行以即期付款方式代进口商支付其余的货款,并按贷款协议规定的条件向出口方银行还贷付息。进口商则与该银行在国内按商定的方式结算清偿。出口方银行贷款给进口方银行这一形式不仅使出口商能够较快地得到货款和减少风险,而且使进口商对货价以外的费用比较清楚,便于进行讨价还价。而且一次性支付货价相对于延期付款的货价低廉。对于出口方银行而言,贷款给国外的买方银行,使贷款给厂家的商业信用变成了银行信用,还款风险大大降低。因此这种方式较为流行。

（2）出口信贷国家担保制（Export Credit Guarantee System）

出口信贷国家担保制是指国家为了扩大出口,对于本国出口商或商业银行向国外进口商或银行提供的信贷,由国家设立的专门机构出面担保。当外国债务人出于政治原因（如进口国发生政变、革命、暴乱、战争以及政府实行禁运、冻结资金或限制对外支付等）,或出于经济原因（如进口商或借款银行因破产倒闭无力偿付、货币贬值、通货膨胀等）拒绝付款时,这个国家机构即按照承保的数额给予补偿。这项措施是国家替代出口商承担风险,是扩大出口和争夺国外市场的一个重要手段。

出口信贷国家担保制的担保对象主要有两种。①对出口商的担保。出口商因出口商品所需要的短期或中长期信贷均可向国家担保机构申请担保。有些国家的担保机构本身不向出口商提供出口信贷,但它可以为出口商取得出口信贷提供有利的条件。例如,有的国家采用保险金额的抵押方式,允许出口商将获得的承保权利以"授权书"的方式转移给提供贷款的银行而取得出口信贷。②对银行的直接担保。银行所提供的出口信贷均可得到国家担保机构的直接担保,而且还可得到优厚的补偿待遇。

对出口信贷进行担保往往要承担很大的风险。由于该措施旨在为扩大出口提供服务,收费并不高,以减轻出口商和银行的负担,因此,往往会因保险费收入总额不抵偿付总额而发生亏损。

（3）出口补贴（Export Subsidies）

出口补贴又称出口津贴,是一国政府为了降低出口商品的价格,增强其在国外市场的竞争力,在出口某商品时给予出口商的现金补贴或财政上的优惠待遇。

政府对出口商品可以提供补贴的范围非常广泛,但不外乎两种基本方式。

①直接补贴:是指政府在商品出口时,直接付给出口商的现金补贴,主要来自财政拨款,其目的是弥补出口商品国内价格高于国际市场价格所带来的亏损,或者补偿出口商所获利润率低于国内利润率所造成的损失。

②间接补贴:是指政府对某些商品的出口给予财政上的优惠。

出口补贴对于降低商品价格、增强国家竞争力、扩大出口意义重大。长期以来,各国普遍采用这一措施来促进本国商品的出口,但有时会对进口国的商品或同类商品的生产造成损害,在国际贸易中为此发生了很多的纠纷。为规范贸易市场,世界贸易组织将不合理的补贴和反补贴视为对公平贸易原则的违反。WTO《补贴和反补贴措施协定》对国际贸易中的补贴与反补贴行为有严格的规定,以作为约束各成员进行公平贸易的重要规则。

（4）出口退税（Export Drawback）

出口退税是指一个国家或地区对已报关离境的出口货物，由税务机关根据本国税法规定，将其在出口前国内生产和流通环节缴纳的增值税、消费税等间接税款退还给出口企业的一种税收管理制度。出口退税主要是通过退还出口货物的国内已纳税款来平衡国内外产品的税收负担，使本国产品以不含税成本进入世界市场，与国外产品在同等条件下进行竞争，从而增强竞争能力，扩大出口创汇。

允许免征或退还出口产品的间接税是世界贸易组织允许的一项政策，但如果退税额度超过已征的间接税额或者退了并没有实际征收的税赋，则在实际上构成了出口补贴。

出口退税的理论依据是避免双重征税和保证国际竞争的公平性。双重征税是由进口国在产品的最终消费阶段还要征收间接税导致的。例如，中国产的电视机在美国市场上销售，美国地方政府要像其他商品一样征收消费税。如果中国产的电视机已经在出口前被征了一次消费税，到美国再被征一次，即为双重征税。这似乎对出口厂商不公平，因此，出口国通过退税来避免双重征税。当然，出口国政府之所以愿意退税，真正的原因还不是是否公平的问题，而是因为双重征税使本国出口商品的价格在世界市场上处于不利地位。例如，中、韩都出口电视机，韩国对出口电视机不征税，中国却征税，中国电视机在世界市场上的价格竞争力就减弱了。因此，为了提高本国企业的国际竞争力和鼓励出口，各国政府愿意在WTO允许的范围内对出口产品少征税或不征税。

（5）商品倾销（Dumping）

商品倾销是指商品以明显低于公平价格的价格，在国外市场上大量抛售，以打击竞争对手，占领或巩固国外市场。商品倾销通常由私营垄断企业进行，但随着贸易战的加剧，一些国家设立专门机构，直接对外倾销商品。

按照倾销的具体目的，商品倾销可分为3种。

①偶然性倾销：这种倾销通常是因为销售旺季已过，或因公司改营其他业务，在国内市场上不能售出"剩余货物"，而以较低的价格在国外市场上抛售。

②间歇性或掠夺性倾销：这种倾销是以低于国内价格甚至低于生产成本的价格在国外市场销售商品，挤垮竞争对手后再凭垄断力量提高价格，以获取高额利润。

③持续性倾销：又称长期性倾销，这种倾销是无限期地、持续地以低于国内市场的价格在国外市场上销售商品。

商品倾销由于实行低价策略，必然会导致出口商利润减少甚至亏损。这一损失一般可通过以下途径得到补偿：A.采用关税壁垒和非关税壁垒措施控制外国商品进口，防止对外倾销商品倒流，以维持国内市场上的垄断高价。B.出口国政府对倾销商品的出口商给予出口补贴，以补偿其在对外倾销商品中的经济损失，保证外汇收入。C.出口国政府设立专门机构，对内高价收购，对外低价倾销，由政府负担亏损。D.出口商在以倾销手段挤垮竞争对手，垄断国外市场后，再抬高价格，以获得的垄断利润来弥补以前商品倾销的损失。实际上，采取上述措施，往往不仅能够弥补损失，而且还会带来较高的利润。

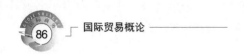

（6）外汇倾销（Foreign Exchange Dumping）

外汇倾销是指一国降低本国货币对外国货币的汇价，使本国货币对外贬值，从而达到提高出口商品价格竞争力和扩大出口的目的。

然而，外汇倾销不能无限制和无条件地进行，必须具备一定的条件才能起到扩大出口和限制进口的作用。①本国货币对外贬值的幅度大于国内物价上涨的程度。本国货币对外贬值必然引起进口原料和进口商品的价格上涨，由此带动国内物价普遍上涨，使出口商品的国内生产价格上涨。②其他国家不同时实行同等程度的货币贬值和采取其他报复性措施。换言之，外汇倾销措施必须在国际社会认可或不反对的情况下方能奏效。

由于外汇倾销的实质是降低出口商品的外汇标价以换取出口数量的增加，从而达到增加外汇收入的目的，因此，外汇倾销实际上使等量出口商品所能换回的进口商品数量减少，贸易条件趋于恶化。

课堂任务：

> 小组讨论：我国在亚洲金融风暴时，如果实行人民币对外贬值措施会有什么样的结果？我国当时为什么坚持人民币不贬值？

2）促进出口所采用的组织措施

许多国家为了促进出口贸易的扩大，在制定一系列的鼓励出口政策的同时，还不断加强出口组织措施。这些措施主要有以下5个方面。

①成立专门组织，研究与制定出口战略。如美国的国际贸易委员会、联邦贸易委员会，专门定期讨论、制定对外贸易政策与措施。

②建立商业情报网，加强国外商业情报工作，及时向出口商提供商业信息和资料。为加强商业情报的服务工作，许多国家都设立了官方的商业情报机构，在海外设立商情网，负责向出口厂商提供所需的情报。

③设立贸易中心，组织贸易博览会，以推销本国商品。许多国家都十分重视这项工作，有些国家一年组织15～20次国外展出，费用由政府补贴。

④组织贸易代表团出访和接待来访，以加强国际间经贸联系。许多国家为了发展对外贸易，经常组织贸易代表团出访，其出国的费用大部分也由政府补贴。

⑤组织出口厂商的评奖活动。对扩大出口成绩卓著的厂商，许多国家授予奖章、奖状，并通过授奖活动推广他们扩大出口的经验。如日本政府把每年6月28日定为贸易纪念日，每年在贸易纪念日这一天，由通商产业大臣向出口贸易成绩卓著的厂商和出口商社颁发奖状。

鼓励出口还有许多其他措施。比如通过资本输出带动本国商品输出；采用外汇分成方式，即政府允许出口商从其所得的外汇收入中提取一定百分比自由支配，鼓励出口商的出口积极性；采取进出口连锁制，将进口与出口挂钩，要获得一定的进口权利就必须履行一定的出口义务,以出许进,或以进带出,达到扩大出口的目的。

3)促进外贸发展的经济特区措施

(1)经济特区的含义和发展

许多国家或地区,为促进经济和对外贸易的发展,鼓励转口贸易和加工贸易,繁荣本地区和邻近地区的经济,增加财政收入和外汇收入,建立了各种形式的经济特区。经济特区(Special Economic Zone)是指一个国家或地区在其关境以外划出一定的地理范围,建筑或扩建码头、仓库、厂房等基础设施,实行特殊的经济政策,以吸引外商从事贸易和出口加工等业务活动。

经济特区的由来历史悠久,早在 16 世纪,意大利的里窝那自由港就成为最早的自由港雏形。

世界第一个自由贸易区:1228 年法国马赛港。

世界第一个出口加工区:1959 年爱尔兰香农国际机场。

我国第一个出口加工区:中国高雄。

目前,世界经济特区的发展,数量由少到多,发展迅速;设区范围自西欧扩展到全球;功能从单纯贸易型到工贸型并向综合型发展;经营内容从商品的交换到商品的生产扩展到商品的研制;生产结构从劳动密集型向知识密集型调整。总的趋势由初级形态向高级形态发展。

(2)经济特区的类型

①自由港(Free Port)和自由贸易区(Free Trade Zone)。

自由港又称自由口岸,是世界性经济特区的最早形式,是指全部或绝大多数外国商品可以豁免关税自由进出口的港口。自由港在经济和贸易方面的最基本特征是"自由",具体表现为贸易自由、金融自由、投资自由、运输自由。

自由贸易区由自由港发展而来,它是以自由港为依托,将范围扩大到自由港的邻近地区。与自由港的功能基本相似,以促进对外贸易为主,也发展出口导向的加工业和工商业、金融业、旅游和其他服务业。自由贸易区一般分两种:一种包括了港口及其所在的城市,如中国香港;另一种仅包括港口或其所在城市的一部分,如德国汉堡。

自由港和自由贸易区都划在一国关境以外,外国商品除免缴关税以外,一般还可以在港内进行改装、加工、挑选、分类、长期储存或销售。外国商品在进入所在国海关管辖区时才缴税。

②保税区(Bonded Area)。许多国家实行保税区制度,对保税区的规定与自由港、自由贸易区的规定基本相同,起到类似自由港或自由贸易区的作用。

保税区又称保税仓库区,是一国海关所设置的或经海关批准注册的,受海关监督的特定地区和仓库,外国商品存入保税区内,可以暂时不缴纳进口税;如再出口,不缴纳出口税;如要运进所在国的国内市场,则需办理报关手续,缴纳进口税。运入区内的外国商品可进行储存、改装、分类、混合、展览、加工和制造等。此外,有的保税区还允许在区内经营金融、保险、房地产、展销和旅游业务。

一般,在保税区的仓库,有的是公营的,有的是私营的;货物存储期限有 1 个月、半年或 3 年;有的允许进行加工和制造,有的不允许加工制造。以日本保税区为例,按保税区的职能不同,日本的保税区分为指定保税区、保税货棚、保税仓库、保税工厂、保税陈列场5 种形式。日本规定外国货物运入或运出各种保税区,可暂时免征关税,但应预先向日本海关呈交申报单,取得海关人员的监督,如以后运入日本国内市场时再行纳税。保税区的外国货物如作为样品暂时运出,须经海关批准;保税区的外国货物废弃时,应预先向海关申报;保税区的外国货物丢失时,除经海关特别批准外,均应缴纳关税。

③出口加工区(Export Processing Zone)。出口加工区是指一个国家或地区在其港口或邻近港口或国际机场的地方,划出一定的范围,提供基础设施以及免税等优惠待遇来吸引外国投资,发展出口加工工业的特殊区域。

出口加工区是在 20 世纪 60 年代后期和 70 年代初,在一些发展中国家或地区建立和发展起来的。

出口加工区脱胎于自由港和自由贸易区,采用了自由港和自由贸易区的一些做法,但它又与自由港和自由贸易区有所不同。一般来说,后者以发展转口贸易、取得商业方面的收益为主,是面向商业的;而出口加工区,以发展出口加工工业、取得工业方面的收益为主,是面向工业的。但是由于出口加工区是在自由港、自由贸易区的基础上发展起来的,因此,目前有些自由港或自由贸易区以从事出口加工生产为主,但仍然袭用自由港或自由贸易区这个名称。例如,马来西亚开辟的一些以出口加工为主的区域仍称为自由贸易区。

目前,出口加工区都选择设在国际港口、国际机场或在港口、机场附近。因为在出口加工区进行投资的外国企业所需要的生产设备和原料大部分依靠进口,所生产的产品全部或大部分出口到外国市场销售,这样进出口运输方便、运输费用最节省。

出口加工区主要有综合性出口加工区和专业性出口加工区两种类型。

综合性出口加工区,即在区内可以经营多种出口加工工业。如菲律宾的巴丹出口加工区所经营的项目包括服装、鞋类、电子或电器产品、食品、光学仪器和塑料产品等的生产加工。目前世界各地的出口加工区大部分是综合性出口加工区。

专业性出口加工区是在区内只准经营某种特定的出口加工产品。例如印度在孟买的圣克鲁斯机场附近建立的电子工业出口加工区,专门发展电子工业的生产和增加这类产品的出口。

④自由边境区(Free Perimeter)。自由边境区是指设在边境地区上的自由贸易区。这种设置仅见于拉丁美洲少数国家。一般设在一国的一个省或几个省的边境地区。对于在区内使用的生产设备、原材料和消费品可以免税或减税进口。如从区内转运到本国其他地区出售,则须照章纳税。外国货物可在区内进行储存、展览、混合、包装、加工和制造等业务活动。

自由边境区与出口加工区的主要区别在于,自由边境区的进口商品加工后大多是在区内使用,只有少数用于再出口,目的在于利用外国投资开发边区的经济。

⑤过境区(Transit Zone)。沿海国家为了便利内陆邻国的进出口货运,开辟某些海港、河港或国境城市作为货物过境区。过境区规定,对于过境货物,简化海关手续,免征

关税或只征小额的过境费用。过境货物一般可以在过境区内做短期储存,重新包装,但不得加工。

⑥综合型经济特区。这是多行业、多功能的特殊经济区域,其特点是规模大、经营范围广。随着国际经济关系,特别是国际贸易、金融和经济技术交流的发展,综合型经济特区成为经济特区的发展趋势。

 知识拓展:上海自由贸易区

中国(上海)自由贸易试验区[China (Shanghai) Pilot Free Trade Zone],简称上海自由贸易区或上海自贸区,是中国政府设于上海市的一个自由贸易区,也是中国大陆境内第一个自由贸易区。该试验区于2013年8月22日经国务院正式批准设立,同年9月29日正式挂牌成立。上海自贸区范围涵盖上海市外高桥保税区、外高桥保税物流园区、洋山保税港区和上海浦东机场综合保税区等4个海关特殊监管区域。

依据国务院通过的《中国(上海)自由贸易试验区总体方案》,上海自贸区的总体目标是:经过两至三年的改革试验,加快转变政府职能,积极推进服务业扩大开放和外商投资管理体制改革,大力发展总部经济和新型贸易业态,加快探索资本项目可兑换和金融服务业全面开放,探索建立货物状态分类监管模式,努力形成促进投资和创新的政策支持体系,着力培育国际化和法治化的营商环境,力争建设成为具有国际水准的投资贸易便利、货币兑换自由、监管高效便捷、法制环境规范的自由贸易试验区,为我国扩大开放和深化改革探索新思路和新途径,更好地为全国服务。

上海自由贸易区的意义不在于争取若干优惠政策,而是旨在建立一套与国际接轨的、新的制度体系,以成为贸易业态模式创新、投资开放创新、离岸型功能创新、政府管理服务创新的"试验田"和示范区,并将大力推动上海市转口、离岸业务的发展。

3.4.2 出口管制的措施

出口管制,是指国家通过法令和行政措施,对本国出口贸易实行管理和控制。

1)出口管制的对象

需要实行出口管制的商品主要有以下6类。

①战略物资及其有关尖端技术和先进技术资料。如军事设备、武器、军舰、飞机、先进的电子计算机和通信设备等。

②国内紧缺的物资。即国内生产紧迫需要的原材料和半制成品,以及国内供应明显不足的商品。

③历史文物和艺术珍品。各国出于保护本国文化艺术遗产和弘扬民族精神的需要,一般都要禁止该类商品输出,即使可以输出的,也实行较严格的管理。

④需要"自动"限制出口的商品。这是为了缓和与进口国的贸易摩擦,在进口国的要

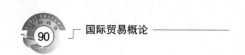

求下或迫于对方的压力,不得不对某些具有很强国际竞争力的商品实行出口管制。

⑤本国在世界市场上占主导地位的重要商品和出口额大的商品。对发展中国家来讲,这类商品实行出口管制尤为重要,因为发展中国家往往出口商品单一,出口市场集中,出口商品价格容易出现大起大落的波动。

⑥跨国公司的某些产品。跨国公司在发展中国家的大量投资,虽然会促进东道国经济的发展,但同时也可能利用国际贸易活动损害后者的对外贸易和经济利益。

2)出口管制的形式

出口管制的形式主要有单边出口管制和多边出口管制两种。

①单边出口管制。即一国根据本国的出口管制法案,设立专门的执行机构,对本国某些商品的出口进行审批和颁发出口许可证,实行出口管制。

②多边出口管制。即几个国家政府出于共同的政治和经济目的,通过一定的方式建立国际性的多边出口管制机构,商讨和编制多边出口管制货单和出口管制国别,规定出口管制办法等,以协调彼此的出口管制政策和措施。

 课堂任务:

小组讨论:什么是新贸易壁垒? 为什么它越来越成为国际贸易的主要障碍?

【知识与技能训练】

一、名词解释

1. 普惠制　2. 海关税则　3. 技术性贸易壁垒

4. 进口配额制　　　　5. 出口信贷

二、专业词汇翻译

1. 关税　　2. 最惠国税　　3. 普遍优惠制税　　4. 反倾销税

5. 反补贴税　6. Customs Tariff　7. NTBs

8. Import Quotas System　　9. Import License　10. TBT

三、单项选择题

1. 20世纪70年代中期以后,非贸易自由化倾向日趋加强,出现了(　　)。

  A. 保护贸易政策　　　　　　　B. 超保护贸易政策

  C. 新贸易保护主义　　　　　　D. 贸易自由化

2. 关税是一种(　　)。

  A. 间接税　　　　B. 直接税　　　　C. 附加税　　　　D. 调节税

3. 关税的税收主体是(　　)。

A. 政府   B. 海关

C. 外国进出口商   D. 本国进出口商

4. 美国对男式开司米绒衫(每磅价格在18美元以上者)的进口每磅征收37.5美元加征15%的关税,这种税是(　　)。

 A. 选择税   B. 混合税   C. 从价税   D. 从量税

5. 日本对坯布的进口,征收协定税率7.5%或每平方米2.6日元,征收其最高者,这种税是(　　)。

 A. 选择税   B. 混合税   C. 从价税   D. 从量税

6. 有些资本主义国家缔结成关税同盟,这时关境(　　)国境。

 A. 大于   B. 小于   C. 等于   D. 无法比较

7. 最惠国税适用于与该国签订有最惠国待遇条款的贸易协定的国家或地区所(　　)的商品。

 A. 出口   B. 进口   C. 转口   D. 装配

8. 进口配额制主要包括两种:绝对配额和(　　)。

 A. 关税配额   B. 全球配额   C. 国别配额   D. 协议配额

9. 由出口方银行向本国出口商提供的贷款,称之为(　　)。

 A. 出口信贷担保   B. 关税信贷

 C. 卖方信贷   D. 买方信贷

10. 以发展转口贸易,取得商业方面的收益为主的经济特区是(　　)。

 A. 自由边境区   B. 过境区   C. 出口加工区   D. 自由贸易区

四、判断题

1. 19世纪资本主义自由竞争时期,英、美、德等国都大力推行自由贸易政策。

                 (　　)

2. 20世纪70年代中期,保护主义倾向日益抬头,出现了新贸易保护主义。 (　　)

3. 李斯特及其追随者主张行政干预,赞成贸易顺差,反对贸易逆差,实行超保护贸易。

                 (　　)

4. 财政关税的主要目的是增加财政收入,因此,其税率通常较高,以增加关税收入。

                 (　　)

5. 关税的征收对象是进出关境的货物、物品和劳务。 (　　)

6. 一国政府对本国出口商品直接给予退税、免税,以扩大出口,称为直接出口补贴。

                 (　　)

7. 普遍优惠制简称普惠制,是指发达国家对从发展中国家或地区进口的商品,特别是农产品普遍给予的关税优惠待遇。 (　　)

8. 混合税是指对同一种进口商品同时规定从量税和从价税两种税率,选择其中税额较高的一种征收的关税。 (　　)

9. 商品的进口价格低于进口国生产的同类产品的国内市场正常价格,即为倾销价格。

                 (　　)

10. 出口信贷是出口国银行为鼓励本国初级产品出口而对本国出口商提供的信贷。

（　　）

五、材料分析

材料1 新西兰是第一个给予中国普惠制待遇和第一个与中国达成自由贸易协定的发达国家。其中，中新普惠制从1978年10月13日实施，而中新自由贸易协定（以下简称"协定"）于2008年10月1日起正式生效。出口新西兰63.6%的产品从协定生效时起即实现零关税。如果满足相关政策规定，中国出口新西兰产品可通过申请普惠制原产地证书与中新自由贸易区优惠原产地证书享受普惠制或区域性关税优惠，降低运营成本。企业应善用原产地证书这种"有价证券"，积极开拓国际市场。如果既满足普惠制原产地政策，又满足协定的规定，服装类普惠制税率为4%，而协定税率为零；电器类普惠制税率为3%或4%，而协定税率为零；玩具类产品虽不在普惠制给惠清单之列，但协定税率为2.8%，比5%的正常税率优惠很多，所以应充分利用区域原产地优惠政策。

问题：从这个例子可以看出，普惠制关税优惠与自贸区关税优惠是不同的。请你从互惠或非互惠、给惠国家、关税优惠幅度和减税凭证等方面说明两者的区别。

材料2 据《日本经济新闻》报道，日本财务省计划从2011年起调整针对发展中国家商品贸易的GSP，从目前规定每个发展中国家可利用的上限为20%降至10%～15%。专家认为，日本此项政策调整，势必将影响我国相关商品的出口量。

问题：为什么说日本的此项政策会影响我国相关商品的出口量？

材料3 2019年1月3日，欧洲车轮制造商协会向欧盟委员会提交申请，要求对来自中国的钢制轮毂（Steel Road Wheels）进行反倾销立案调查。2019年2月15日，欧盟委员会决定对来自中国的钢制轮毂进行反倾销立案调查。2019年10月10日，欧盟委员会发布公告，对原产于中国的钢制轮毂做出肯定性初裁，对中国的涉案产品征收50.3%～66.4%的反倾销税。2020年3月4日，欧盟委员会做出肯定性反倾销终裁，裁定维持初裁，对中国的涉案企业征收50.3%～66.4%的反倾销税。

2001年12月11日，中国在加入世界贸易组织时签订的《中华人民共和国加入世界贸易组织议定书》规定，自中国"入世"起的15年内，世界贸易组织成员在对中国进行反倾销调查时可以使用"替代国"的做法来计算正常价值。该规定要求自2016年12月11日起，任何世界贸易组织成员不得在对我国发起的反倾销调查中使用第三国替代的方法。但以欧盟、美国为代表的一些世界贸易组织成员执意不遵守该条款。2016年11月，欧盟提出了"市场扭曲"以变相延续"替代国"做法，并以于2017年通过的反倾销反补贴调查新方法修正规章，引入了"市场扭曲"概念和标准，同意在符合扭曲标准的情况下，欧盟可弃用出口国的价格，选择使用第三国或国际价格来确定出口产品是否存在倾销。

在本案中，欧盟委员会以中国政府未提交答卷为由，分析了以下因素：①该国的市场在很大程度上是由出口国政府拥有所有权、控制权、处于政策监管或指导下运营的企业而组成的；②允许国家对企业的价格或成本进行干预；③允许相关公共政策或措施对本国企业给予歧视性的有利条件，或允许存在其他影响自由市场价格的公共政策或措施；

④存在破产法、公司法或物权法缺失、被歧视性地运用或不适用的情况;⑤工资成本存在扭曲;⑥从执行公共政策或非独立于国家的相关机构获取资金补贴后,认定中国市场存在"重大扭曲",因此使用国内成本和价格来确定正常价值是不适当的。

虽然15年的过渡期已经结束,但是欧盟在中国"入世"15年后仍不承认中国的市场经济地位,而是以中国市场存在"重大扭曲"为由,继续使用"替代国"的方法来计算正常价值。欧盟委员会在选择替代国时,一般是根据下列因素进行确定:

①与中国的经济发展水平相近;

②有关国家生产涉案产品的情况;

③有关国家公开数据的获得情况;

④多个国家可选的情况下,优先选择充分保护社会环境的国家。

比如,在本案中,欧盟委员会在综合考虑上述因素后认为,巴西是与中国经济发展水平相近的国家,并且巴西大量生产涉案产品,可获得有关生产要素、相关费用以及利润方面的完整数据,因此选定巴西作为替代国。虽然巴西与中国的经济发展水平相似,但是对于钢制轮毂产品,两国之间在技术水平以及资源方面存在较大的差异,所以两者之间的生产成本不具有可比性,欧盟委员会用"替代国"的方法来计算正常价值,进而确定相关企业的倾销幅度的方法明显是不合理的。

问题:

1. 结合案例,说明为什么当遭到反倾销或反补贴调查时,出口企业应积极应诉?

2. 出口企业应该如何积极应对欧盟所提起的反倾销诉讼?

材料4　日本的资源进口战略

日本是世界贸易大国,也是极度依赖进口的国家。作为仅次于美国的第二大能源消费国,日本的资源却极其匮乏,所需石油的99.7%、煤炭的97.7%、天然气的96.6%都依赖进口。同时,日本在粮食、矿产品等资源方面也在很大程度上依靠进口地补给。由于自给率极低,资源安全处于极大的风险之中,强烈的资源危机意识驱使历届日本政府以战略的眼光来看待资源短缺问题,制定和实施了一系列资源政策和措施。

近年来,中国进口资源的速度不断加快,石油、铁矿石、铜、铝、钢材、化肥甚至是粮食,都是进口"大户"。对中国而言,借鉴和学习日本的"进口之道"无疑具有重要意义。

一、进口渠道多元化

实行进口渠道多元化,是日本抵御价格波动的有力武器。在当今世界,风云变化的进口商品价格令不少国家在国际商战中败走麦城。作为进口大国,日本为防止价格"陷阱",坚持走"进口渠道多元化"道路的确收到良好的成效。在他国为"进口价格波动"而忧心忡忡时,多元化的进口战略使日本"稳坐钓鱼台",避免了经济上的损失。

日本对中东石油的依存度高达90%,远远高于其他发达国家。一旦中东因战乱或政治格局改变而断油,日本的经济将命悬一线。由于中东的紧张局势长期没有出现缓和的迹象,开拓新的石油进口渠道、减少对中东石油的依赖,对日本的能源安全来说势在必行。从20世纪70年代末期,日本就增加了从印度尼西亚、中国和墨西哥等非中东产油国的石油进口。而作为能源输出大国的俄罗斯,更是日本"能源外交"的重点。从2004年的"安大线""安纳线"之争就可以看出,日本在开拓石油进口多元化方面可谓煞费苦心。经过多年的外交努力,日本的能源进口渠道多元化格局基本形成,在一定程度上缓解了对中东石油的过度依赖,能源安全进一步提高。

二、"开发性进口"战略

日本是最大的农产品纯进口国,除大米、蛋类之外,大部分农产品需要国际市场供给。自 20 世纪 80 年代以来,农产品的进口量一直呈扩大的趋势,截至 2003 年,日本农产品进口量已占到国内农产品消费量的 60%。为此,日本提出了"开发性进口"的策略。

开发性进口是日本食品加工产业近几年来所采取的重要发展战略之一。它以不发达国家和发展中国家为主要开发进口对象,以与国产商品差别化和按自己的标准采购新商品为特征,在低价格化和确保一定利润的前提下组织开发性、垄断性进口,对本来地位相对降低的日本农产品贸易的发展、填补农产品自给不足的缺口和满足日本国民的饮食需要发挥着重要作用。开发性进口相对于一般进口方式,属于以开发为前提的进口。主要指在生鲜食品及其相关的加工领域,业者根据本国标准,以独自或与对象国(或地区)有关企业合资、合办、合作等形式,组织进口性生产,实行垄断性进口的交易。

日本开发性进口填补了自给率低的生鲜果蔬及其加工原料的缺口,既在一定程度上满足了消费者对接近本国标准要求的产品的需要,又符合进口商保持低价格和一定利润的预期,同时也不失为减少贸易摩擦的有效方式。随着经济全球化的发展,尽管日本的农产品进口在总进口额中所占份额下降,但是开发性进口在逐渐增加。

三、"反客为主"战略

积极推行海外矿产勘查补贴计划,鼓励境外开矿,是日本全球资源战略的另一核心。对于日本这样的一个经济发达、资源极端贫乏的岛国来说,资源过度依赖进口,其供应是相当脆弱的,一方面进口矿产的价格较高,另一方面也容易受制于人。精明的日本人明白,只有掌握资源的所有权才有真正的资源安全。作为资源小国,日本却凭借着经济实力到处收购资源公司,希望能成为资源盟主。从 20 世纪 70 年代开始,为了保障矿产资源稳定供应,日本大量组织各种团体,以经济援助为前导,以各种名义向世界各地派遣事业调查团,收集包括资源信息在内的各类信息。在此基础上,日本政府以海外矿产勘查补贴计划的形式,主要通过金属矿业事业团和海外经济合作基金会等机构,对日本公司开展海外地质调查、矿产勘查及矿山基本建设提供资助或贷款担保。

为了从非洲国家获取更多的石油资源,日本通过淡化政治、突出经济、提供财经援助、发展经贸关系等手段,发展与非洲国家的关系。日本企业在政府的优惠政策支持下,纷纷在埃及、安哥拉和阿尔及利亚等国勘探和开采石油。合作方式包括购买股份参与开发、签订产量分成协议和转让协议、直接投资开发油田等,以图拥有更多的油气资源和更多的"股份油"。

日本还积极参与俄罗斯萨哈林大陆架石油天然气资源开发工程。三井公司和三菱公司的子公司分别获得了该工程的 25% 和 12.5% 的股份……

日本企业之所以能在国外大规模投资矿产资源,与日本政府的支持是分不开的。日本企业在境外开矿从本国中央银行和进出口银行贷款时,金属矿业事业团出面做担保人,仅收 0.4% 的担保费。政府从产业投资特别账项中支付事业团担保的资金。日本政府正是通过这项海外矿产勘查补贴计划的实施,在许多资源丰富的国家和地区自主建设了一批海外矿山,保证了矿产资源的稳定供应。

四、战略储备确保资源安全

日本全球资源战略的主要内容之一是长期、大量进口,并进行有计划的储备。日本的财力储备相当雄厚,外汇储备是全世界最高的,因此,财大气粗的日本拥有丰富的物资储备。物资储备不仅有石油、天然气、煤炭、铀、钢铁及众多稀有金属等,而且还有粮食、木材、大豆、动物饲料等。日本的战略储备物资分为法定储备和任意储备两种类型,也分为国家储备和民间企业储备两个部分。

石油储备作为日本战略储备的重中之重,是通过立法形式实施强制性储备的。为了防范有可能出现的石油危机,1975 年,日本通过了《石油储备法》,正式开始建立石油储备制度。2003 年年底,日本政府拥有的石油储备量可供全国使用 92 天,民间的石油储备量也可供日本全国使用 79 天。加上流通领域的库存,日本全国拥有石油储备足够使用半年以上。

日本的矿产战略储备始于 1983 年 10 月,开始时储备对象为稀有金属中的镍、铬、钴、钨、钼、钒、锰,后来逐步扩展到稀土原料,甚至煤炭和铁砂石。稀有金属储备目标为国内 60 天的消费量,国家和民间各占 70% 和 30%。

日本还将大米、小麦、大豆等粮食储备放在同等重要的位置,并用法律的形式将其纳入战略储备物资的行列。日本的粮食储备大约能够供全国消费 6 个月。

大量的物资储备需要巨额资金,为此,日本通过多种方式建立了物资储备专项资金,支持国家和民间的战略物资储备工作。日本建立了一套比较完备的战略物资储备制度,在维护国家能源和经济安全方面发挥了重要作用。

问题:

1. 日本资源进口战略的主要内容及其对我国的启迪。

2. 日本在节约资源方面有哪些经验可资借鉴?

项目 3 知识与技能训练参考答案

项目4
经济一体化与世界贸易组织

【学习导航】

[学习目标]

掌握区域经济一体化的主要形式;掌握当前主要地区经济一体化组织的状况和历史发展,熟知中国-东盟自由贸易区涵盖的内容及重要意义;了解关税与贸易总协定;对世界贸易组织的历史及现状有一个总体的认识;掌握世界贸易组织的原则和内容;了解中国与世界贸易组织的历史关系及我国"复关"和"入世"的谈判历程。

[思维导图]

```
经济一体化与世界贸易组织
├── 主要区域经济一体化组织
│   ├── 区域经济一体化的概述
│   └── 主要区域经济一体化组织的发展
├── 中国-东盟自由贸易区
│   ├── 中国-东盟自由贸易区的建立及其重要意义
│   ├── 《中国-东盟全面经济合作框架协议》及已签署的协议
│   ├── 中国-东盟博览会和中国-东盟商务与投资峰会
│   └── 中国与东盟经济合作前景
├── 关贸总协定
│   ├── 关贸总协定的产生
│   ├── 关贸总协定的宗旨与作用
│   ├── 关贸总协定的内容
│   ├── 关贸总协定的组织机构
│   ├── 关贸总协定主持的多边贸易谈判
│   └── 关贸总协定的局限性
├── 世界贸易组织(WTO)
│   ├── 世界贸易组织的产生与发展
│   ├── 世界贸易组织的宗旨、目标与职能
│   ├── 世界贸易组织的法律框架
│   ├── 世界贸易组织的机构设置
│   ├── 世界贸易组织的基本原则
│   └── 世界贸易组织的运行机制
└── 中国与世界贸易组织
    ├── 中国与世界贸易组织的渊源
    ├── 中国加入WTO的基本原则
    ├── 中国加入WTO面临的机遇与挑战
    └── 中国加入WTO以后的改革与政策接轨
```

[导入案例]

中国加入亚太经济合作组织30周年

2021年是中国加入亚太经济合作组织30周年。30年来,中国深化改革、扩大开放,同时积极构建开放型亚太经济,为推动亚太地区扩大开放、合作共赢贡献了重要力量。中国推动亚太经济合作的倡议与行动,在国际社会赢得广泛回响。

"为增进区域合作做出巨大贡献。"

"中国为APEC会议定下基调。"路透社报道称,习近平主席在11月11日的演讲中指出,"亚太地区不能也不应该回到冷战时期的对立和割裂状态。"在11月12日的讲话中,他再次指出:"要践行真正的多边主义,坚持对话而不对抗、包容而不排他、融合而不脱钩,坚定维护以世界贸易组织为核心的多边贸易体制。"

当前,新冠肺炎疫情形势依然严峻,世界经济在脆弱中艰难复苏。早日战胜疫情、恢复经济增长,是当前亚太各成员最重要的任务。中国提出的科学应对疫情、深化国际合作、促进经济复苏的主张和行动获得国际社会点赞。

俄罗斯塔斯社称,从经济角度来看,亚太地区是世界上发展最快、最具发展潜力的地区之一,世界经济恢复需要APEC成员做出特殊贡献。在这方面,中国表示将坚定不移地扩大对外开放,同世界和亚太各成员分享中国发展机遇。

泰国开泰银行高级副总裁蔡伟才认为,疫情后区域经济复苏需要亚太经济合作组织成员团结努力,当下推动构建亚太命运共同体具有重要现实意义。中国以身作则,以实际行动促进全球自由贸易,对世界经济复苏起到关键作用。

澳大利亚国立大学商业和经济学院副教授沈凯玲说,过去30年,中国与亚太各成员共同经历挑战与考验,尽显大国风范。中国尊重各国利益,为增进区域信任与合作做出巨大贡献。

(资料来源:节选自人民网《中国为亚太经济合作注入新动能(国际论道)》)

【学习任务】

学习任务1　认识主要区域经济一体化组织

 **课前任务:**

1.收集有关中国参与区域经济一体化的情况,简述中国在区域经济一体化中的作用。

2.以小组为单位,收集中国与某国或某经济一体化组织的经贸关系的资料,由小组派代表,给大家讲评当前两者经贸交往的基本情况、存在的问题及对策。

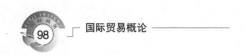

4.1.1　区域经济一体化概述

区域经济一体化是指两个或两个以上的国家或地区,通过协商并缔结经济条约或协议,实施统一的经济政策和措施,消除商品、要素、金融等市场的人为分割和限制,以国际分工为基础来提高经济效益和获得更大经济效果,把各国或各地区的经济融合起来形成一个区域性经济联合体的过程。

区域经济一体化包含着两层含义:一层含义是指成员国之间经济活动中各种人为限制和障碍逐步被消除,各国市场得以融合为一体,企业面临的市场得以扩大;另一层含义是指成员国之间签订条约或协议,逐步统一经济政策和措施,甚至建立超国家的统一组织机构,并由该机构制定和实施统一的经济政策和措施。

1)区域经济一体化的类型

按照一体化的程度不同,区域经济一体化可分为以下几种类型。

(1)优惠贸易安排(Preferential Trade Arrangement)

优惠贸易安排是指各成员间,通过协定或其他形式对全部或者部分商品规定特别的关税优惠,这是经济一体化中最低级和最松散的形式。例如历史上的大英帝国特惠制,欧盟对非洲、加勒比海及太平洋地区(ACP)的发展中国家的洛美协定,美加汽车产品协定等就属于这种类型。

(2)自由贸易区(Free Trade Area, FTA)

自由贸易区是指签订有自由贸易协定的国家所组成的贸易区,在成员国之间废除关税和其他非关税壁垒,使区域内各成员国之间的商品可以自由流动,但各成员仍保持自己对非成员的贸易壁垒,例如1994年建立的北美自由贸易区。自由贸易区是一种比较基本的区域贸易合作形式,一般具有两个方面的特征:一是在成员国内部取消贸易障碍,实现自由贸易,但没有共同对外关税;二是通常采取原产地规则。

(3)关税同盟(Customs Union)

关税同盟是指成员国间完全取消相互之间关税或其他贸易壁垒,实现区域内商品的自由流动,同时对同盟外国家实行统一的关税税率和其他贸易限制措施而结成的同盟,其目的在于使参加国的商品在统一关税内的市场上处于有利的竞争地位,排除非同盟国家商品的竞争,它开始带有超国家的性质。例如欧洲联盟的前身——欧洲共同体。组成关税同盟的成员之间的相互关境取消,合并组成一个统一对外的关境。

(4)共同市场(Common Market)

共同市场是指成员国之间完全取消关税与非关税壁垒,建立对非成员国的统一关税,实现商品、劳动力、资本、技术等生产要素在成员间的自由流动,形成要素市场的一体化,例如欧洲共同市场在1970年就已接近这一形式。

(5)经济同盟(Economic Union)

经济同盟是指在成员国内不仅实现商品和生产要素的自由流动,还制定和执行统一对外的共同经济政策和社会政策,逐步消除政策方面的差异,使经济一体化的程度从商品交换扩展到生产、分配乃至整个国民经济,例如目前仍在发展中的欧洲联盟,它是最具代表性的经济同盟。

(6)完全的经济一体化(Complete Economic Integration)

完全的经济一体化又称为政治同盟(Political Union),是区域经济一体化最高级的形式。这种形式要求区域经济组织各成员方在贸易、金融、财政乃至外交、教育等政策上达到完全一致,在成员间完全消除商品、生产要素等自由流动的人为障碍,并建立起一个拥有极大经济权威的超国家机构,对所有事务进行管理。这一种形式在目前的区域经济一体化组织中还没有真正实现过。欧共体在1993年11月演变成欧洲联盟后,就开始逐步走向这一阶段。

以上6种经济一体化形式按照贸易壁垒撤除的程度不同,形成一个由低到高的排列顺序。对区域经济一体化类型的这一划分并不反映具体区域经济一体化实践的路径。在现实中,区域经济一体化的起点并非一定是优惠贸易安排,具体的区域经济一体化也可能兼有多种类型的某些特征,区域经济一体化的类型是可以呈现出多样性的,见表4-1。

表4-1　区域经济一体化各种类型的比较

区域经济一体化形式	优惠关税	商品的自由流动	共同对外关税	生产要素的自由流动	经济政策的协调	超国家经济组织
优惠贸易安排	√					
自由贸易区	√	√				
关税同盟	√	√	√			
共同市场	√	√	√	√		
经济同盟	√	√	√	√	√	
完全的经济一体化	√	√	√	√	√	√

2)区域经济一体化的划分方式

(1)按经济一体化的范围来划分

①部门一体化(Sectoral Integration):是指在成员间的一种或几种产业(或商品)上实行一体化,如1952年建立的欧洲煤钢共同体,1958年建立的欧洲原子能共同体等。

②全盘一体化(Overall Integration):是指区域内成员在所有经济部门中实行一体化,如欧洲经济共同体(欧盟),解散前的经济互助委员会等。

(2)按区域经济一体化各成员方的相对经济发展水平来划分

①水平一体化(Horizontal Integration),又称为横向一体化,它是由经济发展水平相同或相近的国家所组成的经济一体化组织,目前存在的大多数经济一体化属于这种形式,如欧洲自由贸易联盟、中美洲共同市场等。

②垂直一体化(Vertical Integration),又称为纵向一体化,它由经济发展水平不同、经济发展阶段差异较大的国家所组成的一体化组织,如北美自由贸易区就是由美国、加拿大(发达国家)与墨西哥(发展中国家)所组成的。

4.1.2 主要区域经济一体化组织的发展

1)欧洲联盟(European Union,EU)

欧洲联盟总部设在比利时首都布鲁塞尔,是由欧洲共同体(European Community,又称欧洲共同市场)发展而来的,是当今世界经济一体化程度最高的地区经济一体化组织。

(1)欧洲联盟的产生和发展

1946年9月,英国首相丘吉尔曾提议建立"欧洲合众国"。1950年5月9日,法国外长罗伯特·舒曼提出欧洲煤钢共同体计划(即舒曼计划),标志着经济一体化的思想形成和开始实践。1951年4月18日,法国、意大利、联邦德国、荷兰、比利时、卢森堡6国签订了为期50年的《欧洲煤钢共同体条约》(又称《巴黎条约》)。1955年6月1日,参加欧洲煤钢共同体的6国外长在意大利墨西拿举行会议,建议将煤钢共同体的原则推广到其他经济领域,并建立共同市场。1957年3月25日,6国外长在罗马签订了建立欧洲经济共同体与欧洲原子能共同体的两个条约,即《罗马条约》,于1958年1月1日生效。1965年4月8日,6国签订了《布鲁塞尔条约》,决定将欧洲煤钢共同体、欧洲原子能共同体和欧洲经济共同体统一起来,统称欧洲共同体。条约于1967年7月1日生效,欧洲共同体正式成立。

1973年,英国、爱尔兰和丹麦加入欧共体;1981年希腊加入;1986年,葡萄牙和西班牙加入。至此欧共体共有12个成员国。

1991年12月11日,欧共体马斯特里赫特首脑会议通过了建立"欧洲经济货币联盟"和"欧洲政治联盟"的《欧洲联盟条约》(统称《马斯特里赫特条约》),决定建立集经济、货币与政治联盟于一体的地区性联盟。1992年2月1日,各国外长正式签署《马斯特里赫特条约》。经欧共体各成员国批准,《马斯特里赫特条约》于1993年11月1日正式生效,欧共体开始向欧洲联盟过渡,欧共体更名为欧盟,欧盟正式诞生。

1995年,奥地利、瑞典和芬兰加入,使欧盟成员国扩大到15个。2002年11月18日,欧盟15国外长会议决定邀请塞浦路斯、匈牙利、捷克、爱沙尼亚、拉脱维亚、立陶宛、马耳他、波兰、斯洛伐克和斯洛文尼亚10个中东欧国家入盟。2003年4月16日,在希腊首都雅典举行的欧盟首脑会议上,上述10国正式签署入盟协议。2004年5月1日,这10个国家正式成为欧盟的成员国。这是欧盟历史上的第5次扩大,也是规模最大的一次扩大。2007年1月,罗马尼亚和保加利亚两国加入欧盟。2013年7月1日,克罗地亚成为欧盟第28个成员国。英国于2016年6月通过全民公投决定退出欧盟,2020年9月31日脱离欧盟并进入过渡期到2020年12月31日。2021年1月1日,英国正式退出欧盟关税同盟和单一市场。欧盟经历了多次扩大,成为一个涵盖27个国家,总人口超过4.4亿的当今世界上经济实力最强、一体化程度最高的国家联合体。

（2）欧盟的一体化进展

①实现关税同盟和共同外贸政策。1967年起欧共体对外实行统一的关税率,1968年7月1日起成员国之间取消商品的关税和限额,建立关税同盟(西班牙、葡萄牙1986年加入后,与其他成员国间的关税需经过10年的过渡期后才能完全取消)。1973年,欧共体实现了统一的外贸政策。《马斯特里赫特条约》生效后,为进一步确立欧洲联盟单一市场的共同贸易制度,欧共体各国外长于1994年2月8日一致同意取消此前由各国实行的6 400多种进口配额,而代之以一些旨在保护低科技产业的措施。

②实行共同的农业政策。1962年7月1日欧共体开始实行共同农业政策,1968年8月开始实行农产品统一价格,1969年取消农产品内部关税,1971年起对农产品贸易实施货币补贴制度。

③基本建成内部统一大市场。1985年6月欧共体首脑会议批准了建设内部统一大市场的白皮书,1986年2月各成员国正式签署为建成大市场而对《罗马条约》进行修改的《欧洲单一文件》。统一大市场的目标是逐步取消各种非关税壁垒,包括有形障碍(海关关卡、过境手续、卫生检疫标准等)、技术障碍(法规、技术标准)和财政障碍(税别、税率差别),于1993年1月1日起实现商品、人员、资本和劳务自由流通。1993年1月1日,欧共体宣布其统一大市场基本建成并正式投入运行。

④建立欧洲货币体系。1979年3月,在联邦德国总理和法国总统的倡议下,欧洲经济共同体的8个成员国(法国、联邦德国、意大利、比利时、丹麦、爱尔兰、卢森堡和荷兰)决定建立欧洲货币体系(European Monetary System,EMS),将各国货币的汇率与对方固定,共同对美元浮动。1989年6月,西班牙宣布加入欧洲货币体系,1990年10月,英国也宣布加入,使欧洲货币体系的成员国扩大到10个。

1991年12月,欧共体12个成员国在荷兰马斯特里赫特签署了《政治联盟条件》和《经济与货币联盟条约》。《经济与货币联盟条约》规定最迟在1999年1月1日之前建立经济货币联盟(Economic and Monetary Union,EMU),届时在该联盟内实现统一的货币、统一的中央银行以及统一的货币政策。《马斯特里赫特条约》经各成员国议会分别批准后,1993年11月1日正式生效,与此同时,欧共体更名为欧盟。1994年成立了欧洲货币局,1995年12月正式决定欧洲统一货币的名称为欧元(Euro)。1998年7月1日欧洲中央银行正式成立,1999年1月1日欧元正式启动。在欧元正式启动时的欧盟15个成员国中,除希腊、瑞典、丹麦和英国外,其余11国(法国、德国、卢森堡、比利时、荷兰、意大利、西班牙、葡萄牙、芬兰、奥地利、爱尔兰)成了首批欧元国。截至2022年,欧元区成员国有19个。

⑤建立政治合作制度。1970年10月建立。1986年签署、1987年生效的《欧洲单一法案》,把在外交领域进行政治合作正式列入欧共体条约。为此,部长理事会设立了政治合作秘书处,定期召开成员国外交部部长参加的政治合作会议,讨论并决定欧共体对各种国际事务的立场。1993年11月1日《马斯特里赫特条约》生效后,政治合作制度被纳入欧洲政治联盟的活动范围。

⑥建立政治联盟。1990年4月,法国总统密特朗和联邦德国总理科尔联合倡议于当

年年底召开关于政治联盟问题的政府间会议。同年 10 月,欧共体罗马特别首脑会议进一步明确了政治联盟的基本方向。同年 12 月,欧共体有关建立政治联盟问题的政府间会议开始举行。经过 1 年的谈判,12 国在 1991 年 12 月召开的马斯特里赫特首脑会议上通过了政治联盟条约,其主要内容是 12 国将实行共同的外交和安全政策,并将最终实行共同的防务政策。

2)北美自由贸易区(North American Free Trade Area, NAFTA)

北美自由贸易区是由美加自由贸易区演变而来,它是世界上第一个由富裕的发达国家和发展中国家联合组成的一体化组织,也是取得重大成就的南北型经济一体化组织。北美自由贸易区由两个发达国家美国、加拿大和一个典型的发展中国家墨西哥组成,它们之间在政治、经济、文化等方面差距很大。因此,北美自由贸易区是通过垂直分工来体现美、加、墨三国之间的经济互补关系,促进各方经济发展。从历史经验上看,在差距如此之大的国家之间组成自由贸易区还尚无先例。因此,北美自由贸易区是发达国家和发展中国家在区域内组成自由贸易区的第一次尝试,其成败对于世界范围内的区域经济合作都有很大的意义。在这种情况下,北美自由贸易区运行的基本模式是美国和加拿大利用其发达的技术和知识密集型产业,通过商品和资本的流动来进一步加强它们在墨西哥的优势地位,扩大墨西哥的市场;而墨西哥则可利用本国廉价的劳动力,大力发展劳动密集型产品,并将产品出口到美国和加拿大,同时还可以从美国和加拿大获得巨额投资和技术转让,以促进本国产业结构的调整,加快本国产品的更新换代,在垂直分工中获取较多的经济利益,三国之间密不可分的经济关系成为它们合作的纽带。

(1)北美自由贸易区的发展与成立

关于建立北美自由贸易区的设想,最早出现在 1979 年美国国会关于贸易协定的法案提议中。但出于种种原因,该设想一直未受到重视,直到 1985 年才开始起步。

1985 年 3 月,加拿大总理马尔罗尼在与美国总统里根会晤时,首次正式提出美国、加拿大加强经济合作、实行自由贸易的主张。由于两国经济发展水平及文化、生活习俗相近,交通运输便利,经济上的互相依赖程度很高,因此,自 1986 年 5 月开始经过一年多的协商与谈判,于 1987 年 10 月达成了协议,1988 年 1 月 2 日,双方正式签署了《美加自由贸易协定》。经美国国会和加拿大联邦议会批准,该协定于 1989 年 1 月生效。

《美加自由贸易协定》规定两国在 10 年内相互逐步取消商品进口(包括农产品)关税和非关税壁垒,取消对服务业的贸易限制和汽车进出口的管制,开展公平、自由的能源贸易。在投资方面两国将提供国民待遇,并建立一套共同监督的有效程序和解决相互间贸易纠纷的机制。北美自由贸易区是一种类似于共同市场的区域经济一体化组织,标志着北美自由贸易区的萌芽。

由于区域经济一体化的蓬勃发展和《美加自由贸易协定》的签署,墨西哥开始把与美国开展自由贸易区的问题列上了议事日程。1986 年 8 月两国领导人提出双边的框架协定计划,并于 1987 年 11 月签订了一项有关磋商两国间贸易和投资的框架原则和程序的协议。在此基础上,两国进行多次谈判,于 1990 年 7 月正式达成了美墨贸易与投资协定

（也称"谅解"协议），同年9月，加拿大宣布将参与谈判，三国于1991年6月12日在加拿大的多伦多举行首轮谈判，经过14个月的磋商，终于于1992年8月12日达成了《北美自由贸易协定》。该协定于1994年1月1日正式生效，北美自由贸易区宣告成立。

（2）《北美自由贸易协定》的基本内容

针对三个成员国不同的经济发展情况，《北美自由贸易协定》在以下七个方面做了安排。

①在墨西哥占有劳动力优势的纺织品和成衣方面，除了取消一部分产品的关税外，对于墨西哥生产的符合原产地规则的纺织品和成衣，美、加取消其配额限制，并将关税水平从45%降到20%。

②对于汽车产品，美、加逐步取消了对墨西哥制汽车征收的关税，其中轻型卡车的关税从25%减到10%，并在5年内全部取消；对于重型卡车、公共汽车、拖拉机的关税则在10年内取消。墨则将在10年内取消美、加汽车产品的关税及非关税壁垒，其中对轻型卡车在5年内取消关税。

③美、加分别取消其对墨农产品征收的61%和85%的关税；墨则取消分别对美、加农产品征收的36%和4%的关税。另外，墨拥有10～15年的时间来逐步降低剩余农产品的关税，并有权通过基础设施建设、技术援助以及科研来支持本国农业发展。

④在运输业方面，三国间国际货物运输的开放有一个10年的转换期。3年后，墨的卡车允许进入美边境各州，7年后所有三国的国境对过境陆上运输完全开放。

⑤在通信业方面，三国的通信企业可以不受任何歧视地进入通信网络和公共服务业，开展增值服务也无任何限制。

⑥在金融保险业方面，在协定实施的最初6年中，美、加银行只能参与墨银行8%～15%的业务份额；在第7至15年间，如墨银行市场中外国占有率超过25%，墨则有权实行一些保护性措施；墨在美、加银行市场中一开始就可以享受较为自由的待遇。协定还允许美、加的保险公司与墨的保险公司组成合资企业，其中外国企业的控股权可逐年增加，到2000年在墨的保险企业中外国企业的股份可达到100%。

⑦在能源工业方面，墨保留其在石油和天然气资源的开采、提炼及基础石油化工业方面的垄断权，但非石油化工业将向美、加投资者开放。另外，协定同时规定对投资者给予国民待遇，对投资者不得规定诸如一定的出口比例、原产品限制、贸易收支、技术转让等限制条件。

作为补充，美、加、墨在1998年又就取消500种关税达成协议。该协议从1998年8月1日生效，并规定美国免税进口墨西哥产的纺织品、成衣、钟表、帽子等，墨西哥则向美国的化工产品、钢铁制品、玩具等商品开放其市场。此协议实施后，大约93%的墨西哥商品能享受到美国的免税优惠，大约60%的美国商品直接免税进入墨西哥市场。这就形成了自由贸易区内比较自由的商品流通大格局。

（3）北美自由贸易区的未来发展趋势

北美自由贸易区的成功建立坚定了美国向整个美洲扩展自由贸易区的决心。1990年6月，美国总统布什提出"开创美洲事业倡议"，计划在整个美洲建立大自由贸易区，通过扩大贸易与增加投资来促进美洲的经济增长，推动拉美地区的发展。

1994 年 12 月,由美国主导的美洲 34 国首脑在美国迈阿密举行第一届美洲国家首脑峰会,各国一致同意美国关于用 10 年时间建立"美洲自由贸易区"(Free Trade Area of Americas, FTAA)的提议,如果成功将在西半球出现一个世界最大的市场。同年 12 月起,美、加、墨、智 4 国领导人决定开始就智利加入北美自由贸易协定进行谈判。从 1996 年 8 月起,洪都拉斯、危地马拉和萨尔瓦多三国也开始了通过墨西哥加入北美自由贸易协定的谈判。2004 年 1 月,美洲国家领导人特别峰会通过了 2005 年内完成 FTAA 谈判的时间表。但由于美国同阿根廷、巴西、巴拉圭和乌拉圭等国在农产品补贴、农产品准入等问题上存在严重分歧,美洲自由贸易区谈判进展缓慢,最终陷入僵局。

3)亚太经济合作组织(Asia-Pacific Economic Cooperation, APEC)

(1)亚太经济合作组织的成立与发展

20 世纪 80 年代后期,由于欧洲统一市场和北美自由贸易区的酝酿和发展,极大地推动了世界经济区域化、集团化的潮流,由加盟国之间缔结自由贸易协定、从制度上确立成员国之间的自由贸易关系的区域性经济联合组织迅速增加。在这种形势下,澳大利亚总理霍克于 1989 年 1 月访问韩国时提出了建立包括日本、韩国、澳大利亚、新西兰和东盟国家在内的亚太经济圈的建议。经过各方磋商,1989 年 11 月,在澳大利亚首都堪培拉召开了亚太经济合作会议的第一次部长会议,参加会议的有美国、日本、加拿大、澳大利亚、新西兰、韩国、新加坡、泰国、马来西亚、印度尼西亚、菲律宾、文莱 12 个国家的 26 位部长。经过这次会议,亚太经济合作组织宣告成立。

亚太经济合作组织的成立引起了环太平洋沿岸国家的普遍关注,为防止被排除在亚太经济合作和经济联合之外,有关国家都先后表示了参加的意向。继中国内地、中国香港和中国台湾 1991 年同时参加了亚太经济合作组织之后,巴布亚新几内亚和墨西哥于 1993 年,智利于 1994 年,俄罗斯、越南和秘鲁于 1998 年也参加了亚太经济合作组织。这样,亚太经济合作组织的成员就达到了 21 个。除朝鲜外,由于环太平洋沿岸各国,特别是美国、中国、日本和俄罗斯四大国都参加了这一区域性经济合作组织,亚太经济合作组织的地位迅速提高,越来越受到区域内各国的高度重视。

目前,亚太经济合作组织的性质为官方论坛,秘书处对其活动起辅助作用。其议事采取协商一致的做法,合作集中于贸易投资自由化和经济技术合作等经济领域。其运作是通过非约束性承诺、开放对话、平等尊重各成员意见,不同于世界的其他政府间组织。世界贸易组织及其他多边贸易体要求成员签订具约束性的条约,但亚太经济合作组织与此不同,其决议是通过全体共识达成,并由成员自愿执行。

(2)亚太经济合作组织的宗旨与目标

1991 年 11 月 12 日至 14 日,第三届亚太经济合作组织部长级会议在韩国汉城(今首尔)举行,并通过了《汉城宣言》,正式确定亚太经济合作组织的宗旨是为本区域人民普遍福祉持续推动区域成长与发展;促进经济互补性,鼓励货物、服务、资本、技术的流通;发展并加强开放的多边贸易体制;减少贸易与投资壁垒。

（3）亚太经济合作组织的组织机构

APEC共有5个层次的运作机制。

①领导人非正式会议:这是亚太经济合作组织最高级别的会议,每年召开一次,由各成员领导人出席(中国台湾地区只能派相关经济事务的代表出席)。首次领导人非正式会议于1993年11月在美国西雅图召开。会议形成的领导人宣言是指导亚太经济合作组织各项工作的重要纲领性文件。

②部长级会议:每年在领导人非正式会议前举行。由各成员外交部部长(中国台湾、中国香港除外)和经贸部长出席。首次部长级会议于1989年在澳大利亚堪培拉召开,其中1990年至1992年分别在新加坡、韩国汉城(现首尔)、泰国曼谷举行,此后则分别与当年领导人非正式会议同地举行。此外,APEC每年还举行一些专业部长级会议。

③高官会:每年举行3~4次会议,一般由各成员司局级或大使级官员组成。会议的主要任务是负责执行领导人和部长会议的决定,并为下次领导人和部长会议做准备。

④委员会和工作组:高官会下设4个委员会,即贸易和投资委员会(CTI)、经济委员会(EC)、经济技术合作高官指导委员会(SCE)和预算管理委员会(BMC)。CTI负责贸易和投资自由化方面高官会交办的工作,EC负责研究本地区发展趋势和问题,SCE负责指导和协调经济技术合作,BMC负责预算和行政管理等方面的问题。此外,各委员会还下设多个工作组,从事专业活动和合作。

⑤秘书处:1993年1月在新加坡设立,为亚太经济合作组织各层次的活动提供支持与服务。秘书处负责人为执行主任,2010年起设固定任期,任期3年,由亚太经济合作组织当年的东道主指派。

（4）亚太经济合作组织的特点

亚太经济合作组织与一般区域经济集团有以下3点不同。

①亚太经济合作组织的开放性。亚太经济合作组织从一开始就提出了"开放的地区主义"的原则。因此亚太经济合作组织绝大多数成员主张亚太地区的区域性经济一体化应是开放性的,不应设置共同的对外贸易壁垒,不能损害该地区国家与区外国家之间的经济联系。亚太经济合作组织正引入一个有关地区经济合作的全新模式,即围绕贸易自由化使地区性与世界性联动起来的那种确实能实现的"开放性地区主义"模式。这种新模式不仅对亚太地区有利,而且还将促进世界范围贸易自由化的实现。

②亚太经济合作组织的松散性。这主要表现在亚太经济合作组织是一个政府间的协商合作组织,而不是一个谈判机构。亚太经济合作组织的活动是建立在"互利、协商、一致"的基础上,任何方案和决议都必须经过各成员的一致同意,并对成员不具有强制性。这就决定了亚太经济合作组织不会像欧盟和北美自由贸易区那样紧密合作,而只能是建立在共同利益基础上的松散合作。

③亚太经济合作组织的自愿性。由于亚太经济合作组织各成员国之间政治经济上的巨大差异,在推动区域经济一体化和投资贸易自由化方面要想取得"协商一致"是非常困难的,亚太经济合作组织成立之初就决定了其决策程序的软约束力,是一种非制度化的安排。亚太经济合作组织决策不具有硬性约束条件,只能在自愿经济合作的前提下,

在公开对话的基础上,各成员国根据各自经济发展水平、市场开放程度与承受能力对具体产业及部门的贸易和投资自由化进程自行做出灵活、有序的安排,并在符合其国内法规的前提下予以实施。

思考:

试分析区域性经济合作迅猛发展对全球化进程的影响。

RCEP 简介

学习任务 2 熟知中国-东盟自由贸易区

当今的国际贸易主要在两种体制下运行,一是 WTO 多边贸易体制,世界贸易额的 96% 以上在 WTO 成员之间进行;二是区域贸易协定体制,世界贸易额的 50% 以上在区域贸易协定成员之间进行。

我国已成为全球第一大贸易国,贸易摩擦日益增多和激烈,在多边贸易谈判进程受阻、区域经济一体化迅速发展成为各国贸易政策重要选择的现实下,我国必须在区域经济一体化格局中占有一定地位,通过区域贸易协定来开拓投资贸易市场,维护自己在区域和全球的利益。我国在 2004 年修订的《中华人民共和国对外贸易法》第 5 条增加了"缔结或者参加关税同盟协定、自由贸易区协定等区域经济贸易协定,参加区域经济组织"的内容,为我国参与区域经济一体化提供了法律基础。2007 年 10 月,党的十七大报告第一次明确提出要"实施自由贸易区战略"。2009 年全国人大的政府工作报告再次强调要"加快实施自由贸易区战略",加强双边多边经贸合作。

中国在自由贸易区建设方面起步较晚。步入 21 世纪,我国开始研究、谈判和签署自由贸易协定的进程,逐步形成了以自由贸易区为核心,以周边国家为重点,面向全球其他区域,具有中国特色的自由贸易区布局。截至 2022 年,中国已设立 21 个自贸试验区及海南自贸港,基本形成东西南北中协调、陆海统筹的开放新格局。并且,我国已与 26 个国家和地区签署了 19 个自贸协定,自贸伙伴覆盖亚洲、大洋洲、拉丁美洲、欧洲和非洲。其中,亚太地区规模最大、最重要的自由贸易协定《区域全面经济伙伴关系协定》于 2022 年 1 月 1 日正式生效,覆盖世界近一半人口和近三分之一贸易量,是世界上涵盖人口最多、成员构成最多元、发展最具活力的自由贸易区。

4.2.1 中国-东盟自由贸易区的建立及其重要意义

中国-东盟自由贸易区(China-ASEAN Free Trade Area,CAFTA)是中国同其他国家商谈的第一个自贸区,也是目前建成的最大的自贸区。它是继欧盟、北美自由贸易区后的又一个世界重要的区域经济一体化组织,被称为"未来世界第三大经济体",其成员包括中国和东盟 10 国,涵盖 20 多亿人口和 1 400 多万平方千米土地。

中国-东盟自由贸易区是以东盟为一方,中国为另一方的区域经济组织。东盟是东南亚国家联盟(Association of Southeast Asian Nations, ASEAN)的简称,有 10 个成员国,即文莱、印度尼西亚、马来西亚、菲律宾、新加坡、泰国、柬埔寨、老挝、缅甸和越南。其中,前 6 个国家加入东盟的时间比较早,是东盟的老成员,经济相对发达;后 4 个国家是东盟新成员。东盟的构建是中国-东盟自由贸易区形成的基础。

　　东盟国家是中国的友好近邻,与中国或山水相连,或隔海相望,东盟与中国有着友好往来的传统。新中国成立后,中国与东盟各国的关系历经风风雨雨,逐渐走向成熟。截至 1991 年,中国与所有东盟成员国建交或恢复外交关系,1996 年中国又成为东盟全面对话伙伴国。1997 年,中国与东盟共同确立建立面向 21 世纪的睦邻互信伙伴关系。之后双方合作关系进入新阶段,双方高层往来频繁,各层次对话活跃,政治互信不断加深,经贸合作发展迅速。

1) 中国-东盟自由贸易区的建立

(1) 中国-东盟自由贸易区构想的由来

　　中国-东盟自由贸易区的构想始于 1999 年在马尼拉召开的第三次中国和东盟国家领导人会议。当时,东盟刚从亚洲金融危机中恢复,对金融危机的危害和经济脆弱性有着切肤之痛,急需通过地区经济整合来抵御外来风险。而中国在金融危机中保持人民币不贬值,不仅减弱了金融危机的冲击,而且在国际上树立了一个负责任的大国形象。东盟国家普遍希望中国在地区经济合作中发挥更大的作用,中国与东盟加强经济合作的想法呼之欲出。考虑到东盟自由贸易区将在 2002 年启动,为了扩大双方的经贸往来,中国领导人提出愿意加强与东盟自由贸易区的联系,这一想法得到了东盟国家的积极回应。

　　2000 年 11 月在新加坡举行的中国与东盟第四次领导人会议上,东盟国家表示对中国"入世"的担忧。为了解除东盟国家的忧虑,时任总理朱镕基表示:从长远看,双方可以进一步探讨建立中国-东盟自由贸易区的可能性,并建议在中国-东盟经贸联委会的框架下成立中国-东盟经济合作专家组,讨论加强双边经济联系、提供贸易和投资便利等问题。

　　根据中国与东盟双方领导人的授命,2001 年 3 月 28 日,中国-东盟经济合作专家组在马来西亚吉隆坡召开的中国-东盟经贸联委会第二次会议上正式成立。中国-东盟经济合作专家组由政府官员牵头,成员包括专家和学者。2001 年 10 月,中国-东盟经济合作专家组提交了中国-东盟加强经济合作问题的研究报告,报告认为中国与东盟建立自贸区对双方是共赢的,建议在 10 年内建成中国-东盟自由贸易区。

　　2001 年 11 月,第五次中国与东盟领导人会议在文莱首都斯里巴加湾召开,时任总理朱镕基和东盟 10 国领导人达成重要共识:在 10 年内建成中国-东盟自由贸易区,同时还提出了双方在建成自由贸易区之前合作的优先领域。

(2) 正式启动中国-东盟自由贸易区的谈判

　　2002 年 5 月 14 日至 16 日,第三次中国东盟经济高官会和第一次中国东盟谈判委员会会议在中国北京举行,中国-东盟自由贸易区工作组磋商正式启动。会议确定了中国-东盟经济合作框架协议(草案)的基本结构与内容,通过了谈判委员会的职责范围,明确

了谈判委员会将负责谈判"中国-东盟经济合作框架协议"和"自由贸易协定"。

2002年6月27日,中国-东盟谈判委员会第二次会议在印尼首都雅加达举行,中国和东盟双方代表就"中国-东盟经济合作框架协议"进行了讨论,决定成立框架协议文件起草小组和原产地规则小组。

(3)中国-东盟自由贸易区建设进程

2002年11月4日,第六次中国-东盟领导人会议在柬埔寨首都金边举行,时任总理朱镕基提出启动中国-东盟自由贸易区建设进程的建议,会议签署了《中国-东盟全面经济合作框架协议》,决定在2010年建成中国-东盟自贸区,对于东盟新成员,包括越南、柬埔寨、缅甸、老挝,计划2015年建成自由贸易区。该协议于2003年7月1日开始实施。框架协议的签署表明了自贸区的建设进程正式启动。

2004年1月1日,自贸区的先期成果——"早期收获计划"顺利实施,当年早期收获产品贸易额增长40%,超过全部产品进出口增长的平均水平。

2004年11月,双方签署自贸区《货物贸易协议》,并于2005年7月开始相互实施全面降税。根据我国海关统计,2007年我国与东盟贸易总额达到2 025亿美元,同比增长25.9%。2008年上半年,双边贸易额达1 158亿美元,同比增长25.8%。双边贸易实现了稳健、持续的增长,取得了令人满意的成果。

2007年1月,双方又签署了自贸区《服务贸易协议》,已于当年7月顺利实施。2009年8月,双方签署了《投资协议》,中国-东盟自贸区在2010年全面建成。

中国-东盟自贸区的建设进一步加强了双方业已密切的经贸合作关系,也对亚洲及世界的经济发展做出了积极的贡献。

2) 建立中国-东盟自由贸易区的重要意义

中国-东盟自由贸易区是在考虑共同的经济利益的情况下提出的,是建立在双方长期经济交流和互动基础上的合作,因而有较为深厚的经济基础,寻求经济利益最大化导致中国与东盟的合作会日趋紧密。建立中国-东盟自由贸易区对中国和东盟都有积极的重要意义。

(1)双方经济将获得发展良机

随着中国与东盟各国经济往来日益密切,合作范围越来越广,双方有必要建立更为畅通的经贸联系。中国与东盟结成自由贸易区有利于增强各自企业的竞争力,实现优势互补;有利于利用地理位置邻近的便利,促进本地区的投资和经济技术合作,促进区域内各国之间人才、商品、资金和信息的流动,更加有效地促进区域市场的发展,创造更多的财富,增加区域内各国人民的福利。

(2)政治上有利于维护地区稳定

中国-东盟自由贸易区是世界上最大的自由贸易区,它将与欧盟和北美自由贸易区一起,共同促进全球经济的发展。由于中国与东盟各国均属于发展中国家,双方的合作可以更加有效地维护发展中国家的利益,推动建立更加公平的国际经济和政治秩序。

（3）有助于减轻东盟对中国"入世"的疑虑

东盟认为中国"入世"将使他们遭受三方面的打击：东盟的海外市场正在被中国生产的价格低廉、质量较高的商品挤占；由于绝大部分外资转移到中国，他们的外国直接投资的份额将逐步减少；由于一些工业已经转移到成本较低的中国，他们自己的生产基地正在逐渐成为空壳。自贸区的建立将缓和东盟国家的疑虑，并促进东南亚国家与中国维持友好的合作关系。

（4）提高东盟的国际地位

东盟虽然在形式上包括东南亚地区的 10 个国家，但受制于总体经济实力，其在国际政治经济事务中的呼声仍十分有限，更无法与欧盟、美国等势力集团抗衡，建立中国-东盟自由贸易区进一步加强了中国和东盟在政治上的相互依存程度，可以提高东盟的国际地位，增加东盟国家的发言权。

4.2.2 《中国-东盟全面经济合作框架协议》及已签署的协议

中国-东盟自由贸易区是我国正式缔结并付诸实施的第一个全面性的自由贸易区，涵盖了货物贸易、服务贸易、投资及经济合作等广泛的内容。双方于 2002 年签署了《中国-东盟全面经济合作框架协议》，2004 年签署了《货物贸易协议》和《争端解决机制协议》，2007 年签署了《服务贸易协议》，2009 年签署了《投资协议》。货物、服务和投资这三驾马车形成《中国-东盟全面经济合作框架协议》的核心，成为增进双方贸易和投资的有力框架。

1)《中国-东盟全面经济合作框架协议》

2002 年 11 月 4 日，时任总理朱镕基和东盟 10 国领导人共同签署了《中国-东盟全面经济合作框架协议》（以下简称《框架协议》），这标志着中国与东盟的经贸合作进入了一个新的历史阶段。

《框架协议》的目标是加强和增进各缔约方之间的经济、贸易和投资合作；促进货物和服务贸易，逐渐实现货物和服务贸易自由化，并创造透明、自由和便利的投资机制；为缔约方之间的更紧密的经济合作开辟新领域，制定新措施；为东盟新成员更有效地参与经济一体化提供便利，缩小东盟成员国经济发展水平的差距。

《框架协议》是自贸区的法律基础，共 16 个条款，确定了中国-东盟自贸区的基本架构，主要涉及货物贸易自由化、服务贸易自由化、投资自由化以及经济技术合作。条款内容规定了中国-东盟自贸区的目标、全面经济合作措施、货物贸易、服务贸易、投资、早期收获、其他经济合作领域、时间框架、最惠国待遇、一般例外、争端解决机制、谈判的机构安排等方面的内容。

（1）货物贸易自由化

货物贸易自由化是中国-东盟自贸区建设的首要领域。《框架协议》指出，货物贸易自由化的时间表和自由化的最终目标是取消所有货物贸易中的关税和非关税壁垒。同

时,为了加速实现中国-东盟贸易自由化,特别提出了"早期收获"计划,以加速协议的实施。

（2）服务贸易自由化

服务贸易自由化是中国-东盟贸易自由化的另一个重要内容。中国和东盟将服务贸易纳入框架协议是一个有预见性的决定。尽管发展中国家和地区在服务贸易的发展方面与发达国家有较大差距,发展中国家之间的服务贸易往来也处于较低水平,但总的趋势是服务贸易的比重不断提高。《框架协议》有关服务贸易自由化的基本目标是,为了加速服务贸易的发展,各缔约方同意进行谈判,逐步实现涵盖众多部门的服务贸易自由化。

（3）投资自由化

中国和东盟作为新近崛起的重要区域经济力量,投资合作列入框架协议充分反映了双方对于投资问题的重视。各国都希望通过取消对直接投资的限制,增加对外国资本的吸引力。为了建立一个自由、便利、透明并具有竞争力的投资机制,各缔约方同意在三方面加强合作:①逐步实现投资机制的自由化;②提高投资规章和法规的透明度;③提供投资保护。

（4）经济技术合作

中国-东盟经济技术合作是一个具有重要意义的合作领域。《框架协议》确定农业、信息与通信技术、人力资源开发、投资促进和湄公河流域开发为优先合作部门。优先合作部门的确立使中国-东盟自由贸易区的合作范围远远超出了传统意义上的以减税为主的自由贸易区建设,说明中国和东盟双方将以建设自贸区为契机,开始推动全面经济技术合作。

2)《货物贸易协议》

2004 年 11 月 29 日,第八次中国-东盟领导人会议在老挝万象召开。在时任总理温家宝和东盟 10 国领导人的见证下,中国商务部部长与东盟 10 国的经济部长共同签署了《货物贸易协议》。2005 年 7 月 20 日,中国-东盟自贸区降税进程全面启动,这标志着《货物贸易协议》正式进入了实施阶段,也标志着中国-东盟自贸区的建设进程全面拉开了帷幕。

《货物贸易协议》是规范我国与东盟货物贸易降税安排和非关税措施等问题的法律文件,共有 23 个条款和 3 个附件,主要包括关税的削减和取消、减让的修改、数量限制和非关税壁垒、保障措施、加速执行承诺、一般例外、安全例外、机构安排和审议等内容。其主要内容如下。

（1）自贸区产品的分类

除已有降税安排的早期收获产品外,把其余产品分为正常产品和敏感产品两大类。它们的主要区别是:正常产品最终将实现零关税,敏感产品最终不需要实现零关税。

在正常产品中,产品又分为一轨产品和二轨产品两类。两者的共同点是最终税率均为零,区别是二轨产品在取消关税的时间上享有一定的灵活性。

在敏感产品中,按敏感程度不同,产品又分为一般敏感产品和高度敏感产品两类。两者的共同点是最终税率可不为零,区别是一般敏感产品要在一段时间后把关税降到相对较低的水平,而高度敏感产品最终可保留相对较高的关税。

(2)正常产品的降税模式

中国-东盟自贸区的货物贸易谈判采取的是"负面清单"(Negative List)方式,凡是没有列入敏感产品清单的产品均视为正常产品。因此,在中国-东盟自贸区框架下,绝大多数的产品都是正常产品。

《货物贸易协议》详细规定了正常产品关税减让的模式,其中,对东盟新成员的特殊和差别待遇是协议所体现的一项重要原则。主要规定有以下3个方面。

①降税步骤。对中国和东盟老成员,正常产品自2005年7月起开始降税,2007年1月1日和2009年1月1日各进行一次关税削减,2010年1月1日将关税最终削减为零;对东盟新成员,从2005年7月起开始降税,2006年至2009年每年1月1日均要进行一次关税削减,2010年不削减关税,2011年起每两年削减一次关税,至2015年将关税降为零。

②降税的起点税率。《货物贸易协议》将产品按其降税起点税率的高低进行分类,每一类都遵循一定的降税模式,最终将关税降为零。一般来说,目前实施税率较高的产品降税幅度较大,降速较快,关税较低的产品降税幅度较小,速度也较慢,这样可以保证全部产品的稳步降税。与中国和东盟老成员相比,东盟新成员的产品分类更细,降税更为平缓,从开始降税到取消关税的时间也较长。

③二轨正常产品。二轨正常产品的降税模式与一轨正常产品完全相同,区别仅在于二轨正常产品的关税在按降税模式降到5%以下时,可保持不超过5%的关税,比一轨正常产品更晚的时间降为零。对中国和东盟老成员,应在2012年1月1日取消二轨正常产品的关税,对东盟新成员,应在2018年1月1日取消二轨正常产品的关税。但是,二轨产品的数目有一定限制,中国和东盟老成员的二轨产品不得超过150个6位税目,东盟新成员不得超过250个6位税目,见表4-2。

表4-2 中国-东盟自由贸易区正常产品关税削减时间表

起始时间	关税税率	参与国家
2004年1月1日	农产品关税开始下调	中国与东盟10国
2005年7月	对所有成员开始削减关税	中国与东盟10国
2006年	农产品关税降至0	中国与东盟10国
2010年	一轨正常产品关税降至0	中国与原东盟6国
2012年1月1日	二轨正常产品关税降至0	中国与原东盟6国
2015年1月1日	对新东盟成员国一轨正常产品零关税	东盟新成员国
2018年1月1日	对新东盟成员国二轨正常产品零关税	东盟新成员国

(3)敏感产品的降税模式

①敏感产品的种类。敏感产品是各方出于国内产业发展考虑,需要进行保护的产

品,因此其最终税率不为零。《货物贸易协议》规定,敏感产品按其敏感程度,分为一般敏感产品和高度敏感产品;中国对东盟 10 国提出一份敏感产品清单,同时适用于 10 国;东盟 10 国则分别针对中国提出各自敏感产品清单,其中所列的敏感产品只适用于中国。

在中国-东盟自贸区中,各方按照各自情况,分别提出了不同的敏感产品。我国提出的敏感产品主要包括大米、天然橡胶、棕榈油、部分化工品、数字电视、木材和纸制品等;东盟国家则提出了橡胶制品、塑料制品、陶瓷制品、部分纺织品和服装、钢材、部分家电、汽车、摩托车等敏感产品。

②敏感产品的上限。敏感产品要受到两个指标,即税目数量和进口金额的限制。也就是说,敏感产品的数量不能超过一定税目,同时一方敏感产品所影响的进口额也不能超过该方进口总额的一定比例,但协议同时也对东盟的新成员做出了特殊安排。各国的敏感产品上限如下。

A.中国与东盟老成员:不超过 400 个 6 位税目,进口额不超过进口总额的 10%(以 2001 年的数据为基础)。

B.柬埔寨、老挝和缅甸:不超过 500 个 6 位税目,不设进口额上限。

C.越南:不超过 500 个 6 位税目,不设进口额上限,但越南应在规定时间内对敏感产品进行一定幅度的关税削减。

③敏感产品的降税模式。一般敏感产品和高度敏感产品的降税模式有所不同,一般敏感产品由于敏感程度较低,其最终税率要低于高度敏感产品,但高度敏感产品的数量也要受到一定约束。

A.一般敏感产品的降税模式:中国与东盟老成员,2012 年 1 月 1 日削减至 20%,2018 年 1 月 1 日进一步削减至 5%以下;东盟新成员,2015 年 1 月 1 日削减至 20%,2020 年 1 月 1 日进一步削减至 5%以下。

B.高度敏感产品的降税模式:中国与东盟老成员应在 2015 年 1 月 1 日将高度敏感产品的关税削减至 50%以下,但高度敏感产品的数量不应超过 100 个 6 位税目。东盟新成员应在 2018 年 1 月 1 日将高度敏感产品的关税削减至 50%以下,但高度敏感产品的数量不应超过 150 个 6 位税目。

(4)原产地规则

原产地规则是中国-东盟自由贸易区实现货物贸易自由化的重要组成部分。从 2004 年 1 月 1 日起,中国-东盟自由贸易区原产地规则开始实施。它是判定产品经济国籍的标尺,决定了产品能否享受关税减让待遇。

根据中国-东盟自由贸易区原产地规则的规定,享受中国-东盟自由贸易区优惠关税协议下优惠待遇的主要条件是:

①必须是在目的国可享受关税减让的货物。

②必须符合货物由任一中国-东盟自由贸易区成员国直接运至一进口成员国的运输条件,但如果过境运输、转换运输工具或临时储存,仅是出于地理原因或仅出于运输需要的考虑,运输途中经过一个或多个非中国-东盟自由贸易区成员国境内的运输亦可接受。

③必须满足原产地标准。

A. 完全获得产品：在出口成员国内完全获得的产品。

B. 符合增值标准的产品：使用原产于非中国-东盟自由贸易区成员国或无法确定原产地的材料、零件或产物生产和加工产品时，所用材料、零件或产物的总价值不超过生产或获得产品离岸价格的60%，且最后生产工序在该出口成员国境内完成。

C. 符合累计增值标准的产品：该产品在一成员国用作生产在其他一个或多个成员国可享受优惠待遇的最终产品的投入品，如最终产品中，中国-东盟自由贸易区成分总计不少于最终产品的40%。

D. 符合产品特定原产地标准的产品：符合中国-东盟原产地规则附件二的《产品特定原产地标准》的产品。

符合中国-东盟自由贸易区原产地规则的商品，收货人向海关提交指定政府机构签发的原产地证书，可适用中国-东盟协定税率。中国-东盟自贸区原产地证书使用的是不同于WTO原产地证书格式的格式E（Form E）。但原产于出口成员国货值不超过200美元（离岸价格）的货物，可以不申请原产地证书而改用出口人声明的方式证明该批货物原产于出口成员国。邮递货值不超过200美元（离岸价格）的货物也采用相同的方式。

在我国，中国-东盟原产地证书仅由国家质量监督检验检疫总局（现为"国家市场监督管理总局"）及各地检验检疫局负责接受申请并签发，商会、协会、贸促会等机构无权签发。凡申请"中国-东盟自由贸易区优惠原产地证书"的单位，必须预先在当地检验检疫机构办理注册登记手续。申请签证时，必须提交"原产地证明书申请书"、商业发票副本、提单等必要的其他证件。

（5）保障措施

贸易救济措施是进出口贸易的"安全阀"，主要包括反倾销、反补贴和保障措施。《货物贸易协议》规定，中国-东盟自贸区的反倾销与反补贴措施适用WTO的相关规定。但在保障措施方面，为保证各自的国内产业不受到严重冲击，协议规定了自贸区的保障措施，允许各方在必要时采用。

中国-东盟自贸区保障措施的主要内容是，由于来自中国-东盟自贸区内部的进口激增，使某一产品的国内生产部门受到实质损害或实质损害威胁时，一缔约方可以启动保障措施，对来自中国-东盟自贸区内的产品提高关税。但为避免滥用保障措施，协议同时还规定了各缔约方使用保障措施的限制性条件。其一，就具体产品而言，保障措施可使用的期限为从该产品开始降税之日起到完成该产品降税的5年内；其二，一次实施期限不得超过3年，且延长期不得超过1年；其三，实施保障措施的税率不得高于该产品采取保障措施时的最惠国税率；其四，自贸区保障措施不得与WTO保障措施同时使用。

（6）数量限制和非关税壁垒

各缔约方不应保留任何数量限制措施，非WTO成员的缔约方也应逐步取消其数量限制。同时，各方应尽快确定其仍保留的非关税壁垒，并逐步取消。这一规定对于切实保证中国-东盟自贸区的自由化程度具有重要意义。

（7）承认中国市场经济地位

在《货物贸易协议》第十四条中，东盟10国明确承认中国是一个完全市场经济体，并且承诺对中国不适用《中华人民共和国加入世界贸易组织议定书》第十五条（反倾销替代国定价条款）和第十六条（特殊保障措施条款）以及《中国加入世界贸易组织工作组报告书》第242段（纺织品特保条款）。这一规定对我国具有特殊意义，不仅为我国企业在自贸区内争取了公平和公正的贸易竞争环境，而且也对推动世界上其他国家承认我国市场经济地位起到了很好的示范作用。

（8）其他问题

在技术贸易壁垒、卫生和植物卫生措施和知识产权协议等方面，各缔约方应遵循WTO的有关规定；其他协议中没有被特别提及或修正的WTO多边货物贸易条款，在被修正后应适用于中国-东盟自贸区。协议还就自贸区的透明度标准、加速降税安排、一般例外、安全例外及有关程序和机构性安排做出了规定。

《货物贸易协议》的签署具有里程碑式的意义，它为全面开展中国-东盟自贸区建设进程奠定了基础，铺平了道路。我们应全面了解这项协议，把握自贸区所产生的新的机遇，为深化和发展同东盟国家之间的合作做出新的努力。

 思考：

试分析《中国-东盟全面经济合作框架协议货物贸易协议》实施的意义是什么？

---

3)《服务贸易协议》

服务贸易是中国-东盟自贸区的重要组成部分。2007年1月14日，第10次中国-东盟领导人会议在菲律宾宿务召开。会上，在时任总理温家宝和东盟10国领导人的共同见证下，中国与东盟10国签署了中国-东盟自贸区《服务贸易协议》，协议于2007年7月1日起正式生效。

《服务贸易协议》规定了双方在中国-东盟自贸区框架下开展服务贸易的权利和义务，同时包括了中国与东盟10国开放服务贸易的第一批具体承诺减让表。各方根据减让表的承诺内容进一步开放相关服务部门。根据《服务贸易协议》的规定，我国在WTO承诺的基础上，在建筑、环保、运输、体育和商务5个服务部门的26个分部门，向东盟国家做出市场开放承诺，东盟10国也分别在金融、电信、教育、旅游、建筑、医疗等行业向我国做出市场开放承诺。这些开放承诺是根据中国和东盟国家服务业的特点和具体需求而做出的，主要包括进一步开放上述服务领域、允许对方设立独资或合资企业、放宽设立公司的股比限制等内容。

（1）《服务贸易协议》的文本内容

《服务贸易协议》是规范我国与东盟服务贸易市场开放和处理与服务贸易相关问题的法律文件，基本参照WTO《服务贸易总协定》的模式，包括定义和范围、义务和纪律、具体承诺和机构条款4个部分,共33个条款和1个附件。附件中列出了中国与东盟10国的具体承诺减让表。主要内容如下。

①定义和范围部分,规定了所有与服务贸易相关的定义和协议的管辖范围,包括法人、自然人和服务提供者等定义内容,均同WTO《服务贸易总协定》的相关规定保持一致,并将行使政府职权的服务排除在协议范围之外。其中的自然人定义是确定何种个人可以享受自贸区优惠待遇的规则。协议同样采纳了WTO《服务贸易总协定》中的自然人定义,规定一方拥有永久居留权的个人(即持绿卡的外籍人)可以同其公民一样视为该方的自然人,享受自贸区的优惠待遇。但由于中国、印度尼西亚、泰国、越南和老挝目前尚未出台有关外籍永久公民从事商业活动的相关法律,协议规定,对上述5国而言,其他方的自然人只限于公民,即其他方的外籍永久公民不能与其公民一样享有自贸区的优惠待遇。一旦上述5国颁布了相关法律,应与其他缔约方就是否将外籍永久公民纳入自然人范围进行谈判。

②义务和纪律部分,主要包括透明度、国内规制、相互承认、保障措施、补贴、一般例外和安全例外等条款,对各方开展服务贸易所应遵循的行为准则做出了规定。同时,协议纳入了加强柬埔寨、老挝、缅甸、越南参与的条款,以支持东盟新成员服务业的发展。

③具体承诺部分,包括市场准入、国民待遇、渐进自由化、具体承诺减让表、减让表适用方式和减让表的修改等条款。协议参照WTO《服务贸易总协定》模式,规定各方提交的具体承诺减让表作为附件,构成协议的一部分,在减让表中列明具体开放的部门和措施。

关于具体承诺的适用方式,协议规定,中国向东盟10国提交一份统一的减让表,适用于东盟10国,东盟10国分别提交各自的减让表(共10份),适用于中国和东盟其他国家。

④机构条款部分,包括联络点、审议、争端解决、协议生效等条款,对实施协议的程序性问题做出了规定。协议规定,本协议应于2007年7月1日正式生效,如一方届时未能完成国内审批程序,则该方在本协议下的权利与义务应自其完成此类国内程序之日起开始。

(2)各国具体承诺(减让表)和开放部门

各国以减让表的形式列出各自在服务部门的具体开放承诺。具体承诺是各国在其各自WTO《服务贸易总协定》承诺基础上,做出的更高水平的开放承诺。各国主要承诺内容如下。

①中国具体承诺的主要内容。中国的承诺主要涵盖建筑、环保、运输、体育和商务服务(包括计算机、管理咨询、市场调研等)5个服务部门的26个分部门,具体包括进一步开放部分服务领域、允许设立独资企业、放宽设立公司的股比限制及允许享受国民待遇等。

②东盟具体承诺的主要内容。

A.新加坡在商务服务、分销、金融、医疗、娱乐和体育休闲服务、运输等部门做出了超越WTO的出价,并在银行、保险、工程、广告、非武装保安服务、药品和医疗用品佣金代理和零售、航空和公路运输服务等部门做出了高于其WTO新一轮谈判出价的承诺,在不同程度上放宽了市场准入限制,如在外资银行准入方面,取消了对新加坡国内银行的外资参股股比在 40% 以内的限制。

B. 马来西亚在商务服务、建筑、金融、旅游和运输等部门做出了高于 WTO 水平的承诺。与其在 WTO 新一轮谈判中的出价相比,新增了会展、主题公园服务、海运、空运等部门的具体出价,并在金融、建筑及工程等领域做出了更高水平的开放承诺,如在保险领域,放宽了对外籍管理人员的市场准入限制。

C. 泰国在商务人员入境、建筑工程、中文教育、医疗、旅游餐饮和海运货物装卸等领域做出了高于 WTO 水平的承诺。

D. 菲律宾在能源、商务服务、建筑及工程、旅游等部门做出了高于 WTO 水平的承诺。与其在 WTO 新一轮谈判中的出价相比,在采矿、制造业和建筑服务等中方较为关注的部门做出了进一步开放的承诺。

E. 文莱在旅游和运输等部门做出了高于 WTO 水平的承诺,特别是在运输服务方面,增加了海洋客运和货运服务、航空器的维护和修理服务等中方关注领域的市场开放承诺。

F. 印度尼西亚在建筑及工程、旅游和能源服务方面做出了高于 WTO 水平的承诺,特别是在民用工程、煤的液化和气化服务等中方关注领域做出了进一步开放的承诺。

G. 越南、柬埔寨、缅甸三国的具体出价与其 WTO 的承诺基本一致,主要涵盖商务服务、电信、建筑、金融、旅游和运输等部门。

H. 老挝在银行、保险领域做出了具体开放承诺。

4)《投资协议》

由于全球金融危机仍在蔓延,贸易投资保护主义在全球范围内明显升温。如何应对危机,如何坚持自由贸易的国际贸易体制发展方向,继续倡导贸易投资的自由化和便利化,抵制保护主义,是摆在各国政府面前的重大课题。

2009 年 8 月 15 日,第八次中国-东盟经贸部长会议在泰国曼谷举行,时任商务部部长陈德铭与东盟 10 国的经贸部长共同签署了中国-东盟自贸区《投资协议》。该协议的签署向外界发出了一个明确的信号,即中国和东盟各国愿同舟共济,携手抗击金融危机,继续推进贸易和投资自由化,反对贸易和投资保护主义,为东亚地区和全球经济的复苏与发展做出重大贡献。

《投资协议》包括 27 个条款。该协议通过双方相互给予投资者国民待遇、最惠国待遇和投资公正公平待遇,提高投资相关法律法规的透明度,为双方投资者创造一个自由、便利、透明及公平的投资环境,并为双方的投资者提供充分的法律保护,从而进一步促进双方投资便利化和逐步自由化。

随着《投资协议》的签署和实施,中国与东盟之间的相互投资和经贸关系进入了新的发展阶段,同时,它标志着中国-东盟自贸区如期在 2010 年全面建成。近年来,中国与东盟相互投资不断扩大,已成为相互投资最活跃的合作伙伴。截至 2022 年 7 月底,累计双向投资额超过 3 400 亿美元。

5)《争端解决机制协议》

《争端解决机制协议》于 2004 年 11 月签署,2005 年 1 月 1 日正式生效。它是落实《中国-东盟全面经济合作框架协议》的重要步骤和措施,也是中国-东盟自贸区建立过程中的一件大事,对于中国-东盟自贸区具有举足轻重的意义。

《争端解决机制协议》是实施《框架协议》的核心机制之一,它的实施进一步加强了《框架协议》的法律效力和社会影响,使中国与东盟间全面的经济合作进一步规范化和制度化。

4.2.3 中国-东盟博览会和中国-东盟商务与投资峰会

1)中国-东盟博览会

(1)中国-东盟博览会简介

中国-东盟博览会(China-ASEAN Exposition,CAEXPO)是由时任总理温家宝倡议,由中国和东盟 10 国经贸主管部门及东盟秘书处共同主办,广西壮族自治区人民政府承办的国家级、国际性经贸交流盛会。博览会以"促进中国-东盟自由贸易区建设、共享合作与发展机遇"为宗旨,涵盖商品贸易、投资合作和服务贸易三大内容,是中国与东盟扩大商贸合作的新平台。

自 2004 年以来,博览会每年定期在南宁举办,是目前中国境内唯一由多国政府共同举办且长期在一地举办的展会。

(2)中国-东盟博览会的作用

中国-东盟博览会以展览为中心,同时开展多领域、多层次的交流活动,搭建了中国与东盟交流合作的平台。它的成功举办推进了双边经贸合作持续快速增长,对加快中国-东盟自由贸易区的建设发挥了重要作用。

①博览会成为自由贸易区建设的推进器。中国-东盟博览会始终紧跟自由贸易区建设的进程,务实推进货物贸易、服务贸易、投资等领域的合作,把自贸区一系列贸易和投资便利化政策传导给企业,展示的商品 98% 以上为降税商品。企业通过参展参会,切实享受到了中国-东盟自由贸易区建设带来的巨大商机和实际利益。中国-东盟博览会的成功举办,为自由贸易区建设提供了强劲动力,有力地推动了自由贸易区建设从共识走向务实,从政府走向企业。

②博览会成为开展相互贸易的重要平台。中国-东盟博览会在展品类别上,以中国与东盟互有需求、交易量大的商品为主,如机械设备、电子电器、建筑材料等。东盟国家参展规模不断扩大,同时也吸引了大量中国企业前来采购洽谈,务实推动双方贸易。此外,博览会秘书处已经建立了提供中国与东盟企业数据的"中国-东盟商务数据库",为企业提供更多便捷的贸易机会和更好的配对服务。中国-东盟博览会已经成为中国与东盟企业开拓市场,发展相互贸易的重要平台。

③博览会成为深化投资合作的重要纽带。投资合作是博览会四大专题之一,每届博

览会都举办双边投资促进推介会,各国都在博览会上推介本国的投资项目和园区。博览会还举办投资合作项目签约仪式。例如,第七届博览会举行了46场投资推介活动,共签订国际经济合作项目135个,总投资额66.9亿美元,比上届增长3%。其中,中国与东盟签约的投资合作项目58个,总投资额26.63亿美元,分别占国际经济合作项目的43%和38%。项目数量多,涉及农业、制造业、商贸物流、旅游开发、矿产开采及加工、交通能源设施建设等领域,合作质量进一步提升。随着我国企业"走出去"步伐加快,博览会将在促进双方的投资合作方面发挥更大作用。

④博览会成为中国与东盟合作的重要机制。每届博览会除了有大量企业参展,还有各国领导人和部长级贵宾出席,增进了相互了解,促进了友好关系。在博览会的推动下,中国-东盟青少年培养基地、中国-东盟妇女培训中心等合作机制已落户南宁。博览会已经成为中国与东盟领导人之间、城市之间、企业之间、人民之间交流的重要平台,构建了双方多层次、多领域交流的渠道。

2) 中国-东盟商务与投资峰会

(1) 中国-东盟商务与投资峰会的由来

2003年10月8日,时任总理温家宝在第七次中国与东盟领导人会议上倡议,从2004年起每年举办中国-东盟商务与投资峰会,作为中国推动中国-东盟自由贸易区建设的一项实际行动。这一倡议得到了各国领导人的积极响应,并写入会后发表的主席声明。每年的中国-东盟商务与投资峰会都在广西南宁举办。

(2) 中国-东盟商务与投资峰会的宗旨

峰会以推动中国与东盟国家全面经济合作、自由贸易区建设为目标,为中国和东盟10国的政府官员、企业界和学术界人士建立起宣传经贸政策与推介合作项目、开展多向互动与信息交流的合作平台,为各国采购商、生产商和投资商提供更多商业机会,向各国政府表达商界意愿、促进政策制定与经贸合作,推动中国与东盟经济合作的全面发展。

(3) 中国-东盟商务与投资峰会的定位

力争把峰会办成中国与东盟国家领导人聚首的盛会,办成中国与东盟国家高官汇聚的崭新平台,办成一个密切政府和企业之间联系的高层论坛,办成一个工商界发表新观点的崭新载体,办成中国与东盟团结与合作的新典范,办成推进中国-东盟自由贸易区建设的一个重要机制。

(4) 中国-东盟商务与投资峰会的组织机构

中国-东盟商务与投资峰会由中华人民共和国商务部、中国国际贸易促进委员会、广西壮族自治区人民政府主办,东盟工商会、中国-东盟商务理事会、东盟10国国家工商会协办,中国-东盟商务与投资峰会秘书处承办。

(5) 中国-东盟商务与投资峰会的主要特点

①商界共办。东盟工商会、中国-东盟商务理事会、东盟10国国家工商会是中国-东盟商务与投资峰会的协办单位。

②高层对话。每届峰会邀请中国与东盟国家领导人发表主旨讲话。

③交流互动。安排中国与东盟国家领导人、政府高官、工商领袖和专家学者同台演讲,政界、商界和学界三者对话与互动,相互交流。

④重商务实。直面中国-东盟自由贸易区建设进程中面临的热点、难点、焦点问题和企业关心的问题。会议代表主要由企业构成。

⑤会展结合。同期举行中国-东盟博览会,还相应举办文艺演出、体育活动、联谊会、推介会、洽谈会,多形式、多场合为商界交流提供机会,增强会议的吸引力。

中国-东盟博览会和中国-东盟商务与投资峰会在推动中国与东盟经贸合作,推动中国-东盟自由贸易区建设方面发挥了十分重要的作用。时任总理温家宝 2007 年 11 月在新加坡举行的第十一次中国-东盟 10+1 领导人会议上指出:"继续办好中国-东盟博览会和中国-东盟商务与投资峰会,使之成为双方深化交流、扩大合作、互利共赢、共谋发展的重要平台"。

4.2.4　中国与东盟经济合作前景

中国-东盟自贸区建设大致分为 3 个阶段。第一阶段(2002—2009 年),启动并大幅下调关税阶段。自 2002 年 11 月双方签署以中国-东盟自贸区为主要内容的《中国-东盟全面经济合作框架协议》始,至 2010 年 1 月 1 日,中国对东盟 92% 产品的贸易关税降为零。第二阶段(2010—2015 年),全面建成自贸区阶段,即东盟越南、老挝、柬埔寨、缅甸四国与中国贸易的绝大多数产品实现零关税,与此同时,双方更广泛深入地开放服务贸易市场和投资市场。第三阶段(2016 年至今),自贸区巩固完善阶段。中国-东盟自贸区的建设使以中国-东盟自贸区发展为主轴的中国与东盟经贸合作前景广受瞩目。

1)贸易规模将进一步扩大

中国与东盟的进出口额将持续增长。这种增长一方面源自双方经贸互补性强;另一方面,随着双方投资市场和服务贸易市场的更加开放,必将促进相互间的贸易合作。

2)双方投资合作将更加活跃

投资合作是中国-东盟经贸合作的强大推动力。双方相互直接投资将进一步扩大,这得益于中国-东盟自贸区《投资协议》开始实施,双方开放投资市场,改善投资环境,降低投资壁垒,为双方企业创造更多投资机会。东盟与中国的"零关税"也吸引越来越多的区域外企业投资东盟,一同来开发中国市场。

3)服务贸易开放领域将进一步拓宽

中国与东盟在服务贸易领域的发展基础、产业结构和发展阶段等方面具有较强的互补性,在旅游、金融、教育、环保、建筑、运输、商务服务等所有服务领域都存在极大的合作潜力。中国与东盟就服务贸易的开放承诺体现了各自的比较优势,使服务部门渐进地开放和自由化。随着自贸区建设的深化,双方服务贸易开放的领域将进一步拓宽,为服务领域的企业带来大量新商机,促进本区域的服务领域合作大发展和服务领域各行业水平的提升。

4)次区域经济合作将日显重要

中国与东盟的次区域经济合作在双方经贸关系中将处于越来越重要的地位。2015年12月31日,东盟共同体正式成立,加强了东盟东部经济增长区、湄公河区域、印尼-马来西亚-泰国增长三角等次区域经济的合作,进一步缩小了东盟内部经济发展差距。中国政府正积极鼓励企业参与东盟内的次区域合作,同时正在与东盟有关国家积极推动大湄公河次区域经济合作(GMS)建设和泛北部湾经济区建设。次区域经济合作将越来越成为中国与东盟经贸合作的热点和亮点。

5)行业合作将加快步伐

中国-东盟自由贸易区建设的展开,减免关税,实现贸易的自由化和便利化,为打造区域内新的产业链,创造更多的贸易机会提供了有利条件。今后,双方行业合作将会加快步伐,根据不断发展的开放形势加强对接、合理分工,从而提高中国与东盟产品的生产力和在国际市场上的竞争力。

6)领域合作将全面展开

中国与东盟相互开放市场,对双方在信息产业、人力资源开发、交通等领域合作提出了越来越迫切的要求。全面而深入的领域合作是双方经贸合作新发展的重要保障。

总之,中国的发展离不开东盟,东盟的发展也需要中国,共同的利益纽带把双方紧密地联结在一起。

习近平在第17届
中国-东盟博览会
开幕式上的讲话

学习任务 3   了解关贸总协定

4.3.1 关贸总协定的产生

20世纪三四十年代,世界贸易保护主义盛行。国际贸易的相互限制是造成世界经济萧条的一个重要原因。第二次世界大战的爆发使世界经济陷入更为严重的境地,各国从自身利益出发纷纷采取贸易保护主义措施保护本国的对外贸易,使原本萧条的世界经济贸易更是雪上加霜。

第二次世界大战结束后,解决复杂的国际经济问题,特别是制定国际贸易政策,成为战后各国面临的重要任务。各国深深感到建立开放、稳定和自由的国际经济贸易体制的必要性。第二次世界大战后,美国在经济上处于领先地位,为了恢复自由贸易,美国倡议建立一个以实现贸易自由化为目标的国际贸易组织。1946年2月,联合国经济和社会理事会开始筹建该组织。1944年7月,由美国、英国牵头,44个国家在美国的新罕布什尔州的布雷顿森林召开会议,讨论国际货币体系问题,并建立了以稳定国际金融、间接地促进世界贸易发展为目标的国际货币基金组织(International Monetary Fund,IMF)和国际复兴开发银行(International Bank for Reconstruction and Development,IBRD,又称"世界银行")。与此同时,美国提议建立处理国际贸易与关税的专门机构,以铲除贸易壁垒,推行贸易自由化。在该提案的基础上,美国正式拟订"国际贸易组织宪章草案",并准备在1947年11月讨论并最终签署该草案。但是,"国际贸易组织宪章草案"包含经济发展、国际投资、充分就业等国内外经济政策,各国代表签字后还需各国政府或立法部门批准后才能正式生效,牵涉面广,手续复杂。1950年,由于美国国会参众两院没有批准该宪章,其他各国的立法部门也没有批准,至此,被视为"自由贸易宪章"的国际贸易组织便完全夭折了。但各国在多边谈判过程中拟订的关税与贸易总协定,从1948年1月1日起一直生效至今。

关税与贸易总协定(General Agreement on Tariff and Trade,GATT),简称"关贸总协定",是在美国策动下由23个国家于1947年10月30日在日内瓦签订,并于1948年1月1日临时适用的关于调整缔约国对外贸易政策和国际贸易关系方面的相互权利、义务的国际多边协定。关贸总协定本是"国际贸易组织宪章"框架下的一项有关货物贸易自由化的协定,本来该协定是要在"国际贸易组织宪章"签署和国际贸易组织秘书处正式开始工作后才能实施的,但美国代表提议以"临时"适用议定书的形式签署,所以,关贸总协定得以在1947年提前通过。

4.3.2　关贸总协定的宗旨与作用

1)关贸总协定的宗旨

关贸总协定的序言明确规定其宗旨:缔约各国政府认为,在处理它们的贸易和经济事务的关系方面,应以提高生活水平、保证充分就业、保证实际收入和有效需求的巨大持续增长、扩大世界资源的充分利用以及发展商品生产与交换为目的。通过达成互惠互利协议,大幅度地削减关税和其他贸易障碍,取消国际贸易中的歧视待遇等措施,以对上述目的做出贡献。

关贸总协定的基本原则包括:贸易应当在非歧视待遇的基础上进行;成员国只能通过关税而不能采用直接进口管制措施保护本国工业;应通过多边谈判来减让关税,破除贸易壁垒;成员国应当通过磋商解决贸易问题及争端;发展中国家在贸易与发展方面享有一些特殊待遇。

2)关贸总协定的作用

关贸总协定实施以后,即开始进行全球多边贸易谈判。70多年来,经过多次关税减让谈判,缔约国关税已有大幅度削减,世界贸易增长迅猛,其在国际贸易领域发挥的作用

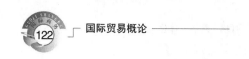

越来越大,主要表现在以下 5 个方面。

(1)为各缔约国规范了一套处理它们之间贸易关系的原则及规章

关贸总协定通过签署大量协议,不断丰富、完善多边贸易体制的法律规范,对国际贸易进行全面的协调和管理。

(2)为解决各缔约国在相互贸易关系中产生的矛盾和纠纷提供了场所和规则

关贸总协定为解决各缔约国在国际贸易关系中所产生的矛盾和争议,制定了一套调节和处理各缔约国争议的程序和方法。关贸总协定虽然是一个临时协定,但由于其协调机制有较强的权威性,大多数的贸易纠纷均得到了解决。

(3)为缔约国举行关税减让谈判提供了可能和方针

关贸总协定为各国提供了进行关税减让谈判的场所。关贸总协定自成立以来,进行过八大回合的多边贸易谈判,关税税率有了较大幅度的下降。发达国家的平均关税已从 1948 年的 36% 降到 20 世纪 90 年代中期的 3.8% ,发展中国家和地区同期降至 12.7%。这种大幅度地减让关税是国际贸易发展史上前所未有的,对推动国际贸易的发展起了很大作用,为实现贸易自由化创造了条件。

(4)努力为发展中国家争取贸易优惠条件

关贸总协定成立后长期被称作"富人俱乐部",因为它所倡导的各类自由贸易规则对发达国家更有利。但随着发展中国家缔约国的增多和力量的增大,关贸总协定不再是发达国家一手遮天的讲坛,已经增加了若干有利于发展中国家的条款,为发展中国家分享国际贸易利益起到了积极作用。

(5)为各国提供经贸资料和培训经贸人才

关贸总协定与联合国合办的"国际贸易中心",从各国搜集统计资料和其他资料,经过整理后再发给各缔约国,并且举办各类培训班,积极为发展中国家培训经贸人才。

4.3.3 关贸总协定的内容

关贸总协定分为序言和四大部分,共计 38 条,另附若干附件。第一部分从第 1 条到第 2 条,规定缔约各方在关税及贸易方面相互提供无条件最惠国待遇和关税减让事项。第二部分从第 3 条到第 23 条,规定取消数量限制以及允许采取的例外和紧急措施。第三部分从第 24 条到第 35 条,规定该协定的接受、生效、减让的停止或撤销以及退出等程序。第四部分从第 36 条到第 38 条,规定了缔约国中发展中国家的贸易和发展问题。

关贸总协定的主要内容有:①适用最惠国待遇。缔约国之间对于进出口货物及有关的关税规费征收方法、规章制度、销售和运输等方面,一律适用无条件最惠国待遇原则,但关税同盟、自由贸易区以及对发展中国家的优惠安排都作为最惠国待遇的例外。②关税减让。缔约国之间通过谈判,在互惠基础上互减关税,并对减让结果进行约束,以保障缔约国的出口商品适用稳定的税率。③取消进口数量限制。关贸总协定规定原则上应取消进口数量限制,但由于国际收支出现困难的,属于例外。④保护和紧急措施。对因意外情况或因某一产品输入数量剧增,对缔约国相同产品或与它直接竞争的生产者造成重大损害或重大威胁时,该国可在防止或纠正这种损害所必需的程度和时间内暂停所承担的义务,或撤销、修改所做的减让。

4.3.4 关贸总协定的组织机构

关税与贸易总协定的最高权力机构是缔约国大会,一般每年举行一次。代表理事会是缔约国大会的常设机构,在大会休会期间负责处理关贸总协定的日常和紧急事务,由缔约国常任代表组成,一般每两个月开一次例会。缔约国大会下设若干常设和临时委员会与工作组,如贸易与发展委员会、国际收支限制委员会、关税减让委员会、反倾销委员会、纺织品委员会等分别负责各种专门事务问题,其中重要的有贸易和发展委员会和国际贸易中心。秘书处为职能机构,提供经常性服务,总部设在日内瓦。

4.3.5 关贸总协定主持的多边贸易谈判

关贸总协定组织的主要活动是举行削减关税和其他贸易壁垒的谈判,这种谈判有一个专门术语称为“回合”。从 1947 年至 1994 年,在关贸总协定的主持下各国共进行了 8 轮多边贸易谈判,其中最著名的是 1964 年的“肯尼迪回合”和 1973 年的“东京回合”。

第一轮谈判于 1947 年 4—10 月在瑞士日内瓦举行,有 23 个国家参加,使占进口值 54%的商品平均降低关税 35%;第二轮谈判于 1949 年 4—10 月在法国安纳西举行,有 33 个国家参加,使占进口值 56%的商品平均降低关税 35%;第三轮谈判于 1950 年 9 月至 1951 年 4 月在英国托奎举行,有 39 个国家参加,使占进口值 11.7%的商品平均降低关税 26%;第四轮谈判于 1956 年 1—5 月在瑞士日内瓦举行,有 28 个国家参加,使占进口值 16%的商品平均降低关税 15%;第五轮谈判于 1960 年 9 月至 1962 年 7 月在瑞士日内瓦举行,有 45 个国家参加,使占进口值 20%的商品平均降低关税 20%,又称“狄龙回合”;第六轮谈判于 1964 年 5 月至 1967 年 6 月在瑞士日内瓦举行,有 54 个谈判方参加,使工业品进口税率平均降低关税 35%,又称“肯尼迪回合”,此回合第一次把非关税壁垒列为谈判内容,通过了第一个《反倾销协定》;第七轮谈判于 1973 年 9 月至 1979 年 4 月举行,有 99 个谈判方参加,在日本东京召开部长会议,通过《东京宣言》,后在日内瓦谈判,使全部商品平均降低关税 33%,又称“东京回合”;第八轮谈判于 1986 年 9 月至 1994 年 4 月在乌拉圭埃斯特角城举行,有 123 个谈判方参加,平均减税幅度为 40%,此回合使关税进一步下降,并创立了世界贸易组织,将 GATT 的基本原则延伸至服务贸易和知识产权领域,又称“乌拉圭回合”。

4.3.6 关贸总协定的局限性

由于关贸总协定不是一个正式的国际组织,因此它在体制上和规则上有着多方面的局限性。

①关贸总协定的有些规则缺乏法律约束,也无必要的检查和监督手段。例如,规

定一国以低于"正常价值"的办法,将产品输入另一国市场并给该国造成"实质性损害和实质性威胁"就是倾销。而"正常价值"与"实质性损害和实质性威胁"难以界定和量化,这很容易被一些国家加以歪曲并用来征收反倾销税。

②关贸总协定中存在着"灰色区域",致使许多规则难以很好地落实。所谓"灰色区域"是指缔约国为绕开总协定的某些规定,所采取的在总协定法律规则和规定的边缘或之外的歧视性贸易政策措施。这种"灰色区域"的存在,损害了关贸总协定的权威性。

③关贸总协定的条款中对不同的社会经济制度带有歧视色彩。例如,对"中央计划经济国家"进入关贸总协定设置了较多的障碍。

④关贸总协定解决争端的机制不够健全。虽然该协定为解决国际贸易争端建立了一套制度,但由于解决争端的手段主要是调解,缺乏强制性,容易使争端久拖不决。

⑤允许纺织品配额和农产品补贴长期存在,损害了关贸总协定的自由贸易原则。

⑥管辖范围狭窄,仅适用于部分货物贸易。

由于关贸总协定的上述局限性,这个临时性准国际贸易组织最终被世界贸易组织所取代。

学习任务4　认识世界贸易组织(WTO)

随着国际贸易规模的扩大,特别是国际服务贸易的迅速发展以及国际贸易争端的增多,关贸总协定显然已经不能适应形势的发展,世界贸易组织(World Trade Organization,WTO)的产生符合各国的利益,也会进一步促进国际贸易的发展。

4.4.1　世界贸易组织的产生与发展

建立世界贸易组织的设想是在1944年7月举行的布雷顿森林会议上提出的,当时设想在成立世界银行和国际货币基金组织的同时,成立一个国际性贸易组织,从而使它们成为第二次世界大战后左右世界经济的"货币-金融-贸易"三位一体的机构。1947年联合国贸易及就业会议签署的《哈瓦那宪章》同意成立国际贸易组织,后来由于美国的反对,国际贸易组织未能成立。同年,美国发起拟订了关贸总协定,作为推行贸易自由化的临时契约。1986年关贸总协定乌拉圭回合谈判启动后,欧共体和加拿大于1990年分别正式提出成立世界贸易组织的议案,1994年4月在摩洛哥马拉喀什举行的关贸总协定部长级会议正式决定成立世界贸易组织。

世界贸易组织是根据乌拉圭回合多边贸易谈判达成的《马拉喀什建立世界贸易组织协定》(*Marrakech Agreement Establishing the World Trade Organization*)成立的永久性国际组织。它独立于联合国之外,与国际货币基金组织和世界银行并称当今世界经济的"三大支柱"。世界贸易组织于1995年1月1日正式开始运作,负责管理世界经济和贸易秩序,总部设在瑞士日内瓦莱蒙湖畔。1996年1月1日,它正式取代关贸总协定临时机构。世界贸易组织是具有法人地位的国际组织,与其前身关贸总协定相比,世界贸易组织协定的法律权威性更强;组织机构具有正式性;管辖范围更具广泛性,涵盖货物贸易、服务贸易以及知识产权贸易,而关贸总协定只适用于部分货物贸易;成员权利与义务具有统一性;争端解决机制更具有效性;与有关国际经济组织决策更具一致性。

世界贸易组织成员分四类:即发达成员、发展中成员、转轨经济体成员和最不发达成员。到2020年5月,世界贸易组织正式成员已经达到164个。

4.4.2　世界贸易组织的宗旨、目标与职能

世界贸易组织的宗旨是:提高生活水平,保证充分就业和大幅度、稳步提高实际收入和有效需求;扩大货物和服务的生产与贸易;坚持走可持续发展之路,各成员方应促进对世界资源的最优利用、保护和维护环境,并以符合不同经济发展水平下各自需要的方式,加强采取各种相应的措施;积极努力确保发展中国家,尤其是最不发达国家在国际贸易增长中获得与其经济发展水平相适应的份额和利益。

世界贸易组织的目标是:建立一个完整的(包括货物、服务、与贸易有关的投资及知识产权等内容)、更具活力的、更持久的多边贸易体系,使之可以包括关贸总协定贸易自由化的成果和乌拉圭回合多边贸易谈判的成果。

世界贸易组织的主要职能有:组织实施各项贸易协定;为各成员提供多边贸易谈判场所,并为多边谈判结果提供框架;解决成员间贸易争端;对各成员的贸易政策与法规进行定期审议;协调与国际货币基金组织、世界银行的关系;对发展中国家和最不发达国家提供技术支持和培训。

4.4.3　世界贸易组织的法律框架

世界贸易组织法律框架的主干由其自身赖以存在的《马拉喀什建立世界贸易组织协定》及其4个附件构成,连同1994年乌拉圭回合GATT各缔约方签署的、历经8轮多边贸易谈判所达成的约50个协定、决定和谅解等法律文件一起构成人们通常所说的"世界贸易组织的法律体系",如图4-1所示。

《马拉喀什建立世界贸易组织协定》位于法律框架的最高层,它是建立世界贸易组织的宪章,是世界贸易组织的最高法和组织法。《马拉喀什建立世界贸易组织协定》赋予世界贸易组织法人资格。该协定要求其成员必须适用WTO规则,每个成员方应当保证其经济体内的法律、管理和行政程序,与协定所规定的义务相一致,不得做任何保留。协定还要求各方做出努力,以增加全球经济决策的一致性。

《马拉喀什建立世界贸易组织协定》包括16个条款,就世界贸易组织的职能、组织结构、决策程序、成员资格、接受、加入和生效等程序做了原则性规定,其中并未涉及规范和管理多边贸易关系的实质性规定,也未包含具有实质意义的贸易政策义务,这些实质性规定体现在它的4个附件中。

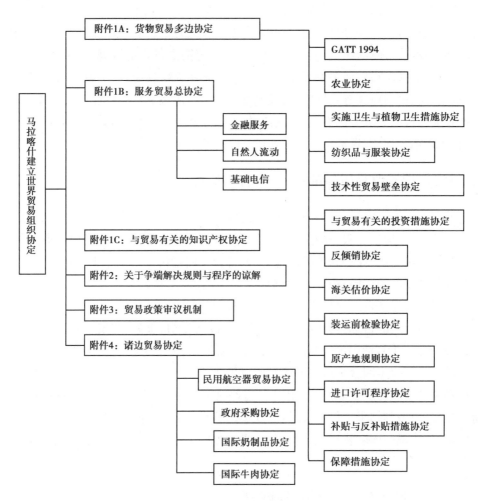

图4-1 世界贸易组织的法律体系

附件 1A 是《货物贸易多边协定》,它由《1994 年关税与贸易总协定》和 12 个专门协定组成。《货物贸易多边协定》是对 GATT 的全面继承和发展,其最大成就在于取消了祖父条款——即在对待进出口的国内税收及国民待遇问题上,首先适用各缔约方的国内法,而不是 GATT。《1994 年关税与贸易总协定》的主要原则和制度体现在各个专门协定中,如最惠国待遇原则、国民待遇原则、关税减让、海关估价制度、数量限制(配额、许可证贸易)、补贴、国家垄断经营、非关税壁垒的限制、透明度原则等。

附件 1B 是《服务贸易总协定》,它将货物贸易中形成的多边贸易体制延伸到了服务贸易领域。服务贸易与货物贸易的不同在于它的壁垒大多来自国内限制竞争的政策法律,内容包括数量限制、差别待遇、限制服务业输出输入的国际活动等。因此,有必要用一个专门的协定来规范和管理服务领域的贸易活动。

附件 1C 是《与贸易有关的知识产权协定》(*Agreement on Trade-Related Aspects of Intellectual Property Rights*, TRIPS)。该协定是世界贸易组织多边贸易体制的三大支柱之一。协定涉及的内容包括专利、商标、著作权、计算机软件、集成电路布图设计、数据库、地理标志、未公开的信息等。其核心是在多边贸易体制下,加强对贸易中所涉知识产权的保护,防止、制止、阻止任一成员盗版、假冒、侵犯知识产权的活动。

附件2《关于争端解决规则与程序的谅解》(*Understanding on Rules and Procedures Governing the Settlement of Disputes*,DSU)是一个程序性的文件,达成这个文件的目的在于保障 WTO 规则的实施。世界贸易组织的争端解决机构具有司法管辖权,争端解决的依据为世界贸易组织法律制度,也就是构成其法律框架的各个单项协定。与 GATT 不同,世界贸易组织争端解决不是外交途径、政治磋商性质的,争端解决法律机制是保证世界贸易组织多边贸易体制安全的关键因素。

附件3《贸易政策审议机制》(*Trade Policy Review Mechanism*,TPRM)在形式上是一个很简单的法律文件,只有 8 个条款,但它为有效监督各成员在各协定下的承诺提供了法律保障,并促使各成员进一步提高其贸易政策和行为的透明度。

附件4《诸边贸易协定》是一成员接受才生效的协定,该协定下辖 4 个具体的协定。由此使 WTO 规则形成两层结构:一是全体成员方必须参加的协定;二是一部分成员方接受才生效的协定。

世界贸易组织法律体系约束的是各成员政府的行为。因为国际贸易壁垒主要是政府设置的,货物贸易协定约束的是政府的关税减让、关税约束项目行为,并且要求政府逐步消除非关税壁垒;服务贸易协定约束的是政府和立法机构妨碍竞争的国内政策和法律及妨碍竞争的行政管理活动;知识产权协定则约束政府在贸易过程中的行政活动:一是政府要行使知识产权获得和维持的职能;二是政府要实施假冒、盗版的查处和侵权后的救济职能,大部分是行政救济职能。

构成世界贸易组织法律框架的各个单项协定是各成员政府在国际贸易中行为方式的准绳,人们常说的 WTO 的基本制度、WTO 规则和 WTO 法律体系都是一个总括的说法,它具体指的就是由世界贸易组织管理和执行的这套法律文件。

4.4.4　世界贸易组织的机构设置

世界贸易组织是一个独立于联合国的永久性国际组织。其机构设置完整,如图 4-2 所示。

1)部长级会议

部长级会议是世界贸易组织的最高决策权力机构,由所有成员主管外经贸的部长、副部长级官员或其全权代表组成,一般每两年举行一次会议,讨论和决定涉及世界贸易组织职能的所有重要问题,并采取行动。第一届部长级会议于 1996 年 12 月在新加坡召开,第二届部长级会议于 1998 年在瑞士日内瓦召开,第三届部长级会议于 1999 年 11 月在美国西雅图召开,第四届部长级会议于 2001 年 11 月在卡塔尔多哈召开,第五届部长级会议于 2003 年 9 月在墨西哥坎昆召开,第六届部长级会议于 2005 年 12 月在中国香港召开,第七届部长级会议于 2009 年 11 月 30 日至 12 月 2 日在总部日内瓦召开,第八届部长级会议于 2011 年 12 月 15—17 日在瑞士日内瓦召开,第九届部长级会议于 2013 年 12 月

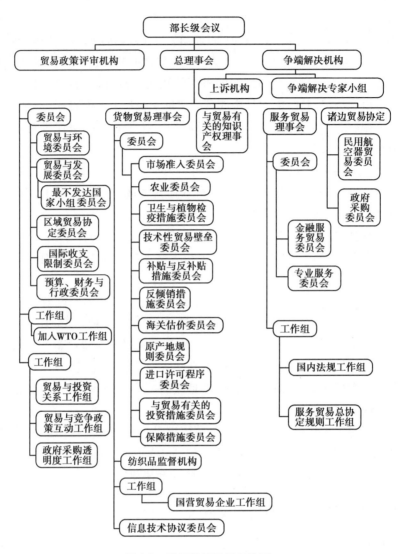

图 4-2 世界贸易组织机构图

3—7 日在印度尼西亚巴厘岛召开。

部长级会议的主要职能是:任命世界贸易组织总干事并制定有关规则;确定总干事的权力、职责、任职条件和任期,以及秘书处工作人员的职责和任职条件;对世界贸易组织协定和多边贸易协定做出解释;豁免某成员对世界贸易组织协定和其他多边贸易协定所承担的义务;审议其成员对世界贸易组织协定或多边贸易协定提出修改的动议;决定是否接纳申请加入世界贸易组织的国家或地区为世界贸易组织成员;决定世界贸易组织协定及多边贸易协定生效的日期等。部长级会议下设总理事会和秘书处,负责世界贸易组织日常会议和工作。世界贸易组织成员资格有创始成员和新加入成员之分,创始成员必须是关贸总协定的缔约方,新成员必须由其决策机构——部长会议以三分之二多数票通过方可加入。

2）总理事会

在部长级会议休会期间，其职能由总理事会行使，总理事会也由全体成员组成。总理事会可视情况需要随时开会，自行拟订议事规则及议程，经总理事会批准后执行。同时，总理事会还必须履行其解决贸易争端和审议各成员贸易政策的职责。总理事会下设货物贸易理事会、服务贸易理事会、知识产权理事会。所有成员均可参加各理事会。

3）各专门委员会

部长级会议下设专门委员会，以处理特定的贸易及其他有关事宜。已设立贸易与发展委员会，国际收支限制委员会，预算、财务与行政委员会，贸易与环境委员会等10多个专门委员会。

4）秘书处与总干事

由部长级会议任命的总干事领导的世界贸易组织秘书处（以下简称"秘书处"）设在瑞士日内瓦，大约有500人。秘书处工作人员由总干事指派，并按部长级会议通过的规则决定他们的职责和服务条件。

部长级会议明确了总干事的权力、职责、服务条件及任期规则。世界贸易组织总干事主要有以下职责：他可以最大限度地向各成员施加影响，要求他们遵守世界贸易组织规则；总干事要考虑和预见世界贸易组织的最佳发展方针；帮助各成员解决他们之间所发生的争议；负责秘书处的工作，管理预算和所有成员有关的行政事务；主持协商和非正式谈判，避免争议。

4.4.5　世界贸易组织的基本原则

世界贸易组织的基本原则贯穿世界贸易组织的各个协定和协议中，构成了多边贸易体制的基础。这些基本原则包括非歧视原则、互惠互利贸易原则、逐步扩大市场准入原则、促进公平竞争与贸易原则、鼓励发展和经济改革原则、贸易政策法规透明度原则。其中，非歧视原则包括最惠国待遇原则和国民待遇原则。

1）非歧视原则

非歧视原则是 WTO 的基石原则，是各国间平等地进行贸易的重要保证，也是避免贸易歧视、贸易摩擦的重要基础，主要通过最惠国待遇原则和国民待遇原则体现。

（1）最惠国待遇原则

最惠国待遇是指某一成员方将在货物贸易、服务贸易和知识产权领域给予任何其他国家（无论是否世界贸易组织成员）的优惠待遇，立即和无条件地给予其他各成员方。

最惠国待遇有4个核心要点。①自动性：这是最惠国待遇的内在机制，体现在"立即和无条件"的要求上。当某一成员方给予其他国家的优惠超过其他成员方享有的优惠时，这种机制就启动了，其他成员便自动地享有了这种优惠。例如，A 国、B 国和 C 国均为世界贸易组织成员,当 A 国把从 B 国进口的汽车关税从 20% 降至 10% 时,这个 10% 的税率同样适用于从 C 国等其他成员方进口的汽车。又如 A 国和 B 国均为世界贸易组织成员,X 国为非世界贸易组织成员,当 A 国把从 X 国进口的汽车关税税率从 30% 降至 20%,这个 20% 的税率也应自动地适用于 A 国从 B 国等其他成员方进口的汽车。但当 A 国降低从 B 国等成员方进口的汽车关税税率时,降低后的关税税率并不能自动地适用于 X 国,X 国只能根据与 A 国签订的双边贸易协定中的无条件最惠国待遇条款而享有这种关税优惠。②同一性:当某一成员方给予其他国家的某种优惠,自动转给其他成员方时,受惠标的必须相同。仍以上述 A 国、B 国和 C 国为例,A 国给予从 B 国进口的汽车的关税优惠,只能自动适用于从 C 国等其他成员方进口的汽车,而不是其他产品。③相互性:任何一成员既是给惠方,又是受惠方,即在承担最惠国待遇义务的同时,又享受最惠国待遇权利。④普遍性:最惠国待遇适用于全部进出口产品、服务贸易的各个部门和所有种类的知识产权所有者和持有者。

最惠国待遇原则的适用范围广泛,可以适用于货物贸易、服务贸易以及与贸易有关的投资及知识产权等领域。货物贸易领域的最惠国待遇原则适用范围包括:①关税税率;②与进出口有关的任何其他费用(如海关手续费);③征收关税和其他费用的方式;④与进出口有关的规则和程序;⑤国内税和其他国内费用;⑥有关影响产品销售、运输、分销和使用的政府规章和要求。服务贸易和知识产权领域的最惠国待遇原则有其独特之处。它允许各成员方在进行最初承诺的谈判中,将不符合最惠国待遇原则的措施列入最惠国待遇例外清单,附在各自承诺表之后,但这种例外不应超过 10 年。

最惠国待遇原则的例外主要有 5 种情形:①以关税同盟和自由贸易区等形式出现的区域经济安排,在这些区域内部实行的是一种比最惠国待遇还要优惠的"优惠制",区域外世界贸易组织成员无权享受。这种区域经济安排可以分为双边形式和区域形式。双边形式,如美国和以色列签订的自由贸易协定;区域形式,如北美自由贸易区。世界贸易组织成员可参加此类区域经济一体化安排,对相互间的货物贸易或服务贸易实质上取消所有限制,而区域外的世界贸易组织成员则不能享受这些优惠。②对发展中成员实行的特殊和差别待遇,如普遍优惠制,允许发达国家仅对发展中国家提供。③在边境贸易中,可对毗邻国家给予更多的贸易便利。在世界贸易组织框架下,边境贸易是指毗邻两国边境地区的居民和企业,在距边境线两边各 15 千米以内地带从事的贸易活动,目的是方便边境两边的居民互通有无。世界贸易组织允许成员方为便利边境贸易而只对毗邻国家给予优惠。由于现实情况不一,如在边境线 15 千米以内无人居住,边境贸易并不严格局限于 15 千米的范围。④《诸边贸易协定》中的义务,主要指《政府采购协定》《民用航空器贸易协定》《国际奶制品协定》和《国际牛肉协定》等协定中规定的义务。⑤有关动植物和人民的安全与健康以及国家安全。如美国以反恐为由对某些进口商品实施的检查。

(2)国民待遇原则

国民待遇是指对其他成员方的产品、服务或服务提供者及知识产权所有者或持有者所提供的待遇,不低于该国同类产品、服务或服务提供者及知识产权所有者或持有者所享有的待遇。

国民待遇包括 3 个核心要点。①国民待遇原则适用的对象是产品、服务或服务提供者及知识产权所有者或持有者。②国民待遇原则只涉及成员方在进口成员方境内所享有的待遇。③国民待遇定义中"不低于"一词的理解:若进口成员方给予出口成员方更高的待遇,并不违背国民待遇原则。

货物贸易领域的国民待遇原则适用范围包括:①不对进口产品征收超出对本国同类产品所征收的税费。②影响产品在国内销售、购买、运输、分配与使用的所有法律、法规、规章与要求,包括影响进口产品在国内销售、分配与使用的投资管理措施等方面,进口产品所享受的待遇不得低于本国同类产品。③成员方对产品的混合、加工或使用实施国内数量管理(即产品混合使用要求)时,不能强制要求生产者必须使用特定数量或比例的国内产品。这方面违反国民待遇的例子有要求国内香烟制造商必须使用一定比例的国产烟叶,或要求国内生产人造黄油的厂家必须使用一定比例的国产天然黄油。

成员方在国民待遇原则下承担的一项重要义务是在征收税费时不应对国内生产提供保护。这里的"国内生产"一词,不仅指国内同类产品,也包括与进口产品直接竞争或可替代进口产品的国内产品。例如,本国不生产天然橡胶,但生产人造橡胶,对进口天然橡胶则应适用与人造橡胶相同的国内税收政策。又如,成员方对国产烧酒不征收从价税,而对进口威士忌和白兰地等烈酒既收从价税,又征收从量税,并且对国产烧酒征收的从量税比进口威士忌和白兰地等烈酒征收的从量税低许多,这种做法违反国民待遇原则。因为对进口威士忌和白兰地等烈酒而言,国产烧酒是所谓的"直接竞争产品或可替代产品",该成员方这种征税方法对国产烧酒生产提供了保护,而对进口威士忌和白兰地等烈酒造成了歧视。

国民待遇原则不适用以下情形:①政府采购。未参加《政府采购协定》的成员方政府,在为自用或公共目的采购货物时,可以优先购买本国产品,但参加了《政府采购协定》的成员要遵守该协定所规定的国民待遇原则。②只给予某种产品国内生产者补贴。这种补贴包括国内税费收入,或通过政府购买该产品向国内生产者提供的补贴,但要符合《补贴与反补贴措施协定》以及《农业协定》的有关规定。③有关外国影片放映数量的规定。成员方可要求本国电影院只能放映特定数量的外国影片。

服务贸易领域的国民待遇原则适用上与最惠国待遇不同,国民待遇不是世界贸易组织成员方承担的"一般义务",而是成员方通过谈判确定的,且对不同服务部门有不同的确定。比如,经过谈判,成员方可以限制其他成员方的律师从事某些法律服务,限制外资控股的保险公司从事再保险业务。

在知识产权领域,国民待遇原则处于比最惠国待遇原则更突出的位置。与《1994 年关税与贸易总协定》和《服务贸易总协定》不同,《与贸易有关的知识产权协定》将国民待遇条款放在最惠国待遇条款之前,因为实施国际知识产权保护条约的实践表明,对知识产权最有效的国际保护手段是国民待遇,其次才是最惠国待遇。

2) 互惠互利贸易原则

世界贸易组织的互惠互利贸易原则是成员各方实现经贸合作的主要工具,主要通过以下几种形式体现:①通过举行多边贸易谈判进行关税或非关税措施的削减,对等地向其他成员方开放本国市场,以获得本国产品或服务进入其他成员方市场的机会,即所谓"投之以桃,报之以李"。②当一国(或地区)申请加入世界贸易组织时,由于新成员可以享有所有老成员过去已达成的开放市场的优惠待遇,老成员就会一致地要求新成员必须按照世界贸易组织现行协定、协议的规定缴纳"入门费"——开放申请方商品或服务市场。③互惠贸易是多边贸易谈判及成员贸易自由化过程中与其他成员实现经贸合作的主要工具。关贸总协定及世界贸易组织的发展历史充分说明,多边贸易自由化给某一成员带来的利益要远大于一个国家自身单方面实行贸易自由化的利益。因为一国单方面自主决定进行关税、非关税的货物贸易自由化及服务市场开放时,所获得的利益主要取决于其他贸易伙伴对这种自由化改革的反应,如果反应是良好的,即对等地给予减让,则获得的利益就大;反之,则较小。相反,在世界贸易组织体制下,由于一成员的贸易自由化是在获得现有成员开放市场承诺范围内进行的,自然这种贸易自由化改革带来的实际利益有世界贸易组织机制做保障,而不像单边或双边贸易自由化利益那么不确定。因此,多边贸易自由化要优于单边贸易自由化。

3)逐步扩大市场准入原则

这个原则也称为贸易自由化原则,是指在世界贸易组织框架下,通过多边贸易谈判,实质性削减关税和减少其他贸易壁垒,扩大成员方之间的货物和服务贸易。

WTO 在减少非关税壁垒方面的主要措施有:①为使技术法规、技术标准和动植物检验检疫措施不对贸易构成不必要的障碍,《技术性贸易壁垒协定》和《实施卫生与植物卫生措施协定》规定,成员方应尽量以国际标准为依据确定检验和检疫标准。②为防止海关任意估价,《海关估价协定》规定,海关应主要依据货物的实际成交价格来估价。如海关对进口商申报的成交价有疑问,可按该协定规定的顺序采用其他估价方法。③为避免成员方的进口许可程序影响贸易的正常运行,《进口许可程序协定》对成员方的进口许可程序进行了规范。④为使原产地规则不对国际贸易构成不必要的障碍,《原产地规则协定》规范了成员方确定原产地的标准,强调应当建立公正、透明、可预见、可操作和统一的原产地规则。⑤为使装运前检验不对贸易造成不必要的迟延和不公平待遇,《装运前检验协定》规定了使用装运前检验制度的成员方应遵循的原则与规则。⑥为防止投资措施对贸易产生限制作用,《与贸易有关的投资措施协定》禁止成员方采取当地含量要求、贸易平衡要求、国内销售要求等投资管理措施。⑦为防止国有贸易企业的经营活动对贸易造成扭曲影响,世界贸易组织要求成员方的国有贸易企业按非歧视原则、以价格等商业因素作为经营活动的依据,并定期向世界贸易组织通报国有贸易企业情况。

在服务贸易领域,成员方就开放做出了承诺,其中发达成员承诺开放的部门占所有服务部门的 64%,经济转型成员占 52%,发展中成员占 16%。

4)促进公平竞争与贸易原则

促进公平竞争与贸易原则是指在世界贸易组织框架下,成员方应避免采取扭曲市场竞争的措施,纠正不公平贸易行为,在货物贸易、服务贸易和与贸易有关的知识产权领域,创造和维护公开、公平、公正的市场环境。

促进公平竞争与贸易原则包括以下 3 个核心要点:①该原则体现在货物贸易领域、服务贸易领域和与贸易有关的知识产权领域;②该原则既涉及成员方的政府行为,如出口补贴,也涉及成员方的企业行为,如倾销;③该原则要求成员维护产品、服务或服务提供者在本国市场的公平竞争,不论他们来自本国或其他任何成员方,相关协定有《反倾销协定》和《补贴与反补贴措施协定》。

5)鼓励发展和经济改革原则

鼓励发展和经济改革原则又称为发展中国家优惠待遇原则。发展中国家成员可以享受的优惠待遇主要有以下 4 个方面:①发展中国家在国际收支困难或外汇储备下降,不足以满足经济发展的进口需要时,可以实行进口限制。②为了发展或建立一种新兴产业,可以实行进口限制或保持关税结构的充分弹性。如中国为发展汽车行业,可以采用许可证措施来限制进口数量。③允许出口补贴。④授权条款。成员方给予发展中国家有差别的和更为优惠的待遇,无须按照最惠国待遇原则将这种待遇给予其他成员,也无须得到 WTO 的批准。授权的范围有:GSP 待遇;发展中国家之间区域性或全球性的优惠关税安排;对最不发达国家的特殊待遇。

6)贸易政策法规透明度原则

贸易政策法规透明度原则要求,为保证贸易环境的稳定性和可预见性,世界贸易组织除了要求成员方遵守有关市场开放等具体承诺外,还要求成员方的各项贸易措施(包括有关法律、法规、政策及司法判决和行政裁定等)保持透明。

(1)透明度原则的含义

透明度原则是指成员方应公布所制定和实施的贸易措施及其变化情况(如修改、增补或废除等),不公布的不得实施,同时还应将这些贸易措施及其变化情况通知世界贸易组织。成员方所参加的有关影响国际贸易政策的国际协议,也在公布和通知之列。

(2)透明度原则的主要内容

①贸易措施的公布。

A.需要公布的内容广泛。包括:产品的海关分类和海关估价等海关事务;对产品征收的关税税率、国内税税率和其他费用;对产品进出口所设立的禁止或限制等措施;对进出口支付转账所设立的禁止或限制等措施;影响进出口产品的销售、分销、运输、保险、仓储、检验、展览、加工、与国内产品混合使用或其他用途的要求;有关服务贸易的法律、法规、政策和措施;有关知识产权的法律、法规、司法判决和行政裁定,以及与世界贸易组织成员签署的其他影响国际贸易政策的协议等。比如,成员决定对进口产品进行反倾销调查,出口方企业需要获得该成员方有关反倾销的法律、法规及程序、计算方法等信息,否则就无法有效应诉。

B.公布的时间要迅速。有关贸易的法律、法规、政策、措施、司法判决和行政裁定,最迟应在生效之时公布或公开,在公布之前不得提前采取措施,如提高进口产品的关税税率或其他费用;对进口产品或进口产品的支付转账实施新的限制或禁止措施等。个别协定,如《技术性贸易壁垒协定》《实施卫生与植物卫生措施协定》还要求,在起草有关技术法规和合格评定程序过程中,如果该有关法规和程序与现行国际标准不一致,或没有现行的国际标准,并且将对国际贸易产生重大影响,成员方应留出一段合理的时间(45~60天),以便其他成员就有关法规和程序草案发表意见。

C. 无须公布的内容具体化。对于可能会导致影响法律执行,或违背公共利益,或损害某些企业合法商业利益的机密信息无须披露。比如,一国汇率、利率的调整在实施之前,通常不要求予以公布。

②贸易措施的通知。

贸易措施的通知采用 3 种形式。

A. 不定期通知:主要适用于法律、法规、措施的更新,如《技术性贸易壁垒协定》要求,只要成员方国内通过了新的技术法规和合格评定程序,就要立即通知。

B. 定期通知:包括两种情况,一种是一次性通知,如《装运前检验协定》要求,在《建立世界贸易组织协定》对有关成员生效时,一次性通知其国内有关装运前检验的法律和法规;《海关估价协定》要求,发展中成员方如要推迟实施该协定,加入时就应通知其意向。另一种是多次通知,有的要求半年通知一次;大部分则要求每年通知一次,如《农业协定》要求,成员方应每年通知对国内生产者提供的补贴总量。

C. 反向通知:是指其他成员方可以将某成员理应通知而没有通知的措施,通知世界贸易组织。

4.4.6　世界贸易组织的运行机制

1)加入和退出机制

加入世界贸易组织需要经过以下程序:①申请方向总干事递交加入申请书,总干事向各成员方转达;②总理事会成立工作组,由对该申请方的加入感兴趣的成员代表组成;③申请方递交关于本国商业政策和商业制度的备忘录;④工作组审议备忘录并汇集各方的意见递交申请方;⑤工作组起草工作组报告和加入议定书,同时申请方开始与有关成员进行开放市场的谈判;⑥部长级会议投票表决,需 2/3 多数通过工作组报告和加入议定书;⑦申请方在签署加入议定书和各减让表后 30 天方可成为正式成员。

成员退出世界贸易组织手续简便:申请方向总干事递交书面通知,宣布退出 WTO,自总干事收到书面通知之日起 6 个月后正式生效。

2)决策机制

WTO 决策机制是 WTO 内部用于重大问题决策的磋商机制,包括以下 4 种规则。

（1）协商一致规则

协商一致规则（Principle of Consultation and Consensus）是 GATT 和 WTO 及其法律制度运作的一项基本准则,即只要出席会议的成员方对拟通过的决议不正式提出反对意见就视为同意,包括保持沉默、弃权或进行一般的评论等均不能构成反对意见。下列事项的决策除非有特殊规定,一般应实行协商一致规则通过才具有法律效力:①对《世界贸易组织协定》和《货物贸易多边协定》的修改,有特殊规定的除外。②下列豁免成员方的义务:A.豁免决定所涉及的是某一成员方在有关期限内履行过渡期或分阶段实施期的任期内的任何义务;B.某项有关 WTO 章程的豁免请示,且在提交部长会议 90 天内。③对WTO 协定附件 4《诸边贸易协定》的增加。④争端解决机构按照《关于争端解决规则与程序的谅解》做出决定时,需一致同意。

（2）多数通过规则

对 WTO 一般决议如果不能达到一致同意,则由投票决定。在部长级会议和总理事会上,世界贸易组织每一成员方有一投票权,该项决定应以多数表决通过。

一般事项采用简单多数规则,但《世界贸易组织协定》另有规定的除外。下列事项采用 2/3 多数通过:①对《世界贸易组织协定》附件 1 中的《货物贸易多边协定》和《与贸易有关的知识产权协定》的修改建议;②对《服务贸易总协定》一至三部分以及附件的修改建议;③对《世界贸易组织协定》和《货物贸易多边协定》的某些条款修改意见提交成员方接受的决议;④新成员方加入 WTO;⑤财务和年度预算决议。

对非常重大事项,如果成员方不能达成一致同意,则采用 3/4 多数通过:①条款的解释;②各项协定的修改;③豁免义务。

（3）反向协商一致规则

即只要不是有权投票者全体一致对有关事项提出反对意见,则视为全体一致同意。该项规则避免了 1947 年关贸总协定“一致同意”规则的弊端,是一个重大创新。该规则主要体现在《关于争端解决规则与程序的谅解书》第十六条等条款中。

（4）必须接受规则

世界贸易组织协定第九条规定,对该协定某些条文的修改必须所有成员方都接受才可实施。换言之,如有一个成员方反对,这种修改就不能进行。下列决策采用“必须接受规则”:①对世界贸易组织决策制度的投票规则的修改;②对 1994 年 GATT 第一条款中关于最惠国待遇和第二条款中关于关税减让的修改;③对《服务贸易总协定》第二条款中关于最惠国待遇的修改;④对《与贸易有关的知识产权协定》第四条款中关于最惠国待遇的修改。

“所有成员方接受”与“协商一致”在含义上存在实质的区别。只要在会上无正式反对意见,缺席、弃权或沉默都可视为“协商一致”;而“所有成员方接受”则要求每一个成员对上述修改都表示接受。这种规定的好处是,可以确保世界贸易组织在决策机制、最惠国待遇以及关税减让等重大原则问题上能够长期稳定。

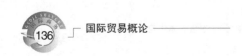

3) 贸易政策审议机制

贸易政策审议机制是指世界贸易组织成员集体对各成员的贸易政策、措施及其对多边贸易体制的影响,定期进行全面的审议和评估。其目的是促使所有成员提高贸易政策和措施的透明度,履行承诺,更好地遵守世界贸易组织的规则和纪律,从而避免和减少贸易争端,保证多边贸易体制平稳运行。

审议种类有国别审议和世界贸易环境评议。国别审议的频率取决于各成员对世界贸易组织多边贸易体制的影响程度,有两年一审、4 年一审和 6 年一审。其中,国际贸易额排名前 4 名的成员每两年审议一次,排在后面的 16 个成员每 4 年审议一次,其他成员每 6 年审议一次。对世界贸易环境的评议则由总干事以年度报告的形式对影响多边贸易体制的国际贸易环境变化情况进行综述。

对世界贸易组织成员方贸易政策的审议通过贸易政策审议机构(Trade Policy Review Body, TPRB)来进行。贸易政策审议机构在形式上由世界贸易组织全部成员方组成总理事会召集贸易政策审议会议。通常在第一次年度会议上,从成员方代表中选出会议主席,任期一年。审议计划在前一年的中期宣布。秘书处的贸易政策审议司(TPR Division)负责贸易政策审议事务,每年年初做出全年的审议计划并负责独立撰写成员的贸易政策审议报告,即 WTO 秘书处报告。贸易政策审议司一般会提前 14 ~ 18 个月与将接受审议的成员联系,收集信息。秘书处首先会向接受审议的成员提出一份贸易政策信息收集清单,并在对这些信息进行研究的基础上,进一步提出具体的问题单。秘书处官员一般还要多次访问接受审议成员的首都,时间 8 ~ 10 天,主要会见贸易政策的主管和相关政府部门。秘书处在其报告中除了对接受审议成员的贸易政策和措施做整体评论以外,还会针对贸易政策的某一个或几个问题或者部门,进行详细评论。

秘书处报告形成之后,一般都送接受审议成员进行评论,以获得反馈意见。接受审议的成员对报告中的事实性内容和结论性内容,都可以提出意见和建议。但原则上秘书处对其独立撰写的报告负全责,没有接受该意见和建议的义务。秘书处报告的形成应该是中立的,其他 WTO 成员不参与。它们在报告散发后才进行评论,并在贸易政策审议大会上进行讨论。贸易政策审议中,被审议成员自己也需要起草一份报告,即政府声明或报告,主要是概述本国贸易政策的目标和一段时间以来贸易政策的走向,以及与 WTO 规则的一致性。对于秘书处和接受审议成员存在的分歧,该成员可以在其报告中阐述观点,双方可以求同存异的方式处理。秘书处在 TPRB 召开某一成员贸易政策审议会议之前的适当时候,向所有 WTO 成员散发秘书处报告和该成员自己的报告。TPRB 的审议会议在这两个报告的基础上进行。

各成员方可以根据秘书处和被审议成员分别撰写的审议报告(声明)在审议前 10 天向 WTO 正式提交书面问题单。被审议成员在审议会议上应对书面问题给予正式答复。如因时间关系暂不能在会上提供全面的书面答复,该成员应于审议会议结束后 4 周内向秘书处提交对全部问题的书面答复,并作为 WTO 的正式材料散发。

贸易政策审议的结果不能作为启动争端解决程序的依据,也不能以此要求成员增加新的政策承诺。审议范围包括货物贸易、服务贸易和知识产权领域。与贸易有关的政策广义上应包括以下内容:影响进口、出口和生产有关的措施,例如关税、非关税措施以及国内方面的安排等。国内方面的安排包括政府奖金、税收减让、工业许可及竞争政策;外汇与投资体制;国内机构安排;政府宏观与微观经济变化之间的联系等。

 知识拓展:WTO 对华贸易政策审议

世界贸易组织(WTO)日内瓦时间 2008 年 5 月 23 日完成第二次中国贸易政策审议。

WTO 贸易政策审议司司长布恩坎普在会后对媒体的一场简报中说,21 日和 23 日举行的中国贸易政策审议,"从任何标准来看,都是很好的一场审议",审议过程中共有 36 个成员发言,"可能是历来最高纪录,至少也接近了"。

他说各成员方向中国提出 900~1 000 个问题。

布恩坎普说,中国的平均实际执行税率低于 10%,且非常接近平均约束税率,成员方对其税率的可预测性表示肯定。

许多最不发达国家(LDCs)发言感谢中国对他们提供的市场优惠,中国对 LDCs 降低关税,甚至超过九成自这些国家进口的产品是免税的。

此外,根据 WTO 贸易政策审议规则,出口额占前 4 位的 WTO 成员需两年接受一次全面审议。中国 2010 年 5 月 31 日接受 WTO 的第三次贸易政策审议,此次审议表明,中国已全部完成所承诺的关税减让义务,关税总水平已从 2002 年的 15.3%降至 2010 年的 9.8%,在发展中国家是最低的。

4)争端解决机制

随着国际社会经济贸易的不断发展,国际经贸领域的贸易战也日渐频繁。在解决国际经济贸易纠纷方面,世界贸易组织自成立以来就发挥着重要作用。世界贸易组织的争端解决机构(Dispute Settlement Body,DSB)——总理事会负责处理围绕乌拉圭回合最后文件所包括的任何协定或协议产生的争端。根据世界贸易组织成员的承诺,在发生贸易争端时,当事各方不应采取单边行动对抗,而应通过争端解决机制寻求救济并遵守其规则及其做出的裁决。

争端解决机制的目标是维护 WTO 成员的权利和义务,争端解决机构的裁决不能增加或减少这一权利与义务。世界贸易组织争端解决的基本程序包括磋商、专家组审理、上诉机构审理、裁决的执行及监督等。除基本程序外,在当事方自愿的基础上,也可采用仲裁、斡旋、调解和调停等方式解决争端。

(1)磋商

《关于争端解决规则与程序的谅解》规定,一成员方向另一成员方提出磋商要求后,被要求方应在接到请求后的 10 天内做出答复。如同意举行磋商,则磋商应在接到请求后 30 天内开始。如果被要求方在接到请求后 10 天内没有做出反应,或在 30 天内或相互同意的其他时间内未进行磋商,则要求进行磋商的成员方可以直接向争端解决机构要求成立专家组。如果在接到磋商请求之日后60天内磋商未能解决争端,要求磋商方(申诉方)可以请求设立专家组。在紧急情况下(如涉及易变质货物),各成员方应在接到请求之日后10天内进行磋商。如果在接到请求之日后20天内磋商未能解决争端,则申诉方可以请求成立专家组。

(2)专家组审理

①专家组的成立。在前述磋商未果,或经斡旋、调解和调停仍未解决争端的情况下,申诉方可以向争端解决机构提出成立专家组的请求。一旦此项请求被列入争端解决机构会议议程,专家组最迟应在这次会后的争端解决机构会议上予以设立,除非争端解决机构一致决定不成立专家组。

②专家组的组成。专家组通常由3人组成,除非争端当事方在专家组设立之日起10天内同意设立5人专家组。专家组成员可以是政府官员,也可以是非政府人士,但这些成员均以个人身份工作,不代表任何政府或组织,世界贸易组织成员不得对他们做指示或施加影响。为便于指定专家组成员,秘书处备有一份符合资格要求的政府和非政府人士的名单。世界贸易组织成员可以定期推荐列入该名单的政府和非政府人士。

在专家组的组成方面,世界贸易组织也考虑到了发展中国家的特别利益。《关于争端解决规则与程序的谅解》规定,当争端发生在发展中国家成员与发达国家成员之间时,如发展中国家成员提出请求,相应的专家组至少应有一人来自发展中国家成员方。

③专家组的职权范围。《关于争端解决规则与程序的谅解》第七条第一款,用标准格式规定了专家组的职权范围,即根据争端各方所援引协定或协议的规定,对申诉方的请求予以审查,并提交调查报告,以协助争端解决机构提出建议或做出裁决。

在专家组成立后20天内,若争端各当事方对专家组的职权有特别要求,争端解决机构也可授权其主席与争端各方磋商,在遵守《关于争端解决规则与程序的谅解》第七条第一款规定的前提下,确定专家组的职权。

④专家组的审理程序。在争端的审理过程中,专家组要调查争端的相关事实,对引起争议的措施是否违反相关协定或协议做出客观评价,就争端的解决提出建议。

专家组一旦设立,一般应在6个月内(紧急情况下3个月内)完成全部工作,并提交最终报告。如果专家组认为不能如期提交报告,则应书面通知争端解决机构,说明延误的原因和提交报告的预期时间,但最长不得超过9个月。应申诉方请求,专家组可以暂停工作,但期限不得超过12个月。如果超过12个月,设立专家组的授权即告终止。

⑤专家组报告的通过。《关于争端解决规则与程序的谅解》第十六条规定,为使各成员方有足够的时间审议专家组最终报告,只有在报告散发给各成员方20天后,争端解决机构方可考虑审议通过。对报告有反对意见的成员方,应至少在召开审议报告会议10天前,提交供散发的书面反对理由。在最终报告散发给各成员方60天内,除非争端当事方正式通知争端解决机构其上诉决定,或争端解决机构经协商一致决定不通过该报告,否则该报告应在争端解决机构会议上予以通过。

(3)上诉机构审理

上诉机构的设立,是世界贸易组织较之关税与贸易总协定在争端解决机制方面的又一创新,其目的是使当事方有进一步申诉争议的权利,并使世界贸易组织争端解决机制更具准确性与公正性。

上诉机构的审议,自争端一方提起上诉之日起到上诉机构散发其报告之日止,一般不得超过60天。如遇有紧急情况,上诉机构应尽可能缩短这一期限。上诉机构如认为不能在60天内提交报告,则应将延迟的原因及提交报告的预期时间书面通知争端解决机构,但最长不得超过90天。

(4)裁决的执行及监督

专家组报告或上诉机构报告一经通过,其建议和裁决即对争端各当事方有约束力,争端当事方应无条件接受。

①裁决的执行。《关于争端解决规则与程序的谅解》第二十一条规定,在专家组或上诉机构报告通过后30天内举行的争端解决机构会议上,有关成员应将执行争端解决机构建议和裁决的意愿通知该机构。该建议和裁决应迅速执行,如不能迅速执行,则应确定一个合理的执行期限。"合理期限"由有关成员提议,并经争端解决机构批准;如未获批准,由争端各方在建议和裁决通过后45天内协商确定期限;如经协商也无法确定,由争端各方聘请仲裁员确定。

②授权报复。如果申诉方和被诉方在合理期限届满后20天内未能就补偿问题达成一致,申诉方可以要求争端解决机构授权对被诉方进行报复,即中止对被诉方承担的减让或其他义务。争端解决机构应在合理期限届满后30天内给予相应授权,除非争端解决机构经协商一致拒绝授权。根据所涉及的范围不同,报复可分为平行报复、跨部门报复和跨协议报复3种。被诉方可以就报复水平的适当性问题提请争端解决机构进行仲裁。

 课堂任务:WTO 第一案——美国汽油标准案

1990年,美国修改了1963年生效的《清洁空气法》,确定两项新的计划,以保证燃烧汽油的排放不超过1990年的水平。该新法案适用于美国的炼油商、混合加工商和进口商,并授权给环境保护局执行。为执行这两项计划,美国环境保护局于1993年12月15日制定发布了"汽油与汽油添加剂规则——改良汽油与普通汽油标准"(简称"汽油规则")。设定了两种基准来衡量汽油质量:一种是在企业1990年经营的汽油的质量数据的基础上为企业设定"企业单独基准",其质量数据由企业自己提供;另一种是代表1990年汽油平均质量的"法定基准"。

"汽油规则"规定,对1990年经营6个月以上的国内炼油商适用企业单独基准。如果某进口商同时是国外炼油商,当他1990年进口到美国的汽油中在数量上有75%来自他在国外的炼油厂,即对其适用企业单独基准(所谓"75%规则")。混合加工商或进口商如果无法使用第一种方法设定基准,就必须适用法定基准。对1990年经营不足6个月的国内炼油商和外国炼油商适用法定基准。

委内瑞拉和巴西认为,美国法律中的某些规定,特别是关于"基准"设定的安排违反了GATT第三条(国民待遇),并最终导致两国企业受到损失;而且,不符合GATT第二十条(义务的一般例外)的规定。

美国提出,无论"汽油规则"是否与 GATT 的其他规定一致,它都属于一般例外的规定情况,所以不违反 GATT。美国提出,他所采取的措施是 GATT 第二十条的(b)所说的"保护人民、动植物生命安全"的措施,是 GATT 第二十条(g)所说的"为有效保护可用竭资源"的有关措施。

1995 年 1 月和 4 月,委内瑞拉和巴西分别向 WTO 争端解决机构提出申诉,声称美国的"汽油规则"歧视进口汽油,要求与美国磋商。在磋商失败后,争端解决机构应申诉方的要求成立了专家小组。专家小组经过 1 年的调查审理后提交报告,认为美国对进口汽油制定了比国产汽油更严格的环保标准,违反了国民待遇原则。

1996 年 2 月,美国提出上诉,认为自己的"汽油规则"是出于保护人类健康和环境的目的,符合 WTO 有关的例外规定。上诉机构在规定的审理期限(60 天)的最后一天提交了报告,认为 WTO 的例外规定不适用于本案,要求美国修改其国内立法,纠正有关的歧视性规则。

该裁决生效以后,美国表示接受,并在裁决执行的最后期限履行了执行义务。这起案件的成功审理并最终顺利实施,使 WTO 争端解决机制经受住了考验,使人们对该机制的信心大增。因此,"美国汽油标准案"被称为"WTO 第一案"。

 思考:

1. 通过分析以上案例,思考 WTO 比 GATT 具有哪些优越性。
2. 区分 GATT 争端解决机制与 WTO 争端解决机制的异同。
3. 通过以上案例,理解国民待遇原则和最惠国待遇原则的异同。

学习任务5　了解中国与世界贸易组织

4.5.1　中国与世界贸易组织的渊源

1) 中国是 GATT 的创始缔约方

1947 年 10 月 30 日,中国在日内瓦签署了关贸总协定。1948 年 5 月 21 日,中国成为关贸总协定创始缔约方之一。

2) 台湾当局非法退出 GATT

1949 年,国民党政府败退台湾地区,台湾当局宣布退出关贸总协定,但是台湾当局以中国名义做出的任何行为,在国际上均无效力,所以这个退出是不成立的。

3) 中国与关贸总协定恢复联系

台湾当局非法退出关贸总协定后,中国当时不能及时恢复 GATT 缔约国的地位。到 1971 年 10 月,联合国大会通过 2758 号决议,恢复了中华人民共和国在联合国的合法席位。1986 年 7 月 10 日,中国向关贸总协定总干事提交了恢复中国在关贸总协定席位的申请,从此,中国开始了长达 10 年的复关谈判。

4) 中国正式加入世界贸易组织

中国的复关谈判一直持续到 1994 年 11 月。1995 年 1 月 1 日,世界贸易组织取代了关贸总协定。从 1995 年 1 月开始,中国复关谈判转为加入世界贸易组织谈判。又经过 7 年谈判,2001 年 11 月 11 日,中国代表在加入议定书上签字,一个月后中国正式成为世界贸易组织成员。

4.5.2　中国加入 WTO 的基本原则

1993 年 11 月,时任主席江泽民在出席亚太经济合作组织会议期间,与美国总统克林顿会见时代表中国政府第一次提出了加入世界贸易组织谈判的三项基本原则。我国在复关和加入 WTO 的谈判中始终坚持了这三项原则。

①WTO 是一个国际性组织,没有中国的参加是不完整的。WTO 作为世界上最大的多边贸易组织,截至 2020 年 5 月,其成员有 164 个。中国作为全世界最大的发展中国家,约占世界人口的 18%,经济总量位居世界第 2 位,进出口贸易额位居世界第一。中国还是联合国安理会常任理事国,世界银行和国际货币基金组织的成员。因此,没有中国的参加,WTO 就是不完整的。WTO 需要中国,中国也需要 WTO。

②中国作为发展中国家参加。坚持以发展中国家身份复关和加入 WTO,是中国在谈判中始终坚持的一项基本原则。根据 WTO 的各项协议,发达国家和发展中国家需要履行的义务是有差别的。发展中国家可以有较长的过渡期以进行经济结构调整,减缓开放市场所带来的冲击。在谈判中,一些发达国家要求中国放弃过渡期或缩短过渡期,认为中国近年来经济发展迅速,经济实力不断增强,不是发展中国家。中国认为自己属于发展中国家的主要依据是,中国当时人均 GDP(国内生产总值)水平仍是国际通用的判断发展中国家的标准。按照通用标准,人均 GDP 低于 1 000 美元就属于发展中国家,而中国当时约为 800 美元。

③中国的参加是以权利和义务的平衡为原则的。在我国按照有关市场准入承诺承担相应义务,缴纳加入 WTO 的"入门费"的同时,应享有作为 WTO 成员所应享有的权利。

作为 WTO 成员,我国应享有的权利具体体现在 4 个方面。

A. 加入 WTO 后,我国作为正式成员,有了相应的发言权、表决权等权利,改变了过去观察员身份,政治上和经济上变得主动。同时可以享有发展中国家成员应享有的权利,运用 WTO 允许的保护手段和过渡期安排,合理合法地对我国的幼稚工业、市场和产业安全进行必要的保护。

B. 加入 WTO 后,我国将直接参加新一轮多边贸易谈判,通过参与制定国际间的贸易规则,更加主动地保护我国的正当权益和发展中国家的利益。

C. 加入 WTO 后,我国将享受其他 WTO 成员的市场准入承诺结果,扩大我国的外贸出口。按照承诺,美国将改变过去每年对我国进行正常贸易关系审议的歧视性待遇,给予我国永久性正常贸易关系。

D. 加入 WTO,可以促进中国和其他国家、地区经贸关系的改善,利用 WTO 的争端解决机制,减少西方国家对我国随意的单边歧视性限制,有利于改善我国经济发展所需要的外部环境。

4.5.3　中国加入 WTO 面临的机遇与挑战

加入 WTO 符合我国的根本利益,是深化改革、扩大开放的内在需要。加入 WTO 将促进并加快我国经济体制改革和向市场经济过渡的步伐,有利于我们按市场经济规律的要求完善法制建设;将为国民经济的发展提供新的机遇,有利于利用国内、国际两个市场、两种资源,加快中国企业的国际化进程,提高企业乃至整个中国经济的国际竞争能力。

①大大改善我国的投资环境。我国加入 WTO 后,将严格按照国际通行的规则办事,遵守多边贸易协议,增加经贸政策和法规的透明度和统一实施,并逐步对国外投资者实行国民待遇。这些措施,有助于促进我国的改革开放,并在国际上进一步树立我国是一个负责任的经济大国的形象,增强我国市场对外国投资者的吸引力,同时减少贸易和投资方面的纠纷,使我国在利用外资方面取得更大的进展。

②进一步促进我国的外贸出口。加入 WTO 能够使我国在一个多边、稳定、无条件的最惠国待遇原则下进行国际贸易,可以享受其他国家和地区开放市场的好处,主要贸易大国对我国的歧视性贸易限制将逐步予以取消。这对我国扩大出口,发展具有相对优势的产业都有很大的促进作用。以纺织品服装为例,在加入 WTO 之前,出口配额一直是多数中国纺织服装企业难以逾越的鸿沟。加入 WTO 之后,中国纺织品服装的出口开始大幅度增长。2001 年,我国纺织品服装出口 543.2 亿美元,占世界纺织品服装贸易总额的13%。到 2010 年,我国纺织品服装出口 2 120.0 亿美元,占世界纺织品服装贸易总额的34%,实现出口规模居世界第一。到 2020 年,我国纺织品服装出口额达 3 066.6 亿美元,20 年间出口金额扩大了 5.6 倍,稳居世界第一位。

③有利于加快国内产业结构的调整和企业竞争力的增强。加入 WTO 有助于我国社会主义市场经济体制的建立和完善,推进我国的改革开放进程,促进各行业、部门的结构调整和产业升级,提高有关产业和服务业的国际竞争力,增强我国的经济实力。同时,还将推进我国现代企业制度的建立。

④有利于我国参与经济全球化。为了适应经济全球化、贸易自由化的趋势,我国需要寻求稳定、透明、可预见的多边贸易机制的保障,在参与经济全球化的进程中更好地趋利避害、发展自己。加入 WTO 后,按照国际惯例办事,降低关税,逐步取消非关税壁垒,有利于我国全面参与全球生产和国际分工,成为世界经济的组成部分。

同时也要看到,加入 WTO 将对我国的经济管理工作和部分产业带来一定的压力和影响。

①我国的经贸管理工作将一定程度受到 WTO 规则的制约。在加入 WTO 进程中,我国调整了与 WTO 规则不符的有关规则,特别是对外经贸方面的法律法规。政府机关和企业管理人员的工作方式也需要适应新的形势。

②降低关税和逐步取消非关税壁垒,开放国内市场,会使一些产业面临更为激烈的市场竞争,特别是那些成本高、技术水平低、管理落后和缺乏竞争力的行业和企业,将面临更加严峻的挑战。

③由于我国市场经济还不完善,有一些与 WTO 规则不一致的地方,因此我国很有可能在 WTO 的多边争端解决机制中处于下风。

总的来看,加入 WTO 对我国利大于弊,机遇大于挑战。如果我们抓住机遇,勇敢地迎接挑战,就一定能够趋利避害,加速国民经济的发展。

4.5.4 中国加入 WTO 以后的改革与政策接轨

1)关税制度改革和大幅度的关税减让

在原计划经济时期,中国的关税政策是制定以防范为目的的保护性高关税,因此在很长的一段时期中国是世界上关税最高的国家。1986 年中国申请恢复 GATT 缔约国地位时计算的我国进口关税算术平均值为 44.2%。随着中国加入 WTO 的进程加快,中国的进口关税也在不断降低,至 2001 年 1 月 1 日已降至 15.35%。从 2002 年 1 月 1 日开始,中国加入 WTO 的承诺是逐步将进口关税降至 2008 年的 10%,基本达到 WTO 体制内发展中国家的平均水平。

2)非关税制度的改革

WTO 的基本原则就是逐步实现自由贸易政策,进口国应逐步提高市场准入程度,特别是非关税壁垒政策应向 WTO 的有关规则靠拢。GATT 1994 第三条明确规定进口国只能用关税保护国内工业,而不能用其他手段限制进口。为此,中国在"入世"议定书第七条非关税措施中承诺严格遵守 WTO 有关协定,按照附件 3"非关税措施取消时间表"有计划地逐步取消进口配额、进口许可证和机电产品特定进口招标。

(1)进口配额制

进口配额是进口数量限制的一种最常见、最有效的措施。我国长期以来对有关国计民生的重要农产品和机电产品实施进口配额,目的就是有效地保护国内工农业。但是进口配额制度违背了 WTO 的一般禁止数量限制的基本原则,因此我国在加入世界贸易组织的承诺中做出逐步取消进口配额的表示。

目前,我国只对小麦、玉米、稻谷和大米、糖、羊毛、毛条、棉花、化肥等 8 类商品实施关税配额管理,配额内关税税率为 1% ~15%,配额外关税税率为 10% ~65%。

(2)进口许可证制度

进口许可证也是非关税的一种重要手段,但是它不能像配额一样会在几年内取消,世界上大多数国家今后仍不同程度地保留许可证制度,为此 WTO 专门签署了有关进口许可程序的多边协议,并成立有关的专业委员会。中国"入世"议定书第八条为"进口许可证程序",在中国工作组报告书中也有专门的条款,主要承诺包括:

①透明度原则:中国应及时公布许可证制度变动的信息和货物清单。

②非歧视原则:许可证制度对 WTO 所有成员实行同等待遇,对外国个人、企业和外商投资企业与国内一视同仁。

③许可证的有效期至少应为 6 个月,如特殊情况缩短有效期应及时通知 WTO 进口许可证程序委员会。

④许可证的发放和管理:发证机关为外经贸部、特派员办事处和省(市)外经贸委,审批一般需要 2 ~ 3 个工作日,有效期一般为 1 年。

⑤进口许可证的类型:可分为一般进口许可证和自动进口许可证。

进口管理主要分为禁止进口类、限制进口类和允许进口类。对限制进口商品需要申领一般进口许可证,2007 年我国进口许可证的需证商品只限消耗臭氧层物质一类。

对自由进口类的部分商品实行自动进口许可证管理。自动进口许可证不是为了限制进口,只是为了对某些特定的机电产品的进口数量进行监控,商务主管部门收到进口企业"机电产品进口申请表"后应立即签发自动进口许可证。

3)外汇制度的改革

外汇管理是一个国家对外贸易政策的重要组成部分。GATT 1994 第十五条外汇安排规定,各成员方在采取贸易外汇限制措施上应和国际货币基金组织协调,不能实行外汇双轨制,不能实行歧视性的货币政策,不能以外汇管制形成非关税壁垒。我国在 1994年以前基本实行的是计划经济体制下的国家外汇管制措施,违背了 WTO 的有关规定,因此在加入 WTO 进程中对外汇政策进行了重大改革。在中国"入世"工作组报告书的第 2节经济政策中专门有"外汇和支付"一节,表示中国已经形成统一的外汇市场,改革的目的是逐步减少行政干预,增强市场力量的作用。具体改革内容包括以下 5 点。

①汇率并轨:中国原有的外汇汇率是双重汇率制,即包括官定汇率和市场调节汇率两种,这种制度违背了国际货币基金组织的基本要求。自 1994 年 1 月开始实行了汇率并轨,实际取消了官定汇率,建立了全国统一的外汇市场。

②市场调节汇率:即由传统的政府确定汇率改为市场调节汇率,实行以市场供求为基础的有管理的单一的浮动汇率制度。中国人民银行按照前一个营业日银行间外汇市场形成的加权平均汇率,公布人民币对美元、港元、日元 3 种货币的基准汇率,银行间外汇市场对美元的买卖价可以在基准汇率上下 0.3% 的幅度内浮动,各银行挂牌的美元买卖汇率不得超过基准汇率的 0.15%。

③银行结售汇制:即由过去的政府审批外汇制改为银行直接对企业结汇与售汇,进口企业只要凭真实有效的商业单证就可以直接到银行购买外汇。

④外商投资企业的外汇管理政策:从 1996 年 7 月开始外商投资企业买卖外汇在银行结售汇体系进行,对外商投资企业实行国民待遇。具体办法是由国家外汇管理局给外资企业核定的最高限额内开立结算账户,保留经常项目下的外汇收入,超过部分才须向外

汇指定银行结汇。外资企业国际收支经常性交易支付和转移没有限制,外资企业可以持有效凭证购买外汇或直接从其外汇账户中对外支付。

⑤实行人民币在经常项目下可自由兑换:1996年1月中国政府宣布实行人民币经常项目下可自由兑换,具体包括避免对经常性国际支付的限制,避免实行歧视性的货币政策,承诺兑付外国在经常性国际交易中所需支付的本国货币。

中国"入世"20周年——
世界贸易和全球治理
体系中的"中国力量"

【知识与技能训练】

一、名词解释

1. GATT　　　2. WTO　　　　3. 最惠国待遇　　4. 国民待遇

5. 保障措施　6. 优惠贸易安排　7. 自由贸易区　8. 关税同盟

二、专业词汇翻译

1. 争端解决机制　　2. 关税与贸易总协定　　3. 世界贸易组织

4. CAFTA　　　　5. CAEXPO　　　　　6. ASEAN

三、不定项选择题

1. GATT是协调各缔约方之间(　　　)方面的贸易政策和贸易关系的权利、义务的国际多边协定。

    A. 货物贸易　　　B. 服务贸易　　　C. 知识产权　　　D. 国际投资

2. WTO是协调各成员方之间(　　　)方面的贸易政策和贸易关系的权利、义务的国际多边协定。

    A. 货物贸易　　　B. 服务贸易　　　C. 知识产权　　　D. 金融货币

3. 世界贸易组织的组织机构有(　　　)。

    A. WTO总干事　　B. 部长级会议　　C. 总理事会　　　D. 各专门委员会

4. 世界贸易组织的常设机构有(　　　)。

    A. 部长级会议　　B. 总理事会　　　C. 分理事会　　　D. WTO秘书处

5. WTO的基石原则是(　　　)。

    A. 非歧视原则　　　　　　　　　B. 互惠互利贸易原则

    C. 促进公平竞争与贸易原则　　　D. 透明度原则

6. WTO的基本原则有(　　　)。

    A. 非歧视原则　　　　　　　　　B. 互惠互利贸易原则

    C. 促进公平竞争与贸易原则　　　D. 透明度原则

7. "日本对从中国进口的产品、服务或服务提供者所提供的待遇,不低于日本同类产品、服务或服务提供者所享有的待遇"体现了WTO的(　　　)。

    A. 最惠国待遇原则　　　　　　　B. 互惠互利贸易原则

    C. 促进公平竞争与贸易原则　　　D. 国民待遇原则

8. WTO 的职能有( )。

 A. 制定规则、组织谈判   B. 组织实施各项贸易协定、协议

 C. 审评成员的贸易政策、法规 D. 解决贸易争端

 E. 协调与 IMF、世界银行的关系

9. 中国政府加入世界贸易组织谈判的三项原则是( )。

 A. WTO 是一个国际性组织,没有中国的参加是不完整的

 B. 中国作为发展中国家参加

 C. 中国的参加是以权利和义务的平衡为原则的

 D. 所有 WTO 成员都必须承认中国的市场经济地位

10. WTO 优越于 GATT 主要体现在以下哪些方面? ( )

 A. 世界贸易组织协定的法律权威性更强

 B. WTO 组织机构具有正式性

 C. WTO 管辖范围更具广泛性,涵盖货物贸易、服务贸易以及知识产权贸易,而关贸总协定只适用于部分货物贸易

 D. WTO 权利与义务具有统一性

 E. WTO 争端解决机制更具有效性

11. 通关时享受中国-东盟自贸区的优惠关税的中国-东盟自贸区原产地证书采用的是( )。

 A. 普惠制原产地证书格式 A B. 一般原产地证书

 C. 原产地证书格式 E   D. 原产地证书格式 F

12. 中国与东盟签署了《中国-东盟全面经济合作框架协议》之后,陆续签署了( )。

 A.《货物贸易协议》   B.《争端解决机制协议》

 C.《服务贸易协议》   D.《投资协议》

13. "东盟"是"( )"的简称。

 A. 东南亚国家同盟   B. 东南亚同盟国

 C. 东南亚国家联盟   D. 东南亚联盟

14. 两个和两个以上的国家相互间完全取消关税与数量限制,建立对非成员国的统一关税,在实现商品自由流动的同时,还实现生产要素的自由转移。这种区域经济一体化的形式叫作( )。

 A. 共同市场 B. 自由贸易区 C. 关税同盟 D. 优惠贸易安排

15. 目前,欧盟的成员有( )个。

 A. 15   B. 20   C. 28   D. 30

16. 北美自由贸易区的成员国有( )。

 A. 阿根廷   B. 巴西   C. 墨西哥   D. 智利

17. ( )是经济一体化较低级和松散的一种形式。

 A. 优惠贸易安排 B. 自由贸易区 C. 关税同盟 D. 完全的经济一体化

18. 区域经济集团化的最高组织形态是( )。

A.关税同盟 B.共同市场

C.完全的经济一体化 D.经济同盟

19.共同市场与完全的经济一体化相比,前者未实现( )。

A.生产要素在成员之间的自由流动 B.货物在成员之间的自由流动

C.统一的对外经济社会政策 D.统一的对外关税政策

20.关税同盟与自由贸易区的不同之处在于( )。

A.商品能够在区内自由流动

B.对非成员国实行统一的关税税率

C.资本、劳动力等生产要素可以自由流动

D.制定和执行某些共同的经济政策和社会政策

四、判断题

1.关税同盟是比自由贸易区更高层次的经济一体化组织。 ( )

2.自由贸易区内各成员方的商品实现了自由流动。 ( )

3.北美自由贸易区是当今世界第一个由发达国家和发展中国家联合组成的区域经济贸易集团。 ( )

4.欧元区包括了所有欧盟成员。 ( )

5.亚太经合组织的一体化程度比北美自由贸易区高。 ( )

6.GATT 是调整缔约方对外贸易政策和国际经济贸易关系方面相互权利、义务的国际多边协定。它包括对货物贸易、服务贸易、知识产权方面贸易的协调和管理。 ( )

7.WTO 的决策形式原则上是"完全协商一致同意",不能"一致同意"时,采用投票的方式做出决定。 ( )

8.总理事会是 WTO 的最高权力机构。 ( )

9.根据 WTO 鼓励发展和经济改革原则,中国给予非洲最不发达国家的特惠税待遇不用给予 WTO 其他成员。 ( )

10.关税与贸易总协定的争端解决机制遵循协商一致的原则,而世界贸易组织的争端解决机制采用反向协商一致的原则。 ( )

11.争端解决机制的目标是维护 WTO 成员的权利和义务,争端解决机构的裁决可以增加或减少这一权利与义务。 ( )

12.世界贸易组织所实施的争端解决机制的程序包括协商、成立专家小组、通过专家组报告、上诉机构审议、争端解决机构裁决、裁决的执行和监督等程序。 ( )

13.世界贸易组织、国际货币基金组织和联合国被称为维护世界经济运行的三大支柱。 ( )

14.2001 年 11 月 11 日,中国正式成为世界贸易组织成员。 ( )

15.GATT 的争端解决机制没有上诉机构审议程序。 ( )

16.中国-东盟自贸区的原产地规则以"增值标准"为基础。 ( )

17.中国-东盟博览会每年由中国和东盟 10 国轮流举办。 ( )

18.每年的中国-东盟商务与投资峰会在广西南宁举办。 ( )

19.对于东盟新成员,包括越南、柬埔寨、缅甸和老挝,计划 2010 年建成自由贸易区。 ( )

20.按照世界贸易组织的贸易政策审议机制要求,国际贸易额排名前四名的成员每 3 年审议一次。　　　　　　　　　　　　　　　　　　　　　　　（　　）

五、材料分析

材料 1:美国、墨西哥和中国,其中,美国是棉衬衣的纯进口国,中国和墨西哥都生产并出口棉衬衣。假设中国棉衬衣的出口价格为每件 10 美元,墨西哥的价格为 11 美元,再假设美国对两国棉衬衣都征收 2 美元的进口税,中国棉衬衣在美国市场的价格为 12 美元,墨西哥的棉衬衣价格则为 13 美元。在美国与墨西哥签订自由贸易协定以前,美国当然选择从中国进口棉衬衣。美国和墨西哥之间实行自由贸易之后,取消了所有从墨西哥进口商品的关税,但仍然保持着对其他国家的贸易壁垒。在不需要缴纳关税的情况下,从墨西哥进口的棉衬衣售价只有 11 美元,而中国的棉衬衣仍要支付关税,其市场售价仍为 12 美元。在此情况下,美国不再从中国而转从墨西哥进口棉衬衣。由于墨西哥的棉衬衣便宜,增加了美国消费者对棉衬衣的需求。

问题:

1.成立北美自由贸易区后,在经济上给美国、墨西哥带来什么好处?

2.北美自由贸易区的成立对中国有什么影响?

材料 2:2005 年 4 月 1 日中国实施《构成整车特征的汽车零部件进口管理办法》(以下简称《办法》),规定对等于或超过整车价值 60% 的零部件征收与整车相同的关税(28%),而不是中国加入 WTO 协定中规定的 10% ~ 14% 的税率。中国商务部官员公开表示,该《办法》是为了防止不法分子利用整车和零部件的税差规避海关监督、偷逃关税的行为,也是打击非法拼装、保护消费者利益的措施。然而,美国、欧盟及加拿大认为,该《办法》使他们国内汽车零部件生产企业将生产地转移至中国,导致欧美相关行业受到冲击。中国对超过整车 60% 以上的进口零部件按整车征税的做法,对进口汽车零部件构成歧视,违反了 WTO 的相关贸易规则,2006 年 3 月,三方联合将中国诉至 WTO 争端解决机构。2008 年 2 月,世界贸易组织初步裁定中国违反贸易规则,中国方面进行了上诉。2008 年 7 月 18 日,世界贸易组织争端解决机构公布了“关于中国与美国、欧盟和加拿大三方汽车零部件争端”的裁决报告。报告认为,中国对超过整车 60% 以上的进口零部件按整车征税的做法,对进口汽车零部件构成歧视,违反相关贸易原则。此裁决结果与2008 年 2 月该机构发布的初步调查结果内容一致。

问题:

“中国对超过整车 60% 以上的进口零部件按整车征税的做法”违反了世界贸易组织哪条或哪几条原则?

项目 4 知识与技能训练参考答案

项目5
国际资本移动与跨国公司

【学习导航】

[学习目标]

  掌握国际投资的方式——对外直接投资和对外间接投资;掌握跨国公司的构成要素和基本特征;了解第二次世界大战后跨国公司和国际资本移动发展的特点、跨国公司对国际贸易的影响。

[思维导图]

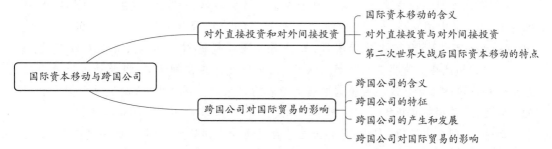

[导入案例]

麦当劳公司正式创建于 1955 年,公司创建人是雷·克洛克。其实,麦当劳的基本经营方式的创始人是麦克·麦当劳和迪克·麦当劳兄弟俩。1954 年,雷·克洛克在洛杉矶以东 50 千米的圣贝纳迪诺市看见了一家快餐厅,在两座闪耀夺目的灯光照耀的拱门下人流如织。这家专营汉堡包的餐厅,效率至上,质量上乘,服务快捷,干净整洁,只需付上 15 美分,即可买到一份已经配好调味料的标准汉堡包。这就是麦当劳兄弟经营的快餐店。52 岁的雷·克洛克在麦当劳兄弟的餐厅里考察了 3 天,决心购买麦当劳餐厅的经销权。

1955 年,雷·克洛克与麦当劳的创始人麦克·麦当劳和迪克·麦当劳兄弟俩达成协议,由他推销"麦当劳式"的营销模式,向每个连锁分店收取占营业额 19% 的许可费,给麦当劳兄弟 5%,雷·克洛克留 14%。1955 年,麦当劳公司正式成立,创立了麦当劳特许加盟体系。雷·克洛克首先请著名广告人重新装修了金黄色的拱门,并加装了一个挥舞长柄勺的汉堡人,制订了汉堡包等食品的统一标准,寻找稳定的供应商,开始有计划地向全国推进。从 1959 年起,雷·克洛克便把圣诞节和麦当劳合二为一,作为麦当劳公司的最初目标。到 1960 年,麦当劳快餐连锁店已达 228 家。雷·克洛克以 270 万美元的代价从麦当劳兄弟手中把餐厅的商标、版权、模式、金色拱门和麦当劳名称,全部买断。到 1965 年底,全美国已开设了 710 家麦当劳连锁店,分布在 44 个州,拥有两万职员。个别连锁店还发明了巨型汉堡包、鱼肉汉堡包和大松饼蛋三明治等,给公司带来了滚滚财源。

1968 年,麦当劳公司已步入成熟期,雷·克洛克任董事长,弗里德·特纳被任命为总裁兼首席执行官。弗里德·特纳成为麦当劳王国忠实可靠的接班人。同年,创办现代化的"汉堡包大学"。

麦当劳公司在 20 世纪 60 年代末和 70 年代初已发展到加拿大、哥斯达黎加和波多黎各等地。从 1971 年开始又发展到荷兰、德国和澳大利亚、新西兰等国。1971 年,日本的滕田丹公司派出 3 名女学员到"汉堡包大学"学习,回国后开办了麦当劳快餐厅,不久,又开办了两家分店,15 个月总共开设了 14 家分店,其营业额和利润都超过了麦当劳在美国的分店,后来滕田成了著名的汉堡包大王。1984 年 1 月,麦当劳奇迹的创造者雷·克洛克与世长辞,享年 81 岁。20 世纪 90 年代,迎来麦当劳又一个发展的黄金时代,在国外所开设的分店无一例外地取得了成功。

1992 年,中国第一家麦当劳快餐厅在深圳落户。2017 年 8 月,麦当劳宣布与中信股份、中信资本及凯雷投资集团针对麦当劳中国业务的战略合作完成交割。2017 年 10 月 12 日,麦当劳(中国)有限公司正式更名为金拱门(中国)有限公司。截至 2020 年 2 月,中国内地有超过 3 500 家麦当劳餐厅,每年服务顾客超过 10 亿人次,员工人数超过 18 万。中国内地已成为麦当劳全球第二大市场、全球发展最快的市场,以及美国以外全球最大的特许经营市场。麦当劳根据中国消费者的口味和生活习惯,研制适合中国人食用的快餐食品,并根据市场需求和消费水平制定产品价格,牢牢占据中国快餐业领先地位。

而今,美国麦当劳(McDonald's)公司已经是全球规模最大、最著名的快餐集团,是世界上最成功的特许经营者之一,成就了在 126 个国家拥有 3 万多个分店的全球最大快餐业连锁店的霸主地位,并以每 3 小时增加 1 个分店的惊人速度持续地扩张,成为当今快餐业的巨无霸。

由此可见,跨国公司已经成为当今世界企业发展的主要形式,国际资本通过跨国公司的运作得到效益最大化。

【学习任务】

学习任务1　了解对外直接投资和对外间接投资

课前任务:

　　各小组以世界500强企业中的一个跨国企业为例,给大家讲评该跨国公司的经营理念、经营战略、经营管理状况或投资策略等,同时说一说我们从中学到的经验或得到的启示。要求将该跨国公司介绍制作成PPT文件。

5.1.1　国际资本移动的含义

　　国际资本移动是指资本从一个国家或地区跨越国界向其他国家或地区移动,以便进行生产和金融等方面的投资活动。它是资本主义发展到了垄断阶段后出现的重要经济现象,在当今世界经济中居于重要的地位。

　　国际资本移动以其投资期限的长短可以划分为短期资本移动和中长期资本移动。投资期限在1年以下的称为短期国际资本移动;投资期限在1~3年的称为中期国际资本移动;3年以上的则称为长期国际资本移动。

　　以资本的来源和用途划分,国际资本移动可以分为私人投资和公共投资。私人投资一般是指一国的个人或经济单位、法人以营利为目的而对其他国家或地区进行的投资活动。公共投资则一般是指一国政府或者国际组织出于公共利益的目的而进行的投资,带有一定的国际经济援助性质。

　　按照投资者的投资目的,国际资本移动可以分为对外直接投资和对外间接投资。

5.1.2　对外直接投资与对外间接投资

1)对外直接投资

(1)对外直接投资的含义

　　对外直接投资(Foreign Direct Investment, FDI)是指一个国家(或地区)的投资者(包括法人和自然人)以控制企业经营管理权为核心,以获取利润为目的在国外创立企业的投资行为。

　　一国投资者进行对外直接投资有不同的动因,大体上有资源导向型、市场导向型、生产要素导向型、竞争合作导向型和全球战略导向型等。

资源导向型就是为了开发当地油田、矿产等自然资源以及林业、水产资源进行的对外直接投资。

市场导向型是以扩大商品销售、占领市场为目的进行的对外直接投资。

生产要素导向型则是为了利用劳动力、土地等生产要素而进行投资。因为在生产要素中,劳动力的流动受到限制,土地等自然资源则没有流动性,为利用这些资源就必须到拥有这些资源的国家去投资。

竞争合作导向型包括竞争和合作两个方面。一方面,由于担心在竞争中落后于对手,一批企业纷纷跟随竞争对手的步伐到海外投资;另一方面,一些投资者为了获得竞争优势地位,与国外企业"强强联手"进行对外投资。

全球战略导向型是企业为了实现其全球发展战略,取得最佳经营效果进行的对外直接投资。

（2）对外直接投资的分类

①按投资者所投资企业是否有东道国投资方参与,可以分为独资企业、合资企业和合作企业。

A. 独资企业。独资企业是投资者在东道国境内设立的全部资本由投资者出资,投资者独立经营、独享收益、独自承担风险和亏损的企业。包括设立子公司、分公司、附属机构等。

对于投资者而言,设立独资企业的优点是:能够更好地实施投资者的经营战略;能够更好地维护投资者的技术垄断、经营诀窍、产品质量、商标信誉等无形资产优势,独享这些资产带来的收益;不必像合资企业那样需要进行烦琐的谈判协商等,节约了时间,降低了成本;相对于合资企业,独资企业受东道国的人事、行政干预较少。

设立独资企业的缺点是:可能会受到东道国政府的限制;容易受当地文化传统和价值观的抵制。

B. 合资企业。合资企业是投资者与东道国的企业共同投资建立、共同管理、共享利润、共担风险和亏损的股权式合营企业。

对于投资者来说,设立合资企业的优点是:可以利用东道国合营者的资源,如资本资源、人力资源和营销网络等;可以从当地合营者对东道国的竞争条件、文化、政治体制和商业体制的了解中受益;当国外市场的开发成本较高或者风险较大时,可以与东道国合营者形成利益共享机制,分担投资成本和风险;有当地资本投入,可能会避免被东道国政府征收或被排挤的影响,减少或克服差别待遇和法律障碍;有助于缓解东道国的民族意识和克服企业文化差异带来的经营困难。

设立合资企业的缺点是:投资各方的目标不一定相同,经营决策和管理方法可能不一致,商业实践经验、对企业将来的预期和社会文化传统背景之间也有可能存在分歧,从而导致企业的管理和运营充满各种不确定风险。

C. 合作企业。合作企业是投资者与东道国的企业共同投资建立的契约式合营企业。

所谓契约式合营,是指合作企业的各投资方可以不按出资比例,而是按照各方签订的合作合同条款,确定利润分配、风险分担和债务清偿等权利、义务。这与合资企业投资各方严格依照各自的投资比例(股权比例)分配利润、分担风险是不同的,见表5-1。

表 5-1　国际合作经营企业与合资经营企业的异同

两者比较		国际合作经营企业	国际合资经营企业
共同点		不同国家投资者共同投资、共同管理、共享收益、共担风险	
不同点	性质	契约式合营企业	股权式合营企业
	组织形式	法人企业或者非法人企业	法人企业
	投资收益	根据合同规定承担各自的责任、权利、义务，可以采用利润分成、产品分成或其他方式	不论以什么方式出资必须以货币计算股权比例，且按股权比例分享收益、分担风险和亏损
	投资回收方式	通过固定资产折旧、产品分成办法收回。合营期满，剩余财产全部归东道国合作者所有，不再进行清算	通过利润分成收回投资。合营期满，剩余财产进行清算，按出资比例分配

②按投资者所投资企业组建方式的不同，可以分为并购方式和创建方式。

A.并购是跨国兼并和收购的总称，投资者通过一定的渠道和支付手段，购买另一国企业（目标企业）的所有资产或者足以行使经营控制权的股份。这个比例，不同的国家有不同的规定。按照国际货币基金组织的定义，拥有25%投票权的股东，即可视为拥有直接控制权。美国规定，凡拥有外国企业股权10%以上者，均属于对外直接投资。

跨国并购的优点在于：投资者能够大大缩短项目的建设和投资周期，较快地进入目标国市场；有效降低进入行业的障碍；容易获得现有的经营资源，如原有企业的技术、管理、市场网络、信息以及人才资源，取得竞争优势和实现经营当地化；可以迅速提高企业的规模经济，扩大产品种类和经营范围，获得被收购企业的市场份额；当目标企业陷入困境时，可以较低的价格进行收购，减少投入的资金。

当然并购也存在一定的缺点，主要有：并购需要一次投入的资金量大，一般不能用机器设备、原材料等资本品和技术折价投入；东道国政府对并购的干涉与限制较多；被并购方企业的资产价值评估较为复杂和困难；企业的整合难度较大，如果被并购企业与进入企业在经营思想、管理制度和方法上存在很大差异，则有可能控制失效，造成经营失败；被并购企业的产品、工艺、技术、规模、地理位置可能与进入企业的经营战略、经营经验不完全吻合，可能妨碍进入企业今后的发展。

B.创建即新建企业，投资者到东道国建立独资企业或者与东道国的企业合营建立企业，形成新的经营单位和新的生产能力。这种方式的显著优点是投资者可以利用机器设备、原材料、技术、工业产权等作为资本投入，弥补外汇资金的不足。但相对于并购方式来说，突出的缺点是需要从事大量的筹建工作，因而进入市场的时间较为缓慢。

2）对外间接投资

（1）对外间接投资的含义

对外间接投资（Foreign Indirect Investment，FII）是指投资者以购买外国公司的股票和其他证券及提供国际信贷为手段,以获取股息或利息为目的的投资方式。

对外间接投资只涉及货币资本的移动,投资者不直接参与企业的经营和管理。

(2)对外间接投资的种类

对外间接投资包括证券投资和借贷资本输出两大类。

①证券投资:是指投资者在国际证券市场上购买外国企业和政府的中长期债券,或在股票市场上购买外国企业股票的一种投资活动。

证券投资者一般只能取得债券的利息、股票的股息和红利,对投资企业无经营和管理的直接控制权。

②借贷资本输出:是指以贷款或出口信贷的形式把资本借给外国企业和政府。借贷资本输出的形式有多种,包括政府援助贷款、国际金融机构贷款、国际金融市场贷款和出口信贷等。

A. 政府援助贷款。政府援助贷款是指一个国家的政府利用财政资金向另一个国家的政府提供优惠性贷款,也被称为政府优惠贷款。它是政府间的一种融资方式,通过列入国家财政预算支出的资金进行收付,以表示两国政治上的良好关系和经济上的相互支持与援助。政府贷款多为发达国家向发展中国家提供的贷款。

政府援助贷款的优惠性比较大,利率较低(约3%),甚至是无息,还款期限较长,一般在20～30年,有时会更长。一般借款国只能把贷款用于采购贷款国的资本货物。

B. 国际金融机构贷款。国际金融机构包括国际货币基金组织、世界银行、国际开发协会、国际金融公司等。来自国际金融机构的贷款条件一般比较优惠,但并不是无限制的。

国际货币基金组织是政府间的国际金融组织,其贷款对象是成员国政府,贷款用途只限于解决短期性国际收支不平衡问题,用于贸易和非贸易经常性项目的支付。

世界银行即国际复兴开发银行,主要向发展中国家提供低于市场利率的中长期贷款。贷款重点用于能源、农业、交通运输、教育等方面。

国际开发协会属于世界银行的下设机构,专门从事对最不发达国家提供无息贷款业务。世界银行的成员国均为国际开发协会的成员国。

C. 国际金融市场贷款。国际金融市场按资金借贷和融通的时间长短可分为国际货币市场和国际资本市场。国际货币市场是国际短期资金市场(通常指一年期以内)。一年期以上的资金借贷市场即国际资本市场,这类贷款利率较高,但可以用于借贷国的任何需要。

D. 出口信贷。出口信贷是指一个国家为了鼓励商品出口,加强商品的竞争能力,通过银行对本国出口厂商或国外进口厂商或进口方的银行所提供的贷款。

3)对外直接投资与对外间接投资的区别

①对外直接投资的目的是拥有对所投资企业的控制权和经营权。对外间接投资的目的是获得股息或利息,不拥有对企业的控制权和经营权。

②对外直接投资因参与一国企业的生产,投资周期长,一般在10年以上,由企业的

利润直接偿还投资,资金一旦投入某一特定的项目,要抽出投资比较困难,其流动性小,风险性大。对外间接投资与企业生产经营无关(因为无控制权),随着二级市场的日益发达与完善,证券可以自由买卖,流动性大,风险性小。

③对外直接投资通常伴随生产要素的国际转移和重新配置。对外间接投资则不必然引起生产要素的国际移动。

④对外直接投资通常流入具体的生产或服务部门。对外间接投资的直接流向则是资本市场。

⑤对外间接投资的收益是利息或股息。对外直接投资的收益是利润。

5.1.3　第二次世界大战后国际资本移动的特点

①对外直接投资迅速发展并占主导地位,投资规模日益扩大。

②发达国家是国际资本移动的主体。

③国际资本移动的国别(或地区)流向有了较大变化,由原来的主要是发达国家向经济落后国家输出,发展到当代的多方向输出,特别是发达国家间的相互投资大幅度增加。

④国际资本移动的部门结构向服务业、高新技术产业转移。

⑤发展中国家(或地区)开始加入对外投资行列。

　思考:

分析中国实施"走出去"战略的主体、可行性、影响与促进措施。

2020 年度中国对外直接
投资统计公报

学习任务2　理解跨国公司对国际贸易的影响

5.2.1　跨国公司的含义

跨国公司(Transnational Corporation,TNC),又称多国公司、国际公司,是在两个或更多的国家建立子公司或分公司,由母公司进行有效控制和统筹决策,从事跨国界生产经营活动的经济实体。

依照联合国跨国公司委员会规定,跨国公司的构成要素有 3 个方面。

①跨国公司必须是一个经营实体,并且是母公司控制下的多国经营实体,母公司通过股权控制对在多国从事生产和销售的其他经营实体进行控制。

②跨国公司必须具有一个统一的中央决策体系,有共同的全球经营战略和协调一致的共同政策、策略。

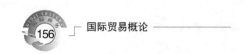

③跨国公司的各个实体分享资源、信息,并承担相应的责任。

5.2.2 跨国公司的特征

1) 战略目标全球化

所谓全球战略是指跨国公司将其全球范围的经营活动视为一个整体,其目标是追求这一整体利益的最大化,而不考虑局部利益的得失。为实现公司全球利益最大化,公司要合理地安排生产,要在世界范围内考虑原料来源、劳动力雇用、产品销售和资金利用;要充分利用东道国和各地区的有利条件;要应对世界市场上同行业的垄断竞争。为实现公司全球战略,需要统一指挥,协调步骤,母公司与子公司、子公司与子公司之间相互配合协作,从而形成整体。跨国公司的管理体制多种多样,但原则上都是集中决策、分散经营,各个子公司与分支机构都围绕着全球战略目标从事生产和经营。

2) 生产经营国际化

跨国公司实现全球战略目标的一个重要途径是生产经营国际化。生产经营国际化是指跨国公司的产品在一个国家设计,产品的零部件在其他一些国家生产,然后再运到另一个国家组装。这时的产品是真正意义上的国际产品,它是采用最先进的技术设计,利用最廉价的劳动力和原材料,由最熟练的工人生产的产品。

生产经营全球化的主要目的是降低生产成本,提高产品的价值和性能,进而提高跨国公司的全球竞争能力。跨国公司强有力的管理体制和控制手段是实现生产经营国际化必需的组织保证,当代通信技术的巨大进步和现代化的交通运输则为跨国公司的生产经营国际化提供了必要的物质基础。

3) 经营策略多样化

在实行全球一体化经营的同时,跨国公司也会根据国际政治经济形势、东道国的具体情况及其对跨国公司的政策法规、自身的实力以及在竞争中的地位,采取灵活多样的经营策略安排,以更好地满足东道国当地的实际情况,获得良好的经营效益,也有利于与东道国政府建立融洽的关系。在组织机构上,跨国公司往往会相应地改变原来的集权管理,将原先集中在总部的权力适当下放给下属各子公司与分支机构,实行分权管理。

4) 技术创新能力强大

在科学技术迅猛发展的今天,技术进步已成为垄断资本获取高额利润、争夺市场、增强自身在国内及国际市场竞争力的重要途径。大型跨国公司是当代技术创新与技术进步的主导力量,其实力主要体现在它们拥有雄厚的技术优势和强大的开发能力。跨国公司要在国际分工和国际竞争中保持领先,就必须不断地投入巨额资金,加强技术研究与开发,保持自己的技术优势。技术领先地位带来的丰厚市场回报,又激励着跨国公司不断进行技术创新,推动技术进步。

5.2.3　跨国公司的产生和发展

跨国公司是垄断资本主义高度发展的产物,跨国公司的出现与资本输出密切相关。19世纪末20世纪初,资本主义进入垄断阶段,资本输出大大发展起来,这时才开始出现少量的跨国公司。当时,发达资本主义国家的某些大型企业通过对外直接投资,在海外设立分支机构和子公司,开始跨国经营。例如,1865年,德国德里克·拜耳化学公司在美国纽约州的奥尔巴尼开设一家制造苯胺的工厂;1866年,瑞典制造甘油、炸药的阿佛列·诺贝尔公司在德国汉堡开办炸药厂;1868年,美国胜家缝纫机公司在英国的格拉斯哥建厂,到1880年,又在伦敦和汉堡等地设立销售机构,负责世界各地的销售业务。美国的威斯汀豪斯电气公司、爱迪生电气公司、柯达公司,英国的尤尼莱佛公司、帝国化学公司,瑞士的雀巢公司都先后在国外开展经营活动。这些公司是现代跨国公司的先驱。

第一次和第二次世界大战期间,由于战争和经济危机,跨国公司增长缓慢。

第二次世界大战后至20世纪70年代末是跨国公司的快速发展阶段。战后10年间,美国垄断资本凭借其霸主地位,利用西欧战后经济恢复的有利条件,大力发展对外直接投资,跨国公司空前发展。20世纪50年代以后,随着西欧和日本经济的恢复和发展,它们的对外直接投资也很快发展起来,跨国公司迅速增加,挑战了美国的霸主地位。到20世纪70年代后,跨国公司进入多极化发展阶段。一方面,美国公司在对外直接投资中的地位相对下降,西欧和日本公司地位上升,形成了美国、西欧和日本"三足鼎立"的格局;另一方面,发展中国家和地区包括科威特、巴西、阿根廷、韩国、新加坡等国家和中国香港地区对外直接投资得到发展。

20世纪80年代至今是跨国公司空前扩张阶段。跨国公司数量呈跳跃式增长。在经济全球化的今天,越来越多的企业包括中小型企业已经并持续不断地加入跨国公司的行列。据联合国有关机构调查,1968—1969年,世界上14个主要发达资本主义国家拥有的跨国公司母公司总数仅为7 276家。经过20世纪70年代的发展,发达国家跨国公司的数量在1980年增至1万家,其所属国外分支机构增至8.9万家。1992年,世界范围的跨国公司母公司数为3.66万家,2006年达到7.8万家,海外子公司数目分别为17.49万家和78万家。相关数据统计,目前全球跨国公司的数量已超过8万家。

5.2.4　跨国公司对国际贸易的影响

1)跨国公司的发展促进了国际贸易规模的扩大

跨国公司的对外直接投资,带动了机器设备的出口;跨国公司对发展中国家原料产地的投资,扩大了原料的进口;跨国公司的生产经营国际化,加大了原材料、零部件、中间产品在国际贸易中的流量。所有这一切,大大加速了国际贸易的发展。当前,国际贸易的1/3是在跨国公司内部进行的,1/3是在跨国公司之间进行的,也就是说,与跨国公司有关的贸易已占世界贸易的2/3。据不完全统计,目前世界上500家最大的跨国公司已

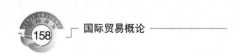

经控制了约 3/4 的全球贸易。

2) 跨国公司影响着国际贸易的商品结构、部门构成和地区分布

跨国公司的对外投资主要集中在资本和技术密集型的制造业部门,这就直接影响着国际贸易商品结构的变化。它集中反映在国际贸易商品结构中制成品的比重上升,初级产品的比重下降。此外,跨国公司内部专业化协作的发展,跨国公司对发展中国家制造业部门投资的增加,也是使制成品贸易比重不断上升的重要因素。

跨国公司的海外投资主要集中在发达国家,占总投资的 3/4,促进了这些国家对外贸易的发展。

3) 跨国公司促进了国际技术贸易的发展

跨国公司是当代新技术的主要来源、技术贸易的主要组织者和推动者。第二次世界大战以来,全世界的新技术、新生产工艺和新产品,基本上都掌握在跨国公司手中。第二次世界大战后国际技术贸易的快速发展是与跨国公司技术发明和技术转让的发展分不开的。目前,跨国公司掌握了世界上 80% 左右的专利权,基本垄断了国际技术贸易。

4) 跨国公司对国际贸易的发展也有一定的阻碍

跨国公司为了获得超常利润,通常采用公司内部转移价格和公司外部垄断价格的价格策略。这种手段人为地破坏了市场机制,干扰了正常国际贸易的进行。

当前一些跨国公司为了追求高额垄断利润,采取不正当手段,在国家的支持下滥用管理措施,设置技术性贸易壁垒,扭曲了国际贸易的正常开展。

【知识与技能训练】

一、名词解释

1. 对外直接投资　　2. 对外间接投资　　3. 跨国公司

二、专业词汇翻译

1. 对外直接投资　　2. 对外间接投资　　3. 跨国公司

三、单项选择题

1. 国际投资中的长期投资是指(　　)以上的投资。

　　A. 3 年　　　　　B. 8 年　　　　　C. 1 年　　　　　D. 5 年

2. 世界银行给某一发展中国家贷款用以该国开发牧业,这是属于(　　)。

　　A. 公共投资　　B. 直接投资　　C. 私人投资　　D. 间接投资

3. (　　)是资本要素国际移动的主要方式,是国际投资的两种形式中的主要形式。

　　A. 对外直接投资　　　　　　B. 对外间接投资

　　C. 公共投资　　　　　　　　D. 私人投资

4. 各国政府或政府机构之间的借贷活动称之为(　　)。

A. 国际金融机构贷款　　　　　　　B. 证券投资

C. 政府援助贷款　　　　　　　　　D. 中长期出口信贷

5. 按国际货币基金组织的定义,拥有(　　)投票权的股东,即可视为直接投资。

A. 10%　　　　　B. 50%　　　　　C. 25%　　　　　D. 15%

6. 对外直接投资与对外间接投资的基本区分标志是(　　)。

A. 前者可用实物进行投资,而后者则不行

B. 能否有效地控制作为投资对象的海外企业

C. 前者是个别经营单位进行的投资,后者是政府进行的

D. 前者属于长期投资,后者属于短期投资

7. 投资者在国外建立独资企业与合资企业相比有优点,但也有不利之处。其不利之处可表现为(　　)。

A. 管理上容易出现分歧

B. 经营上容易受到限制

C. 经营风险较小

D. 容易受到当地民族意识的抵制

8. 通过并购海外企业从事对外直接投资的缺点是(　　)。

A. 建设周期较长

B. 不能利用原有企业的技术

C. 不能利用原企业的销售渠道

D. 容易受到东道国法律的限制

9. 政府援助贷款属于(　　)。

A. 对外直接投资　　　　　　　　　B. 借贷资本输出

C. 证券投资　　　　　　　　　　　D. 国际服务贸易

10. 借贷资本输出不包括如下哪种方式?(　　)

A. 出口信贷　　　　　　　　　　　B. 证券投资

C. 政府援助贷款　　　　　　　　　D. 国际金融机构贷款

四、材料分析

改革开放初期,资金短缺是制约我国经济发展的突出问题。一方面,国内积累能力有限,储蓄严重不足,而投资需求却逐年扩大,导致储蓄缺口逐年增大;另一方面,随着经济的增长,进口需求迅速增长。我国出口规模不大,出口结构不合理,出口创汇能力不足,难以满足进口的需求,导致外汇缺口也逐年增大。而外资的进入有效地解决了我国改革开放初期存在的资金短缺问题。1979—1989年,我国实际使用外资578亿美元,截至2005年年底,我国累计批准设立外商企业50多万家,实际使用外资存量超过2 700亿美元。跨国公司在华投资带来了资金,而且还促进了产业结构调整。跨国公司的产业带动效应主要在于优化了产业结构。产业经济学家认为,产业结构向高级化演变,可通过三次产业间比例关系的变化反映出来,即在国内生产总值中,第一产业比重逐渐下降,第二产业、第三产业比重相应提高。20多年来,特别是20世纪90年代后,一些大型跨国公司来华投资,使我国出现了一批现代新兴科技企业,对我国的产业结构升级起到了积极

的推动作用,加快了我国现代化建设的步伐,缩小了与发达国家之间的差距,并且带动了我国与世界各国更紧密的贸易联系。

问题:

请分析跨国公司在中国的发展对我国经济及外贸的影响。

项目 5 知识与技能训练参考答案

项目6
国际服务贸易

【学习导航】

[学习目标]

掌握国际服务贸易的一些基本概念和分类;了解国际服务贸易的产生与发展;掌握国际服务贸易与货物贸易相比较的特点;了解中国服务贸易的发展现状。

[思维导图]

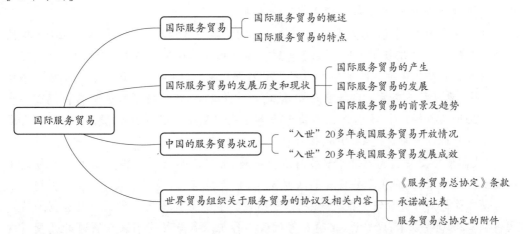

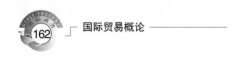

[导入案例]

中国服务，为世界发展带来新机遇

2020年中国国际服务贸易交易会(简称"服贸会")即将在北京拉开大幕。已持续举办6届的服贸会，已成为全球服务、互惠共享的重要平台，为推动全球服务贸易发展、促进贸易和投资自由化便利化发挥了积极作用。数据显示，历届服贸会累计吸引184个国家和地区、近300家国际组织和境外商协会、1.02万余家次企业参展，实现意向成交额5 293.3亿美元。

在疫情持续蔓延和全球经贸形势异常严峻复杂的背景下，举办服贸会意义重大。我国继续扩大服务贸易对外开放，推动服务贸易平稳发展，结构持续优化，既为中国经济和世界经济恢复发展提供了重要的支撑，也进一步展示出中国坚定不移扩大开放的信心和决心。这次大会将提振市场信心和市场预期，促进服务供给和需求的有效对接。线上线下相结合的举办方式，影响范围将更加广泛，为全球经济遏制下滑势头和复苏带来宝贵机遇。

"从全球来看，近两年贸易保护主义有所抬头，加之疫情影响，全球服务业投资环境恶化，很多国家倾向于保护国内的市场，这不利于疫情后经济复苏。"商务部国际贸易经济合作研究院国际服务贸易研究所所长李俊认为。中国通过服贸会表明将继续走开放合作道路，坚定支持进一步全球化合作的态度，这对恢复全球经济，恢复价值链、产业链、供应链非常重要。

当前，服务贸易已成为世界经济增长的新引擎，全球经济服务化已是大势所趋。我国高度重视服务贸易发展，通过积极主动扩大服务业市场开放、开展服务贸易创新发展试点等，不断促进服务贸易规模扩大、竞争力提升。

服务领域正成为我国新一轮开放的重点。2016年，国务院批复同意在上海、海南等15个地区开展服务贸易创新发展试点；2018年，国务院批复同意深化试点，范围扩大到北京、雄安新区等17个地区；2020年8月，国务院批复同意全面深化服务贸易创新发展试点，新一轮试点地区扩围至28个，鼓励试点地区在体制机制、发展模式、促进政策等方面开展探索试验，加快推动服务贸易高质量发展。

在试点带动下，全国服务进出口总额从2015年的6 542亿美元增长至2019年的7 850亿美元，年均增长4.7%，我国服务进出口规模连续6年稳居全球第二位，是全球前五大服务贸易国家中唯一的发展中国家。2020年以来，在一系列稳定服务贸易政策措施的帮助下，我国服务贸易呈现趋稳态势，结构持续优化，知识密集型服务贸易占比进一步提高。2020年1—7月，我国知识密集型服务进出口额11 513.4亿元，增长8.9%，占服务进出口总额的比重达到44.0%，提升9.7个百分点。

"我国服务贸易已成为对外贸易高质量发展、经济转型升级和推动高水平开放的重要支撑。近年来，我国在服务贸易的四种形态，即跨境交付、境外消费、商业存在和自然人流动方面的对外开放取得很大进步，产生对国内服务业和全球现代工业服务贸易的巨大需求。2020年以来，以旅行、运输等为代表的传统服务贸易受到来自新冠肺炎疫情的冲击。但服务贸易发展危中有机，疫情给新兴服务贸易发展提供了机遇。无接触式的新型服务贸易发展前景广阔,跨境电商、在线问诊、在线办公、在线教育等数字贸易将成为我国服务贸易新的增长点和推动力。"中国国际经济交流中心首席研究员张燕生表示。

更大范围的区域合作也在助力服务贸易发展。目前,我国已经与全球200多个国家和地区建立了服务贸易往来,还将积极拓展与服务重点贸易伙伴,特别是"一带一路"沿线国家和地区的服务贸易合作,积极打开服务贸易新空间。

(资料来源:《经济日报》,2020-09-04.)

【学习任务】

学习任务1 了解国际服务贸易

 **课前任务:**

> 1. 查阅WTO《服务贸易总协定》,了解相关内容。
> 2. 选定一个你感兴趣的国内服务性行业,总结该行业近3年的发展状况。

6.1.1 国际服务贸易概述

1)服务的概念

一般说来,服务是指服务提供者通过直接或间接接触,或凭借某种工具、设备、设施等为服务接受者提供有益的工作或帮助行为。服务的主体和客体是自然人、法人、社会团体或政府部门。服务本身并不一定构成服务贸易,因为不少服务具有公益性,不一定要索取报酬,而是具有广泛的社会意义,如公共图书馆、大众传播等社会公益机构或公共福利机构。此类服务是非营利性质,自然不属于贸易的范畴。只有当服务作为交易行为进行贸易或等价交换时,它才是可支付的或有报酬的,才会产生服务贸易。

2)国际服务贸易的概念与具体内容

到目前为止,国际上对服务贸易的精确定义仍然没有一个统一的表述,但普遍认为国际服务贸易是指国与国之间互相提供服务的经济交换活动,并有广义与狭义之分。狭义的国际服务贸易是指一国以提供直接服务活动形式满足另一国某种需要以取得报酬的活动。广义的国际服务贸易既包括有形的活劳动,也包括服务提供者与使用者在没有直接接触下进行交易的无形活动。

1994年4月15日,关贸总协定主持下的乌拉圭回合谈判达成的《服务贸易总协定》将国际服务贸易的概念定义为:跨越国界进行服务交易的商业活动,即服务提供者从一国境内向他国境内,通过商业或自然人的商业现场向消费者提供服务并取得外汇报酬的一种交易行为。该定义包含着服务贸易的以下4种方式。

①跨境交付(Cross Border Supply):是指从一成员国的国境内向另一成员国的国境内提供服务。这种服务不构成人员、物资或资金的流动,而是通过电信、邮电或计算机网络实现的服务,如视听、金融和信息等。这是国际服务贸易的基本形式。

②境外消费(Consumption Abroad):是指在一成员国的国境内向另一成员国的消费者提供服务,如接待外国游客、提供旅游服务,为国外病人提供医疗服务,为国外客户提供医疗服务,接收外国留学生等。

③商业存在(Commercial Presence):通过一成员国提供的服务实体(如法人)在另一成员国以商业存在的形式提供服务,它是一国的企业或经济实体到另一国开业,提供服务,包括投资设立合资、合作和独资企业。

④自然人流动(Movement of Personnel):是指由一成员国的自然人在另一成员国境内提供服务,如一国的医生、教授或艺术家到另一国从事个体服务。这是最古老的服务贸易方式之一。

对服务贸易的概念进行统一界定的同时,乌拉圭回合服务贸易谈判小组还在对以商品为中心的服务贸易分类的基础上,结合服务贸易统计和服务贸易部门开放的要求,并在征求各谈判方的提案和意见的基础上,提出了以部门为中心的服务贸易分类方法,将服务贸易分为12大类。世界贸易组织的这一分类方法目前已被各国普遍接受,在国际服务贸易中采用该种分类方法也已成为一种惯例。这12大类服务部门如下。

①商业性服务:指在商业活动中涉及的服务交换活动,服务贸易谈判小组列出的6类这种服务,其中既包括个人消费的服务,也包括企业和政府消费的服务。分别是专业性(包括咨询)服务、计算机及相关服务、研究与开发服务、不动产服务、设备租赁服务和其他服务。

②通信服务:主要指所有有关信息产品、操作、储存设备和软件功能等服务,主要包括邮政服务、速递服务、电信服务、视听服务和其他电信服务。

③建筑服务:主要指工程建筑从设计、选址到施工的整个服务过程。具体包括:选址服务,涉及建筑物的选址;国内工程建筑项目,如桥梁、港口、公路等的地址选择等;建筑物的安装及装配工程;工程项目施工建筑;固定建筑物的维修服务;其他服务。

④销售服务:指产品销售过程中的服务交换,主要包括:商业销售,主要指批发业务;零售服务;与销售有关的代理费用及佣金等;特许经营服务;其他销售服务。

⑤教育服务:指各国间在高等教育、中等教育、初等教育、学前教育、继续教育、特殊教育和其他教育中的服务交往,如互派留学生、访问学者等。

⑥环境服务:指污水处理服务;废物处理服务;卫生及相似服务等。

⑦金融服务:主要指银行和保险业及相关的金融服务活动。

⑧健康及社会服务:主要指医疗服务,其他与人类健康相关的服务;社会服务等。

⑨旅游及相关服务:指旅馆、饭店提供的住宿、餐饮服务、膳食服务及相关的服务;旅行社及导游服务。

⑩文化、娱乐及体育服务:是指不包括广播、电影、电视在内的一切文化、娱乐、新闻、

图书馆、体育服务,如文化交流、文艺演出等。

⑪交通运输服务:主要包括货物运输服务,如航空运输、海洋运输、铁路运输、管道运输、内河和沿海运输、公路运输服务;航天发射以及运输服务,如卫星发射等;客运服务;船舶服务(包括船员雇用);附属于交通运输的服务,主要指报关行、货物装卸、仓储、港口服务、起航前查验服务等。

⑫其他服务。

3) 与相关概念的异同

虽然关贸总协定中给出了国际服务贸易的概念,但人们对其概念的准确性把握一直不够清晰,而且经常将其与相关的贸易概念相混淆,既无助于国际服务贸易体系的基本确立,更容易使国际贸易活动过程中产生不必要的摩擦与纠纷,从而造成不必要的损失。所以,为了正确地学习与领悟国际服务贸易的内涵,我们必须掌握国际服务贸易和与之相关的概念的界限。常见的有劳务贸易、无形贸易、第三产业等。

(1)服务贸易与劳务贸易

过去,我国一直把服务称为劳务,服务贸易也随之称为劳务贸易。其实二者是有区别的,具体表现为:三大服务要素,即劳动力、资本和技术知识中,任何一项发生移动就可实现服务贸易,即包括劳动力提供的服务、资本的转移、技术的转移等;劳务贸易通常称为国际劳务合作或劳务输出,是指劳动力要素跨国界流动,即围绕劳动力要素展开的一系列服务。如国际工程或其他工程任务,或从事文化教育、医疗卫生、交通运输、工农业生产、邮电通信、法律、会计、咨询、旅游和信息传递等工作。所以,劳务贸易只是服务贸易中的一个部分,是服务贸易中劳动力要素活动的结果。

(2)服务贸易和无形贸易

无形贸易是相对于有形产品贸易的形式。其很多贸易种类与服务贸易是相同的。但是无形贸易比服务贸易的范围更广泛,比如对外直接投资、捐赠及赔款等就不属于服务贸易。

(3)服务贸易与第三产业

国内外学者习惯上称第三产业为服务业。一般把除第一产业(农业)、第二产业(工业)以外的产业皆称为第三产业或服务业。按照该产品提供的服务对象划分,第三产业分为:①消费者私人服务业,如旅馆、饮食;②社会服务业,如文教、保健和福利等;③生产者服务业,如咨询、电信和金融等;④分销服务业,如交通运输、批发零售业等。对于这4种类型,除社会服务业多数是由国内提供、涉及较少的贸易以外,其他的多数与国际贸易有关,尤其是我国加入WTO后,这部分内容尤为突出。

6.1.2　国际服务贸易的特点

服务贸易和货物贸易都要进行交易对象所有权的变更,但作为非实物劳动成果的交易,与实物产品贸易进行对比,国际服务贸易的特点可归纳为以下7个方面。

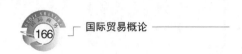

1) 服务商品的不可感知性或贸易标的物的无形性

这是服务贸易最主要的特征。对于国际货物贸易而言，人们在特定的时间和确定的地点是可以看见商品、资本或信息媒介的跨国界流动的，故其标的物是有形的，如原材料、食品、机械设备等。而国际服务贸易的标的物很多都是无形的，即服务产品在被购买之前，不可能去品尝、感觉、触摸、观看、听见或嗅到"服务"，所以大部分服务产品属于不可感知产品，消费者对它们的价值很难评估，因为即使在消费或享用之后，顾客也无法根据消费经验感受到这种产品所带来的效用，只能是通过服务者提供的介绍和承诺，并期望该服务确实给自己带来好处。

2) 服务贸易的不可分离性和不可储存性

实物产品贸易从其生产、流通，到最后消费的过程，一般要经过一系列的中间环节。比如，卖方要将货物交给承运商，承运商要委托船务（海洋运输）公司进行托运，最后由承运商交给买方，这中间存在着一系列复杂的过程（如保险、装运、适用的价格术语及索赔等问题）。而服务贸易与之不同，它具有不可分离的特征，即服务的生产过程与消费过程同时进行，如理发、看病等服务。服务发生交易的时间，也就是消费者消费服务的时刻，这两个过程同时存在，不可分割。同时，顾客在消费服务产品的时候，必须或者只有加入服务的生产过程中，才能最终消费到服务，而且这种服务特征随着科学技术的发展，全球一体化进程的加快，越来越显示出国际化的趋势。另外，由于消费者与生产者个体差别的存在，使服务产品不可能像有形产品那样被储存起来，以备出售。服务的生产者、消费者对于服务产品来说，如果不是同时进行，那么，服务产品就会受到损失，而这种损失就是机会损失或价值的贬值。

3) 服务贸易的差异性

差异性表现为服务的生产者所生产的服务产品的质量水平不同，同样是一种服务，由于其生产者的不同，提供给消费者的产品也就可能不同，例如，不同厨师炒菜的水平各不相同。即使是同一个服务的生产者，也会因为时间、地点，乃至气候、心情等诸多偶然因素，生产出不同质量水平的产品。同时，服务产品的消费者，由于其不同的个人偏好，也会直接影响服务的质量与效果，比如，由于患者对医疗人员的偏见或不信任感，往往直接影响其治疗效果等。因此，服务质量和效果产生不同的结果，要受两方面因素的影响——生产者和消费者，而且这种服务产品的质量很难像有形产品一样用其质量标准进行规范，很难统一界定。

4) 服务贸易市场的高度垄断性

国际服务贸易在发达国家和发展中国家表现出较为严重的不平衡性，这是由于服务市场所提供的服务产品受各个国家的历史特点、区域位置及文化背景等多种因素的影响。比如，医疗工程、网络服务、航空运输及教育等直接关系到国家的主权、安全和伦理道德等敏感领域，也许就会受到外界（制度）或自身的限制。因此，国际服务贸易市场的垄断性较强,主要表现为少数发达国家对国际服务贸易的垄断优势,与发展中国家的相对劣势。另外,对国际服务贸易的各种壁垒也比商品贸易多达2 000多种,从而严重阻碍了国际服务商品进行正常的交易。这种高度垄断性不可能在短期内得以消除,因此,相对于国际货物贸易自由化而言,国际服务贸易自由化不仅起步较晚,而且遇到的阻力更大。

5) 贸易保护方式具有隐蔽性

由于服务贸易标的物的特点,各国政府对本国服务业的保护无法采取关税壁垒的方式,而只能采用改变国内的政策、法令进行限制。如市场准入制度、对贸易出口国或进口国进行限制或者是非国民待遇等非关税壁垒形式。这使得国际服务贸易受到的限制和障碍更具刚性和隐蔽性。

6) 国际服务贸易的约束条例具有相对灵活性

世界贸易组织《服务贸易总协定》条款中规定的义务分为一般性义务和具体承诺义务。一般性义务适用于GATS缔约方所有服务部门,不论缔约方这些部门是否对外开放,都对其具有约束力,包括最惠国待遇、透明度和发展中国家更多参与。具体承诺义务是指必须经过双边或多边谈判达成协议之后才承担的义务,包括市场准入和国民待遇,且只适用于缔约方承诺开放的服务部门,不适用于不开放的服务部门。对于市场准入来说,GATS规定可以采取循序渐进、逐步自由化的办法;允许缔约方初步进行承诺,并提交初步承诺书,然后再进行减让谈判,最后达到自由化。对于国民待遇来说,GATS规定允许根据缔约方自身的经济发展水平选择承担国民待遇义务。总之,GATS对于服务贸易的约束是具有一定弹性的。

7) 服务产品的营销管理具有更大的难度和复杂性

无论从国家宏观层面,还是微观层面,国际服务产品的营销管理与实物产品的营销管理相比较都具有较大的难度与复杂性。从宏观层面讲,国家对服务进出口的管理,不仅仅是对服务产品载体的管理,还必须涉及服务的提供者与消费者的管理,包括劳动力服务要素的衣、食、住、行等各项活动的管理,具有复杂性。另外,约束国家对服务形式采取的管理方式主要通过法律的形式加以约束,但是立法具有明显的滞后性,很难紧跟形势发展的需要。从微观层面讲,由于服务本身的特性,使得企业在进行服务产品营销管理过程中经常会受到不确定性因素的干扰,控制难度较大。如前所述,服务产品质量水平的不确定性,服务产品不可能做到"三包"。再比如,商品贸易可以通过供需关系的协调,使其达到供需平衡,从而使消费者与生产者达到均衡,而服务贸易就不可能通过时间的转换来完成或解决供需矛盾,实现供需平衡。

随着科学技术的发展,全球经济一体化、自由化趋势的到来,国际服务贸易将会呈现出更多的特点,同样也会给服务产品的生产者、消费者带来机遇,同时也带来挑战。

学习任务 2　了解国际服务贸易的发展历史和现状

6.2.1　国际服务贸易的产生

国际服务贸易是世界经济发展的结果。从理论上看,国际服务贸易是一个从国内的服务经济基础上通过服务业的国际化和国际分工的出现而发展起来的。国际分工与合作是导致国际服务贸易产生和发展的动因。在现实生活中,服务贸易同货物贸易一样有着悠久的历史。最初的国际服务贸易是作为货物贸易的附属物而产生的,如航运业就是较早出现的服务贸易行业。随着经济的进一步发展,其他服务行业,如铁路运输、金融、保险、通信等,也随着货物贸易的发展有了长足的进步。但国际服务贸易真正开始快速发展,作为一个独立的概念被提出并被普遍接受,是在第二次世界大战后,特别是 20 世纪 70 年代以后,逐渐发展成为世界经济的重要组成部分。

6.2.2　国际服务贸易的快速发展

第二次世界大战后,特别是第三次科技革命的深入发展所引起的世界经济、贸易结构的巨大变化,使世界服务贸易的发展速度加快。据国际货币基金组织和关贸总协定的统计,国际商业服务贸易额从 1970 年的 640 亿美元增加到 1989 年的 6 530 亿美元。1980—1989 年,年均增长率为 6.5%,高于同期商品贸易年均增长率 4.5%。同时,服务贸易在全球出口贸易中的比重从 1980 年的 17% 提高到 1989 年的 19%。

国际服务贸易在这一阶段发展的主要特点表现为以下 4 方面。

①国际服务贸易的增长速度超过国际商品贸易的增长速度。在 20 世纪 70 年代是如此,到 20 世纪 80 年代后期表现尤为明显。服务贸易在世界贸易中的比重上升。

②发达国家间双向对流的服务贸易发展大大快于发达国家与发展中国家间单向移动的服务贸易。

③由于技术进步而产生的新型国际服务贸易的发展远快于传统形式的服务贸易项目。如通信服务中传真、光导纤维的信息快速传递服务与电话、电报服务,又如集装箱运输与传统船舶运输服务。

④发达国家生产性服务贸易增长较快,而发展中国家劳务贸易发展较快。如发达国家的金融服务、通信、知识产权贸易等发展迅速,而发展中国家建筑工程承包、劳务输出发展迅速。

这一阶段国际服务贸易的迅速发展,主要原因有以下两方面。

①第三次科技革命的驱动,服务业迅速发展,就业人员和所占比重大大提高。第二次世界大战后,在新技术革命的推动下,各国普遍在产业结构调整中大力发展服务业,使服务业在国民经济中的份额和就业人员的比重也大幅度提高。发达国家服务业占国民经济的比重一般为 45% ~65%,而发展中国家也占 30% ~45%。就业人员中服务业吸纳

的人数,发达国家为50%~75%,发展中国家为20%~55%。

②跨国公司的迅速发展,加强了服务国际化扩展的趋势。在20世纪60年代后,跨国公司向全球扩张,全世界跨国公司的发展特别迅速。在跨国公司全球经营和发展的过程中,许多跨国公司深感服务业对其获取竞争优势的重要性,这就加速了服务业国际化的速度。同时,生产的国际化也带动了服务的国际化。跨国公司在全球范围内组织生产活动,也需要获得全球化的贸易、金融、通信、运输等服务,一些发达国家的生产性服务业出现了向发展中国家转移的浪潮。有些跨国公司在金融、信息和专业服务上都是重要的供应者,它们借助以IT为主导的高新技术在世界服务业中的应用,取得重大突破,从而为服务业国际分工的全面深化打下了基础。

思考:

> 1. 当代国际服务贸易迅速发展的原因是什么?
> 2.《服务贸易总协定》的实施对国际贸易有哪些影响?

6.2.3　国际服务贸易的前景及趋势

1)国际服务贸易发展的机遇与挑战

(1)技术创新和产业变革是推动全球服务贸易发展的主要因素

①网络经济、数字经济、平台经济等快速发展。互联网、物联网、移动互联网、大数据、云计算、人工智能、区块链等网络技术和数字技术的广泛应用,将促进传统服务业创新变革和转型升级,不断催生新兴服务业态,为全球服务贸易的规模增长及商业模式创新变革提供强大的技术支撑和发展动力。服务智能化、移动互联化、消费需求全球化的特征,都为服务贸易发展注入新的动力。

②服务型制造趋势加速发展。全球制造业正在向以智能化、数字化、服务化、绿色化为特征的新型制造业转变,全球价值链不断向服务环节拓展,技术创新、业务流程创新、商业模式创新、管理方式创新将成为全球价值链增长的主要源泉,这一趋势为扩大全球服务市场需求提供了空间。制造服务化的程度不仅决定了一国参与国际分工地位、产业控制力和竞争力,同时也决定其在全球服务贸易中的地位。在发达国家中,产品制造环节增加值不到产品价格的40%,60%以上的增加值产生于服务环节。一方面是制造投入的服务化,涵盖了研发、市场调研、广告、物流、信息咨询等方面;另一方面是产出的服务化,涵盖了销售服务、维修保养、金融租赁、保险等方面。这一趋势将加速服务外包化发展。

③新技术改革加速发展。随着人工智能、新能源、新材料、生物技术等新技术蓬勃发展,将进一步扩大高技术服务贸易的规模。

(2)新兴经济体成为拉动服务贸易增长的主要引擎

随着新兴经济体的产业结构加速调整,服务市场规模不断扩大,服务业对外开放程度逐步提高,尤其是中国大幅度开放金融、教育、文化娱乐、医疗、育幼养老、专业服务、电子商务等服务业,放宽外资准入限制,为发达国家服务业进入中国市场提供了有利条件。

(3) 新兴服务贸易将发挥主要拉动作用

技术创新成为引领全球经济发展的第一动力,从而促进了服务产品和服务模式更加多样化、个性化,价值链不断向高端发展,全球服务贸易结构由劳动密集型为主导的传统服务业向知识技术密集型为主导的现代服务业转变。随着云计算、大数据、物联网、3D打印、区块链、人工智能、VR/AR/MR 等数字技术的发展,带来了新的产品、流程和商业模式,新兴服务贸易将成为引领服务贸易增长的主要动力。软件与信息技术、跨境电商、供应链管理、金融、保险、咨询、文化创意、知识产权、医疗健康等领域的服务贸易将不断扩大需求,交通运输、旅游等传统服务贸易通过与"互联网+"融合将不断推动业态创新。

(4) 逆全球化将增强贸易保护主义倾向

以美国为首的发达国家成为贸易保护主义的主要国家,除关税壁垒、禁令和配额等传统贸易保护手段之外,紧急贸易救助、政府补贴及本地化要求等新型贸易保护手段和措施层出不穷。这些不确定性风险将给全球经济复苏和服务贸易增长带来新的不稳定因素。随着数字贸易快速发展,发达国家纷纷制定数字贸易政策,也将产生新的贸易壁垒。

2) 服务贸易的区域不平衡发展格局加剧

各国创新能力和服务业发展的不平衡性导致服务贸易竞争力相差悬殊,因此,服务贸易的区域不平衡性将导致发达国家在新一轮规则中的话语权优势有所加剧。发达国家将继续占主导地位并保持顺差,欧盟、美国、日本在软件与信息技术、金融保险、知识产权等新兴领域及运输、旅游等传统领域仍具绝对优势。当然,随着中国、印度、巴西、墨西哥、菲律宾等新兴经济体和发展中经济体承接服务外包能力迅速提高,发展中国家在全球服务贸易中的地位不断上升,金砖国家的表现尤其引人瞩目,世界服务贸易格局正在发生变化。

3) 服务贸易成为世界贸易政策关注的焦点

随着世界新一轮产业结构调整和贸易自由化进程的继续推进,服务贸易在各国经济中的地位不断上升。各国纷纷制定服务贸易发展战略,欧美等发达国家通过各种多双边谈判要求各国开放服务贸易市场以扩大服务出口,WTO、自由贸易协定等全球和区域性经济合作谈判都将服务贸易作为主要焦点。因此,世界服务贸易的利益格局将在各方博弈中得到重塑。各国为顺应这一趋势也将不断调整国内经济政策:一方面,积极推动服务贸易的自由化,削减本国服务贸易壁垒;另一方面,通过各种隐性方式提高贸易保护门槛。

4) 数字化时代服务贸易创新不断加快

从服务贸易模式发展趋势来看,第三方支付、移动支付、云端交付等新兴交付方式逐渐成为主流。基于 SaaS(软件即服务)、PaaS(平台即服务)、IaaS(基础架构即服务)的云平台服务能够有效降低交易成本和服务成本,减少中间环节和信息不对称风险等。互联网、大数据平台将推动单一发包模式向众包模式发展,众包平台通过一对多的方式将提高全球服务贸易的总体规模。从目前欧洲市场来看,一些大型企业已经不再通过长期协议把重要业务发包给单一的服务供应商,而是根据不同环境、业务类型把业务分解后发包给一些规模相对小,在某个行业领域更加专业的服务供应商。

课堂任务:

> 每一小组找出当今世界服务贸易所面临的主要壁垒,并列举一至两个相关案例。

服务外包的发展情况

学习任务 3　了解中国的服务贸易状况

　　服务贸易的对外开放是我国加入 WTO 的重要内容,20 多年来,我已全部履行了加入 WTO 的所有承诺,1982—2021 年,中国服务进出口总额从 46.9 亿美元提高到 7 735 亿美元。其中,服务出口从 26.7 亿美元提高到 3 713 亿美元;服务进口从 20.2 亿美元提高到 4 022 亿美元。2012—2021 年,中国服务贸易进出口额一直保持着快速增长的势头,10 年内年均增长 6.1%,甚至高出全球增速 3.1%。截至 2021 年,中国已经连续 8 年位居世界第二。

6.3.1　"入世"20 多年我国服务贸易开放情况

　　在《中华人民共和国加入世界贸易组织服务贸易具体承诺减让表》的 33 项内容中,包括一般商品的批发、零售、进出口贸易和物流配送在内的商业分销服务,会计、审计、法律服务等专业服务,以及教育服务等领域的开放度较大;电信、售后服务、视听服务中的电影院建设和经营、燃气、热力、供排水等城市管网首次列为开放的领域;银行、保险、证券等领域也进一步放宽了限制。在分地域开放的领域,如金融、保险、电信增值等,经济比较发达的东南沿海地区和内陆中心城市都列入了开放名单,广州和上海成为第一批开放城市;在不分地域开放的领域,如运输、文教等领域,对外资的市场准入程度也大大提高。

　　我国政府在关于服务贸易的 12 大领域中,先后颁布实施了一些针对性政策法规,开放我国服务贸易市场。截至 2021 年,在按 WTO 规则分类的 160 多个服务贸易部门中,中国已开放了近 120 个,占服务部门总数的 75%。包括银行、保险、证券、电信服务、分销等在内的服务贸易部门已全部向外资开放,远高于发展中国家平均水平。此外,中国在自贸区框架下的服务贸易开放也不断增多,先后与东盟、智利等签订了服务贸易协议,与中

国香港特区、澳门特区签署了《关于建立更紧密经贸关系的安排》(CEPA)和 10 个补充协议。

6.3.2 "入世"20 多年我国服务贸易发展成效

加入 WTO 以来，随着我国服务贸易对外开放的稳步扩大，运输、通信、金融、保险等服务进出口迅速增长，深化了与贸易伙伴的经贸关系，也引进了国外先进的技术、管理方法与经验，对我国的经济发展起到一定的推动作用。服务贸易在我国对外贸易中的地位逐步提高，对国民经济增长的贡献和拉动呈现不断增长的趋势。近年来服务贸易逆差明显减少，国际竞争力逐步增强。

1）服务贸易国际地位不断上升

加入 WTO 以来，我国明确提出了扩大服务业对外开放水平，大力发展服务贸易，致使我国服务贸易规模迅速扩大。2001 年我国服务贸易进出口总额 726.1 亿美元，其中，出口总额 333.4 亿美元，进口额 392.7 亿美元。"十三五"以来，我国服务贸易平均增速高于全球，2017 年，中国服务进口总额比加入世界贸易组织时增长了 11 倍，占世界服务进口总额的比重从 2.6% 提升到 9%，位列全球第二位。2021 年，我国服务贸易持续快速增长，全年服务进出口总额达 52 982.7 亿元人民币，同比增长 16.1%，连续 8 年位列世界第二；其中服务出口总额 25 435 亿元，增长 31.4%；进口总额 27 547.7 亿元，增长 4.8%。服务出口增幅大于进口 26.6 个百分点，带动服务贸易逆差下降 69.5% 至 2 112.7 亿元，同比减少 4 816.6 亿元，为 2011 年以来的最低值。

2）服务贸易结构持续优化

随着服务贸易开放程度的加深，我国传统服务贸易额比重下降，计算机和信息服务、金融服务、咨询等高附加值新兴服务贸易快速发展，竞争优势不断提升，这一部分的进出口总额从 2005 年的 152.7 亿美元上升到 2011 年的 646 亿美元，年均增长 27.2%，占服务进出口总额的比重从 9.7% 上升到 15.4%；2018 年，旅游、运输和建筑服务出口额占服务进出口总额的比重为 63.5%。尤其是知识密集型服务贸易稳步增长，2018 年中国知识密集型服务进出口额达到了 1.7 万亿元人民币，同比增长了 20.7%，占服务贸易进出口额比重达到 32.4%，比 2017 年提升了 2.5 个百分点。

3）服务贸易逆差有所收窄

加入 WTO 以来，由于运输、旅游、金融、专利使用和特许等行业一直呈现逆差状况，我国服务贸易整体仍处于逆差格局，但随着商业服务、建筑服务、计算机和信息服务及咨询等领域出口的强劲增长，逆差状况明显收窄。知识密集型服务业是我国服务贸易顺差的主要来源。2001—2018 年，我国对美知识密集型服务收入从 18.9 亿美元增至 218 亿美元；支出从 15 亿美元增至 125.7 亿美元；顺差从 4 亿美元增至 92.2 亿美元。2018 年，排名前 15 家企业对美顺差占该项顺差的 42.8%。

4）主要服务贸易伙伴相对集中

截至 2010 年,我国前五大服务贸易伙伴依次为中国香港地区、美国、欧盟、日本和东盟,与该五大伙伴之间的服务贸易额占服务贸易总额的 68%。从主要领域的进出口情况来看,中国香港及美国分别为我国运输第一及第二大出口市场,所占比重约为 50%;旅游出口市场集中于中国香港地区、中国台湾地区、韩国、日本等亚洲国家和地区,上述四地占有近六成的份额;美国为我国计算机和信息服务最大的出口市场,其次是东盟,2010 年我国对这两大市场计算机和信息服务出口额合计占该行业出口总额的一半;中国香港地区是我国咨询第一大出口市场,其次是欧盟和美国,占比均超过 20%。

我国服务进出口主要集中于中国香港、欧盟、美国、日本、东盟等国家（地区）。其中,中国香港一直是内地最大的服务出口目的地、进口来源地和顺差来源地,双边服务贸易占我国服务贸易进出口总额的比重达到四分之一。2011 年,与中国香港、欧盟、东盟、美国、日本等国家（地区）的服务贸易额占我国服务贸易总额的 64%。

5）数字贸易成为发展新趋势

随着信息技术的发展,大数据、云计算、人工智能等为服务贸易发展提供了新的技术手段,数字化、智能化、网络化已成为发展方向。新一代信息技术与实体经济快速融合,使企业形态、商业模式、交易方式发生深刻变革,提高了传统服务的可贸易性,数字技术还将服务资源进行集成化处理,降低了服务成本,提高了服务效率。

2021 年,全球跨境数字服务贸易为促进全球经济稳定复苏注入新动能。数据显示,2021 年,全球跨境数字服务贸易规模达到 3.86 万亿美元,同比增长 14.3%,在服务贸易中的占比达到 63.3%,在服务贸易中的主导地位日益稳固。中国跨境数字服务贸易增长势头强劲。2021 年,中国数字服务进出口总值达到 3 597 亿美元,同比增长 22.3%,占服务进出口总额的 43.2%。附属机构数字服务贸易发展态势相对较好,跨境电商持续快速发展。同时,中国积极推动数字贸易创新发展与国际合作。

 **知识拓展：**

> 数字贸易：依托互联网,以数字交换技术为手段,为供求双方提供交互所需的数字信息,实现数字化信息为贸易标准的、创新的商业模式。

"一带一路"服务贸易
合作新亮点

学习任务 4 了解世界贸易组织关于服务贸易的协议及相关内容

《服务贸易总协定》是世界贸易组织管辖的一项多边贸易协议,由三大部分组成:一是协定条款本身,又称框架协定;二是部门协议;三是各成员的市场准入承诺单。《服务贸易总协定》的宗旨是在透明度和逐步自由化的条件下,扩大全球服务贸易,并促进各成员的经济增长和发展中国家成员服务业的发展。协定考虑到各成员服务贸易发展的不平衡,允许各成员对服务贸易进行必要的管理,鼓励发展中国家成员通过提高其国内服务能力、效率和竞争力,更多地参与世界服务贸易。

6.4.1 《服务贸易总协定》条款

该协定共分 6 个部分 29 个条款和 8 个附录,其主要宗旨是要实现服务贸易自由化。该协定主要内容包括以下 6 个方面。

①范围与定义(第一条)。GATS 的适用范围非常广泛,适用于各成员国影响服务贸易的各种措施和"服务部门参考清单"所列 12 个服务部门的服务贸易,并包括跨境交付、境外消费、商业存在和自然人移动 4 个方面的含义。

②一般义务与纪律(第二条至第十五条)。该协定所规定的义务分为两类:一类是普遍性义务,指适用于各个部门的义务,例如,不论成员方是否开放这个或这些部门,都必须相互给予无条件最惠国待遇;另一类是具体承诺的义务,是指经过双边或多边谈判达成协议所承担的义务。这些义务(如市场准入和国民待遇)只适用于各成员方承诺开放的服务部门,而不适用于未开放的服务部门。

该协定所规定的原则主要有:A.最惠国待遇原则。"有关本协定的任何措施,各缔约方应立即和无条件给予他方服务和服务提供者以不低于其给予某一缔约方相似服务和服务提供者的待遇。如果一缔约方无法取得与上述规定不符的措施,则应在协定生效前申请最惠国待遇的例外。"B.透明度原则。各缔约方最迟应在其生效时公布所有有关的法律、法规、行政命令及所有的其他决定、规则及习惯做法,同时还应公布与缔约方签署的一国服务贸易的国际协议。C.对发展中国家的特殊优惠原则。协定规定的一项基本义务是促进发展中国家在世界服务贸易中更多地参与,发达国家承诺将采取具体措施帮助发展中国家扩大服务出口,并给予有效的市场准入。D.经济一体化。任何成员都可以缔结双边或多边服务贸易自由化协议;经济一体化组织内部,可以单独享受优惠待遇。E.国内规定。每一参加方国内法律政策都必须服从于总协定。F.垄断及专营服务。允许垄断,但不得违背总协定原则。G.保障与例外。任何保护措施都应是临时性的,在国际收支发生严重困难和对外财政困难或受到威胁时,已缔约方可在其已实施具体承担义务的服务贸易中实行或维持限制措施。

③具体承诺(第十六至十八条)。这是协定的中心内容,包括市场准入。任何参加方都应向提供服务的另一方开放其国内市场,每一缔约方给予其他缔约方的服务和服务提供者的待遇不应低于按照减让表中同意提供的条件和待遇。GATS 还列举了 6 种市场准入的限制措施:A.限制服务提供者的数量;B.限制交易金额或资产额;C.限制服务的总产出量;D.限制雇用的自然人数量;E.限定外国服务提供者提供服务的法律组织形式,如分支机构或是子公司;F.限制外方在公司中的持股比例或最大资本投入数量。

④逐步自由化(第十九至二十一条)。GATS 要求所有缔约方在本协议生效日起一定时间内就进一步扩大服务贸易自由化问题,定期举行实质性谈判,并规定每一缔约方应制订具体义务的计划安排,内容包括:承担市场准入的义务;国民待遇方面的义务;采取

有关的附加义务;完成承担义务的适当时间框架;承担义务的生效日期。

⑤制度条款(第二十二至二十六条)。主要内容有协商机制、争端解决与执行、服务贸易理事会、技术合作及与其他国际组织的关系等。

⑥最后条款(第二十七至二十九条)。这部分包括利益的拒绝给予、定义、附件。对该协定中的重要概念做出了定义,并规定了各成员可以拒绝给予该协定各种利益的情形。

6.4.2　承诺减让表

承诺减让表是各成员在谈判的基础上提交的开放服务贸易市场的承诺,包括承担的关于最惠国待遇、市场准入和国民待遇的义务。承诺减让表明确注明各方对于他方服务和服务提供者实施国民待遇和市场准入的限制条件,包括一次性确定的最惠国待遇例外清单。减让表中的承诺分为两部分:涵盖所有部门的承诺,称为水平承诺;对各个具体部门(包括分部门)的承诺,称为部门承诺。另外,承诺涉及跨境交付、境外消费、商业存在、自然人流动4种服务提供方式中的一种或几种。

6.4.3　服务贸易总协定的附件

GATS还包括8个附件,分别是《免除成员国最惠国待遇义务附件》《关于提供服务的自然人移动的附件》《航空运输服务附件》《金融服务附件》《金融服务附件二》《关于海上运输服务谈判附件》《电信服务附件》《关于基础电信谈判附件》。这些附件是GATS的组成部分,对主要服务业部门如何实施框架协定做出了具体的规定。

【知识与技能训练】

一、名词解释

1.跨境交付　2.境外消费　3.商业存在　4.自然人流动

二、专业词汇翻译

1.跨境交付　　　2.境外消费　　　3.商业存在

4.自然人流动　　5.服务贸易　　　6.服务贸易总协定

三、简答题

1.世界贸易组织认为服务贸易具体有哪几种形式?请举例说明。

2.国际服务贸易与货物贸易相比有哪些特点?

四、材料分析

材料:国际服务外包发展的新趋势与对策路径

1.国际服务外包的基本现状与发展趋势

(1)当前全球服务外包的基本现状

目前全球服务外包的市场分布按发包国(或地区)和接包国(或地区)来看,发包方主要集中在北美洲、欧洲和亚太地区,主要是美国、西欧国家和日本。亚太地区的BPO外包支出不足全球份额的10%,但增长速度领先全球。

目前,澳大利亚、加拿大、爱尔兰和印度被视为发展最为成熟的离岸 ITO 与 BPO 接包市场。中国、菲律宾、墨西哥以及中东欧地区成为强有力的竞争者。在发展最为成熟的外包市场中,印度最具竞争力,其份额占全球 ITO 与 BPO 市场的 40% 以上。在全球 20 大 ITO/BPO 供应商中,有 7 家是印度的公司。

(2)国际服务外包的发展趋势

①业务范围拓宽,技术含量提高。服务外包业务已经由 20 世纪 90 年代的 IT 服务拓展到现在的金融、财会、咨询分析、售后服务等各种业务流程。随着信息技术及网络技术的发展,服务外包所需的技术知识水平不断提高,全球知识性服务外包逐渐兴起。许多公司不仅将数据输入、文件管理等低端服务转移,而且还将风险管理、金融分析、研究开发等技术含量高、附加值大的服务外包出去。

②离岸方式强化,服务外包承接国家增多。由于一些发展中国家教育水平高,而工资水平低,越来越多的服务外包以离岸的方式进行。越来越多的国家开始重视服务外包,印度在承接发达国家服务外包领域遥遥领先,目前已形成年销售收入 300 亿美元、出口 230 亿美元的服务外包产业,承接全球 65% 的软件外包市场业务和 46% 的其他服务外包市场业务,成为全球最大的提供服务外包的国家。其他一些国家,如中国、俄罗斯、韩国、菲律宾、新加坡、泰国等,也纷纷解除或放松了对服务业的经济规制,积极承接国际服务外包,试图在新一轮全球产业结构调整中分得一杯羹。

③业务流程和 IT 技术相结合的外包是全球服务外包行业发展的新趋势。从市场结构来看,目前,全球服务外包业务正逐渐从最基础的技术层面的外包业务转向高层次的服务流程外包业务,BPO 将继续保持高于 ITO 的增长速度。随着业务范围逐渐扩展,发包商逐渐倾向于将 ITO 和 BPO 业务捆绑,以满足企业自身技术和业务的需求。也就是说,发包商不仅仅提供单纯的技术性外包服务,也提供一些服务性外包,因为在某些服务领域,企业的服务流程与技术结合得越来越紧密,如果没有一个好的技术平台,企业就无法完成高效率的业务流程。

④中国和印度成为全球吸引"离岸外包"的最大市场。虽然中国发展服务外包起步较晚,规模相对较小,但凭借良好的投资环境、丰富而低廉的劳动力成本、巨大的服务外包市场,中国已经成为可以与印度竞争的强劲对手。

2. 我国发展国际服务外包的对策路径

(1)从战略高度重视发展服务外包,加快部署发展我国知识型服务产业

继上一轮全球制造业向具有劳动力规模和成本优势的发展中国家转移的浪潮后,又出现了以美国为代表的发达国家知识型服务产业向具有智力人才优势的发展中国家转移的新浪潮。在这一轮浪潮中,印度、中国和俄罗斯这 3 个具有智力人才资源优势的国家处于最有利的位置,印度已经把握了这次产业机遇,在软件外包服务及其他技术服务领域走在中国和俄罗斯的前列,成了全球服务外包中心。在全球制造业转移过程中,中国继日本、韩国之后,通过改革开放,基本抓住了这次机会,成为全球制造业中心(世界工厂)之一。但在把握和利用新一轮的服务产业转移上,中国还缺乏战略上的重视和部署,整体发展上与制造业比较还有很大差距。因此,应该从战略高度研究分析国际服务产业转移的浪潮,从国家产业发展的战略高度提出对策,加快部署发展我国知识型服务产业。

（2）以承接日韩服务外包为突破口，逐步开拓欧美服务外包市场

日本和韩国都是国际上服务发包较多的国家，在中国的制造业投资也较多，无论在文化渊源、地理位置，还是人际关系方面，中国都具有承接这两个国家服务外包的先天优势。尽管日韩市场在中国服务外包中占据重要位置，但日韩市场在全球服务外包市场中所占份额较小，只有10%左右，更大的市场在美国和欧洲。随着促进服务外包发展的"千百十工程"的实施，中国对外承接服务外包业务必将不断扩大，在稳步发展日韩服务外包市场的同时，还要积极开拓欧美服务外包市场，以分散风险，不断扩展市场空间。

（3）研究制定促进承接国际服务外包的政策措施，加强制度保障

欧美企业在选择软件外包地点时主要考虑高素质的服务人才、具有战略高度的方案集成、核心外包的服务能力以及语言、文化和知识产权保护等因素。目前，中国在这些方面与竞争对手还存在不小的差距，而且，外包国际市场上呈现出的竞争态势是国家层面竞争与企业级别竞争的交叉并行，因此，对于我国还处于自发状态的外包出口产业来说，更需要国家政策的推动和大力支持。目前我国已经在北京、上海、深圳、杭州、西安、大连等中心城市进行了重点产业布局，但还应继续加大力度，扶持发展软件、芯片设计、技术服务等知识型服务产业；应结合服务贸易的特点，在财政税收、投融资、进出口、出口信贷和信用保险、设立境外研发和营销机构、人才培训、保护知识产权等方面加大支持力度，鼓励服务业的"三来一补"，拓展国际服务外包市场。

（4）加快服务贸易人才培养，提高服务贸易人员素质

我国在软件人才的供给和需求方面还有很大缺口。由于软件和信息服务外包属于知识密集型产业，需要符合需求的专业人才，因此，政府应当出面引导，建立大规模、多形式、有针对性的人才培训体系。目前中国已经在推广软件学院、软件职业教育制度，今后软件技术学院要坚持联系外包业务，特别是关注服务外包的市场需求。同时，政府要鼓励作为发包商的、有培训能力的跨国公司与国内培训机构和大企业进行合作，开展有针对性的业务培训，并在培训后吸收人员就业，还要鼓励中介机构与培训机构合作建立人才资源库，建立中国外包服务的供应链。

（资料来源：南京理工大学学报）

问题：

应如何看待国际服务外包的发展？

项目6 知识与技能训练参考答案

参考文献

［1］任金秀.新编国际贸易理论与实务［M］.2 版.北京:北京大学出版社,2016.

［2］张素芳.跨国公司与跨国经营［M］.北京:经济管理出版社,2009.

［3］高勇强.跨国公司管理［M］.北京:清华大学出版社,2010.

［4］张丽霞.国际贸易基础［M］.2 版.北京:清华大学出版社,2018.

［5］严国辉.国际贸易理论与实务［M］.2 版.北京:对外经济贸易大学出版社,2009.

［6］李晓燕.国际贸易概论［M］.北京:清华大学出版社,2010.

［7］金焕.国际贸易概论［M］.3 版.北京:电子工业出版社,2019.

［8］古小松.中国:东盟知识读本［M］.桂林:广西师范大学出版社,2004.

［9］薛荣久.世界贸易组织(WTO)教程［M］.3 版.北京:对外经济贸易大学出版社,2018.

［10］薛荣久.世界贸易组织(WTO)概论:修订版［M］.北京:清华大学出版社,2019.

［11］冷柏军,张玮.国际贸易理论与实务［M］.2 版.北京:中国人民大学出版社,2019.

［12］张玮,张宇馨.国际贸易［M］.2 版.北京:清华大学出版社,2020.

［13］丁苹,王媛媛.国际贸易理论与实务实训:修订本［M］.北京:清华大学出版社,2010.

［14］王俊宜,李权.国际贸易［M］.3 版.北京:中国发展出版社,2011.

［15］王亚星.中国出口贸易壁垒监测与分析报告:2011［M］.北京:中国经济出版社,2011.

［16］郭波.新贸易壁垒论［M］.北京:中国经济出版社,2008.